U0798154

科学出版社“十三五”普通高等教育本科规划教材

数字摄影教程

黄晓洲　编著

科学出版社
北京

内 容 简 介

本书是一本关于摄影艺术理论与实践相结合的专业教材。全书共七章，包括摄影概述、照相机的结构与使用、拍摄角度与画面构成、摄影构图、摄影用光、摄影曝光和摄影实践。全书内容丰富，观点明确，重在通过对摄影基础知识的阐释，引发摄影人的思考，希望能拓展其创作思维、提升拍摄水准。

本书可作为与现代视觉媒体相关的摄影学、广告学、广播电视编导、广播电视新闻学、教育技术学等专业学生的教材，也可作为专业摄影工作者的工具书和广大摄影爱好者的参考读物。

图书在版编目（CIP）数据

数字摄影教程／黄晓洲编著．—北京：科学出版社，2017.6

科学出版社"十三五"普通高等教育本科规划教材

ISBN 978-7-03-053705-8

Ⅰ．①数…　Ⅱ．①黄…　Ⅲ．①数字照相机-摄影技术-高等学校-教材　Ⅳ．①TB86　②J41

中国版本图书馆 CIP 数据核字（2017）第 138732 号

责任编辑：任俊红／责任校对：郑金红
责任印制：吴兆东／封面设计：华路天然工作室

科学出版社出版
北京东黄城根北街 16 号
邮政编码：100717
http://www.sciencep.com
北京中科印刷有限公司印刷
科学出版社发行　各地新华书店经销
*
2017 年 6 月第　一　版　开本：787×1092　1/16
2025 年 8 月第九次印刷　印张：11
字数：302 000

定价：35.00 元

（如有印装质量问题，我社负责调换）

前　　言

摄影术自1839年8月19日诞生以来，经历了170多年的发展，在当今社会获得了空前的繁荣。摄影语言以其独特的表达方式，最直接、客观、多角度地呈现出客观世界的信息，丰富了人们的形象体验，开阔了人们的视野，成为人们交流和接受信息最重要的途径之一。近年来，随着影像科技的迅猛发展，当代文化也正在向一种以视觉影像为主流的文化形态转变，数字影像成为信息时代人们对信息获取和处理的普遍需要，从根本上动摇了文字长期居于传播中心地位的现实，成为当代文明的发展新趋向。因此，对视觉影像的记录、认知和把握能力，成为当代人们应具备的基本素养。

作为摄影教学者，作者长期致力于人类文化学方面的考察与摄影创作。基于对摄影艺术的理解和认识，本书对摄影的发展史、摄影创作的器材、摄影语言的表达及摄影实践等方面进行了详细介绍，重在通过理论和实践方面的阐释，为学生和专业摄影师提供技术指导。

本书在内容上体现了思想性、科学性、先进性、启发性和适用性，其内容丰富、由浅入深、体系科学全面，将艺术性与技术性相结合，广度与深度相融合，理论与实际相关联，强调基础理论、基本知识和基本技能，符合摄影人才的培养要求，符合社会未来的发展需要，符合认知规律，有利于激发学习者的学习兴趣，提高学习者的专业能力，是一本学术价值高、实用性强的专业基础教材。

由于作者水平有限，书中难免有不足之处，谨祈读者批评指正。

黄晓洲

2016年12月

前言

[illegible]

[illegible]

[illegible]

[illegible]

目　　录

第一章 摄影概述

作为制造影像的方式，摄影从170多年前就开始流行起来。很长时间以来，照片已经成为记录、教育、宣传，并带来快乐的最经济、最具说服力的手段，它能够真实地、长期地将美好的形象记录与保存下来。然而，由于摄影的工作原理、使用工具比较复杂，又必须得到光学、电子学、化学和机械学的基础支持，所以人类在对这门科学的探索上，走过了漫长的道路。

第一节 摄影的内涵

一、摄影的概念

“摄影”一词源于希腊语 φω phos（光线）和 γραφι graphis 或 γραφή graphê（绘画、绘图），两字合起来的意思是“以光线绘图”。摄影是指使用某种专门设备进行影像记录的过程，一般我们使用机械照相机或者数字照相机进行摄影。摄影有时也被称为照相，也就是通过物体所反射的光线使感光介质曝光的过程。有一句精辟的语言说道：摄影家的能力是把日常生活中稍纵即逝的平凡事物转化为不朽的视觉图像。

二、摄影艺术

摄影技术从诞生的那天起就与艺术发生着激烈的冲突与对抗。德国法拉克福学派的代表人物、视觉文化研究的先驱者瓦尔特·本雅明在《摄影小史》中，为我们描述了摄影术在发明的早期阶段所遭遇的诽谤和攻击。当时有人将摄影术形容为“恶魔的技艺”，本雅明指出这种愚昧的言辞充分体现了某些人平庸的艺术观，“这种艺术观排斥了任何技术的进步，这些人一旦面临具有煽动性的新技术的挑战，他们就感到穷途末路”。以艺术的名义来排斥攻击摄影，在相当长的时间里，是一种普遍存在的文化意识，就连颇具先锋意识的现代主义鼻祖波德莱尔都将摄影视为艺术的仇敌。波德莱尔在《1859年的沙龙：现代公众与摄影术》一文中说：“毫无疑问，这门工业，通过入侵艺术的领土，已经成为艺术最不共戴天的敌人……如果允许摄影在某些功能上补充艺术，在作为它自然盟友的大众愚蠢帮助下，摄影很快就会取代艺术，或索性毁掉艺术。”面对种种抵抗声音，摄影开始了漫长的辩护。我们可以将这一辩护概括为使“摄影作为艺术”的辩护。

在摄影与艺术的对抗争执中，在“摄影作为艺术”是否可能的论辩中，逐渐形成了截然不同的两种观点：一种观点可概括为拒斥派，坚守艺术的高贵神圣性，否认摄影具有艺术审美价值，将摄影视为鄙俗平庸之物，并以传统的艺术审美观念为阵地阻截摄影跻身于艺术殿堂的任何企图；另一种观点可概括为辩护派，摄影家和摄影理论家面对来自传统艺术的种种贬抑和拒斥，开始了自我辩护和逐一反驳的历程，这些辩护所追求的目的就是要为摄影争得在艺术领域的合法身份。在相当长的一个阶段里，摄影界的主要论题几乎都是围绕这一自我辩护而展开的。

1. 艺术的创造性与摄影艺术

在摄影是否具有创造性的问题上，存在两种不同的观点。反对者认为摄影是一种机械的仿像，缺少创造性，不能被称为艺术；赞同者则认为摄影虽不像传统艺术那样具有独特的创造性，但也绝不是完全被动的机械活动，它表现着摄影家的主体能动性，因而具有创造性。

（1）以创造性为由，拒斥摄影作为一种艺术

传统的艺术观念认为艺术是一种创造，而摄影不过是一种机械的复制。机械复制无疑是摄影的显著特征，为此，本雅明指出摄影术的发明标志着一个崭新的机械复制时代的来临。传统的艺术观念崇尚艺术创造的独创性，认为艺术的魅力就在于它的不可复制性、不可重复性、不可模仿性。而摄影活动则依赖机械技术的复制功能，淋漓尽致地发挥着自己的复制仿真功能，人们只需对准拍摄对象，手指轻按快门，就基本上完成了一次影像的制作。

在传统的艺术创作活动中，独具的慧眼、超凡的智慧、独特的体验，都需经由富有创造性的手来巧夺天工、独运匠心。然而，以摄影为代表的机械复制技术的兴起，无情而迅捷地击碎了手的创造神话。传统艺术家要完成一幅精美逼真的艺术制作，仅有审美感受力和审美理解力是不够的，还必须具有一双技艺高超、匠心独具的创造之手，正所谓心灵手巧，两者必须同时兼备。掌握具有创造性的手工技艺，不仅是一个艺术家必备的基础前提，同时也是艺术品完成的最后实现途径。从视像再现的功能上说，一幅人物肖像、自然风光，传统艺术创作需要几天、几个月甚至几年的时间才能完成，而摄影却能够在瞬间做到。

也正是由于这种创制上的难度，在摄影术发明之前，对传统艺术的复制是一件难度很大的事情，即便是仿制的赝品也需要相当程度的技艺水平。然而，摄影的复制技术却可以轻而易举地复制出仿真度极高的影像，这种仿真技术不仅可以复制社会自然的物质影像，也可以复制人工制作的文化影像。因此，拒斥派认为摄影只能进行技术的机械复制，缺少创造性，摄影行为并不能成为一种艺术活动。

（2）为摄影的创造性辩护

创造是人的创造，人是创造的主体。在摄影是否具有创造性的问题上，摄影家作为摄影活动的主体，虽然认为摄影的功能主要体现为写实模仿或影像复制，但它绝不是简单机械地复制。摄影家强调人的能动性在摄影活动过程中的积极作用，认为摄影者要拍取什么对象，用怎样的方式来拍摄，并不是随心所欲毫无选择性的任意行为。摄影者要有一双善于观察和发现的眼睛，而真正的艺术大师与众不同的地方就在于他们具有一双善于发现美的慧眼。著名摄影家阮义忠在谈摄影记录与创作的关系时说："摄影的记录功能，使对创作一词有特殊看法的人士，一直认为它只是留住影像的记录行为而已。然而，相机会因使用者的心态差别，而对同一事件呈现不同的见解，这就是一种创作行为，也就是艺术形式的成形。这一点，是谁也不能否认的。”

在众多优秀摄影作品面前，再挑剔的艺术家也不得不承认摄影作品所显示出的独特或独创的魅力。摄影不是一种被动的、机械的看，而是一种能动的、主动的看；摄影并不意味着冰冷的、客观的看，它是一种用心的看，因此影像所呈现的是一种“心”与“看”相融合的创造性形象。摄影的创造性就孕育或体现在这能动地用心观看及这种看的呈现之中。许多摄影家都有意识地去强化摄影活动中“心”与“眼”的紧密联系。被誉为摄影超级大师的布列松反复强调：“一个人必须用心和眼去摄影。”

为了更强有力地证明摄影的创造性，摄影工作者采取了一种有意识地加强摄影的主观意向和人工因素影响的策略，以强化影像制作中的主体创造性。有些摄影家甚至将这种理念推向极端，他们试图完全摆脱镜头必须对准客观可见之物的成见，认为摄影的使命恰恰是要呈现那些不可见之物，不留任何余地给真实的事物，让超现实之境成为呈现在人们眼前的景象，使看不见的被看见。同时，随着数字摄影技术的发展，摄影表现获得了无限的可能性。“没有做不到的，只有想不到的”已成为数字时代图像制作的口头禅。无论是可见的，还是不可见的，只要你能想象得到，数字影像技术便会无所不能地创造出来。面对摄影家如此得努力，有谁还能说摄影不是一种创造性的艺术呢？

2. 艺术的审美性与摄影艺术

在摄影是否具有审美性的问题上，同样也存在两种不同的观点。反对者认为摄影是简单机械的再现模仿，缺少审美价值，不能被称为艺术；赞同者则认为经过摄影家的审美创造与加工，摄影同样能够表现视觉的审美意境，传达与其他艺术种类一样的视觉审美效果。

（1）以审美性为由，拒斥摄影作为一种艺术

传统艺术观拒斥摄影的另一个理由是，艺术是一种既源于生活又高于生活的审美集中创造，而摄影不过是一种简单机械的再现模仿。

通常，简单机械的再现模仿被称为自然主义的创作，它还有一个更形象的说法，即“照相式”的创作。当人们用“照相”一词来形容某种创作时，这无疑是一个贬抑色彩十分浓重的词语。艺术对摄影的贬抑拒斥在相当长的历史时期里已经成了一种定论。正如美国当代著名文化批评家苏珊·桑塔格在《论摄影》一书中所说的：“摄影历来就享有最写实的，因而也是轻而易举地模仿艺术的恶名。”英国著名摄影史家兰福德在《世界摄影史话》中回顾说：“在艺术界，摄影家开始被人讥笑为只懂得使用机械工具的低能儿。”

艺术家经常以美的发现者和创造者自居，对即拍即得的照相术表示出不屑一顾的鄙视。法国著名小说家莫泊桑在论小说艺术时说：“一个现实主义者，如果他是个艺术家的话，就不会把生活的平凡的照相表现给我们，而会把比现实本身更完全、更动人、更确切的图景表现给我们。”19世纪著名作家左拉提倡以客观的、科学的实验精神来进行小说创作，作为自然主义创作的鼻祖，左拉遭遇到来自各方面的批评，许多批评者都以摄影为比喻对其鼓吹的自然主义创作方法进行抨击。在《实验小说论》中，左拉反驳道：“人们对我们这些自然主义小说家所作的一个愚昧无知的责备，是说我们想做摄影师。”可见，在传统艺术批评的语境里，“摄影”始终是一个被贬抑排斥的概念。翻阅文艺理论著作，可以看到许多理论家和批评家在论及艺术问题时几乎都以摄影作为反面教材。摄影在艺术的王国里非但没有一席之地，简直就是艺术可以任意嘲笑戏弄的对象。这种状况一直延续到当代。英国现代著名美学家科林伍德在《艺术原理》一书中讨论艺术再现时，将摄影的再现视为“刻板的再现”，认为只有绘画的再现才是“情感的再现”，才是真正的艺术。美国当代艺术理论家奥尔德里奇在《艺术哲学》中通过“描述性描绘”和“表现性描绘”的区分，比较了摄影与绘画的高下，认为摄影照片的“描述性描绘”不能构成艺术的品性，只有绘画的“表现性描绘”才能构成艺术的品性。在这些理论家看来，摄影的功能不过是一种机械的再现、复写和描述。这种机械的活动，始终停留在事物的现象表面，缺少对事物的概括、提炼和加工，无法解释生活的内在本质特征。

另外，在传统艺术看来，摄影活动的机械性决定了它再现方式的客观冷静，仅凭这一点，主张主体情感张扬的浪漫主义美学就可以毫不迟疑地将摄影打入冷宫。理由似乎很简单，艺术必须满足主体的表达诉求。感情体验也好，思想情感也罢，客体只有在满足主体表达的诉求中，才能获得自身的价值。艺术创造的过程也就是主体使客体之物皆着我之色彩的过程。如此说来，摄影既不能对客观现实进行概括、提炼和加工，又不能满足主体强烈的表达诉求，因此摄影所具有的艺术审美价值也就所剩无几了。

（2）为摄影的审美性辩护

在摄影是否具有审美性的问题上，摄影家一直都在进行着不懈的努力，他们试图通过身体力行的艺术实践来证明摄影与其他艺术种类尤其是绘画具有同样的审美价值，以期借此达到跻身于艺术行列的目的。

既然审美性是艺术构成的必要前提，那么摄影要成为艺术就必须表明自己具有审美价值。如何把画面拍得更美，使照片像绘画一样给人以视觉上的审美享受，几乎是所有摄影家的自觉追求。回顾摄影发展的历史，摄影术在发明的初期阶段，被人们认定为科学技术领域的发明，但从摄影技术过渡到艺术并不是一蹴而就的事情。在早期阶段，摄影以其科学技术的优势为绘画艺术服务，将解剖学摄影图片用于绘画训练的教学中，搭建起绘画艺术与医学摄影之间的联系。

另外，绘画与摄影虽然有所不同，但它们毕竟都是一种图像，正如著名摄影家郎静山所说的，摄影为图画，绘事亦为图画，其工具虽亦，而构图之理相同。画家与摄影家之间并没有实质的区别，它们都是图像的制造者，画家用手工操作来绘制图像，而摄影家运用机械技术来绘制图像。摄影术发明之初，摄影只是极少数人从事的工作，而这些人大部分都是画家。在摄影术发明还不到三个月的时间内，一支由画家组成的摄影小组就从法国奔赴埃及的亚历山大港，将埃及的风土人情、文物古迹绘制成图。然而，要完成大量的图像绘制仅靠手工作业不仅费时费力，还难以全面真实地再现景物的全貌。这时，摄影以其技术优势帮助画家完成了几乎无法完成的任务。

可见，从一开始摄影就与绘画结下了不解之缘。让摄影靠近绘画，让摄影具有艺术的审美性，几乎是早期摄影人所致力追求的梦想。这种追求在“画意派”摄影中表现得最为突出。摄影家们为把摄影提高到一个较高艺术性的境界，将景物加以适当安排，让人们都穿上适当的服装，并按照预定的设想，各自做出适当的艺术姿态，使照片尽量优美些。例如，1857 年摄影大师雷兰德的《人生的两条道路》参加“曼彻斯特艺术珍品展览会”并大获赞誉，证明了摄影与绘画一样可以具有艺术的审美价值，宣告了摄影从单一的记录走向艺术创作的殿堂。从此，摄影逐渐取得了艺术身份的合法性地位，以审美性为追求的画意摄影成为摄影家进行创作的主要风格。是否具有审美性几乎成为衡量摄影是否是艺术的唯一标准。

3. 艺术的身份认同与摄影艺术

从创作主体的角度来看摄影是否是一种艺术，同样也存在两种不同的观点。反对者认为摄影的创作主体——摄影家并不具有传统艺术家的特质，只是一个操控机械的技术人员，摄影家的艺术家身份不能得到认同，摄影作品的艺术地位也就难以确立；赞同者则认为摄影家同样是富有艺术创造力的主体，摄影家的艺术身份应该得到认同，摄影作品作为艺术品的地位理应得到社会的认同和肯定。

（1）以艺术家身份确认为由，拒斥摄影作为一种艺术

随着艺术自律性的确立，艺术家的身份也逐渐确立起了高贵的地位。艺术家是社会中的文化精英，高雅神圣、卓尔不群是艺术家的内在气质和身份确认的特性标识。处于精英文化地位的艺术家经常怀有一种代上帝言说的使命感和冲动，这种使命感和冲动欲在视觉文化中经常表现为居高临下的上帝视角。法国作家福楼拜曾有一个关于艺术家与上帝的比喻：“艺术家不该在他的作品里面露面，就像上帝不该在自然里面露面一样。”艺术家与上帝的互喻，表明在上帝缺席或不在场的情况下，唯有艺术家可以作为上帝的替代物而被人们欣然接受，艺术家为此当仁不让地肩负起如此伟大崇高的神圣使命。

另外，天才论和个性论等关于艺术家的言说，可以说都是从不同的角度确立艺术家神圣的精英身份。在艺术家几乎可以与上帝同日而语的文化场域里，成为一个艺术家无疑是一件非凡俗之人所能为的事情。因此，以传统的艺术标准为尺度，艺术家身份的确认绝不是一件轻而易举的简单事情。简言之，并不是什么样的人都可以成为艺术家，只有极少数的人才有可能跻身艺术家的行列，成为艺术殿堂的特殊公民。如此反观，摄影家究竟应该以何种身份出现在文化的视域之中呢？在传统艺术观念里，摄影家无疑是一个只会依赖机械摆弄一点小技术的平民，无异于街头摆摊流浪的杂耍艺人。要成为一个传统意义上的艺术家，首先必须具有某种先天的禀赋，人们通常称之为天才奇才。天才奇才是可遇而不可求的，芸芸众生中天才奇才可谓是凤毛麟角。先天禀赋仅仅是成为艺术家的基础条件，还需要经过严格的艺术专业训练，接受良好的文化教育，才可能造就出真正的艺术家。摄影术的发明，开始逐渐瓦解艺术家的神圣地位。随着摄影技术的高速发展和大面积普及，摄影已成为非常大众化的文化活动。不需要具有先天的禀赋，不需要严格的专业训练和良好的文化教育，只要掌握一点简单的操作程序，就可以进行影像的制造。当代法国著名社会学家布尔迪厄在谈摄影师时说，由于摄影的技术自动化，摄影只需按一下快门按钮就可以完成作品，所以摄影被人们称为“没有艺术家的艺术”。“因为艺术创作被通俗地再现为辛苦劳作，摄影行为无处不与这种通俗观念相抵触。没有艺术家的艺术不是一种艺术吗？”艺术活动是天才奇才的专利，而摄影甚至可以是傻瓜都可以做的事情，傻瓜照相机的发明和命名，以一种反讽式的风格直白地表达出摄影天然具有的反精英策略和姿态。傻瓜而非天才所制造的影像作品，显然不能被称为艺术品，像傻瓜一样的摄影家，显然不能被称为艺术家，因为在以上帝的代言人自居的传统艺术家看来，摄影家绝不能与艺术家同日而语，就如同傻瓜不能与上帝同日而语一样。

（2）为摄影家的艺术身份辩护

摄影通过对创造性和审美性的追求已逐渐确立起艺术身份的合理合法性地位。因为如果人们认可了摄影与其他艺术一样能够进行审美的创造，那么就应该承认摄影家具有与艺术家相同的身份地位。

摄影家要求或渴望成为艺术家的冲动一直非常强烈，“摄影是一种新的创作方法，但摄影家都意识到，它不过是一种机械的记录手段。他们自然希望像当时公认的艺术家一样，也被认为是优秀的艺术家”。随着摄影技术的发展，虽然摄影已成为大众可以随时随地参与的一项活动，但并不是所有的人都可以成为摄影艺术家。能够称得上摄影艺术家的人，一般来说都不是业余的摄影爱好者，而是专业的摄影师。可以说，自从有了专业的摄影师，摄影才有可能通过对摄影师艺术主体性的认可，达到对自身艺术身份的确立。在摄影术发明的早期，由于制造技术上的原因，相机并不是一种大众普及的器材，它是一种昂贵而稀少的器材。在早期阶段，拍摄几张照片被视为高档、奢侈的消费行为，更不要说拥有一架照相机。因此，摄影只是极少数人所能够接触的事物。值得注意的是，除了技术人员之外，早期的摄影人大多是画家。画家用照相机为绘画艺术或图像制作服务，有一些画家开始尝试利用摄影所提供的影像来进行创作，在这一过程中，有些人逐渐将兴趣转移到摄影上来。

另外，摄影家社会地位的提高，并不是从艺术领域开始的。摄影先在科学研究方面取得了社会身份的认同，社会对摄影的认同为摄影家艺术身份的确立奠定了基础。由此，科学与艺术的合法性构成了密不可分的紧密关联。摄影一开始主要应用于科学研究工作，其中更多的应用领域是在地理学和医学。

摄影在地理学领域广泛应用于地理空间的殖民扩张和视觉影像的复制、存留与展示，能极大地满足征服扩张的文化想象，给历史、科学、艺术，甚至给政府带来巨大的好处。1839～1880年，法国人和英国人去意大利、西班牙、希腊、土耳其、叙利亚、巴勒斯坦、黎巴嫩、埃及、伊朗、阿尔及利亚、印度等进行了近三百次摄影旅行。国家担负起个人的摄影计划，在第二帝国时期得以实现。摄影在医学界的应用也比较早。医学摄影不仅拍摄病人的躯体和面目，还运用显微镜拍摄肉眼看不到的微小物体。更有一些医学摄影图片用于美术院校的解剖学教学，搭建起绘画艺术与医学摄影之间的桥梁。通过对摄影历史的考查，我们看到摄影家艺术主体的身份认同与国家社会的功利目的有着紧密的联系。换句话说，摄影家艺术主体的身份认同与合法性的确立，是在国家利益的名义下，以科学的合法性为基础确立起来的。有了上述的条件做基础，加之摄影技术的不断发展和摄影家的不懈努力，摄影家终于可以理直气壮地以艺术家的身份进入艺术的殿堂，与其他艺术家平起平坐、并驾齐驱。

从以上可以看到，摄影在与艺术的不断对抗争执中逐渐取得了胜利，获得了在艺术领地的合法地位。摄影作为一门艺术种类已为人们普遍认同。在许多摄影理论中，摄影名正言顺地用一般艺术美学概念来阐释自身的艺术特征，如摄影具有创造性、审美性，摄影不仅能够再现客观世界，还能够表现主观情感世界，等等。

第二节 摄影术的发展

能够真实地、长期地将美好的景色和人物形象准确记录与保存下来，是人类良好的愿望。由于摄影的工作原理和使用工具比较复杂，又必须得到光学、电子学、化学和机械学的基础支持，所以人类在对这门科学的探索上，走过了漫长的道路。

一、摄影术前史

1）公元前 400 多年，我国春秋时期伟大学者墨翟所著的《墨经》中已经有关于小孔成像的文字记载。公元前 350 年，古希腊哲学家亚里士多德在《质疑篇》一文中提出了光线穿过墙壁的小孔，可以把孔外的物体投射到对面的墙壁上，这一小孔成像原理就是摄影术的基本原理。

2）1038 年，阿拉伯学者阿哈桑描述了一种后来被称为暗箱（camera obscura）的工作器材。照相机的原理就是在这个叫暗箱的光学器材的基础上逐步完善起来的。

3）在文艺复兴时期，艺术巨匠达•芬奇于 1490 年为我们留下了有关暗箱的文字记载。16 世纪，人们已经在暗箱的开孔处装上镜头，由此在暗箱内壁获得了非常鲜明的影像。

4）17 世纪，暗箱已经在很大程度上具备了现代意义上的照相机的形态。1611 年，德国人约翰尼斯 • 开普勒发明了一个可携式照相机的原型，一顶可拆卸与运送的帐篷，人可以侧身其中把从外面投射进来的影像描摹在帐篷内壁。到了 17 世纪中期，开普勒的“帐篷”照相机已经得到改善，人可以站在“帐篷”外看到投射在一个半透明的窗子上的影像。

暗箱可以被认为是现在普遍使用的照相机的原始形态，其成像原理是小孔成像。当时，人们并不满足于仅仅获得一个不能永久保存的影像。人们梦想中的摄影术就是要把暗箱中的影像通过光学、化学的方式加以固定，由此达到永久保存影像的目的。因此，摆在当时人们面前的另一个挑战是，如何将影像保存下来。人们意识到，这就需要化学上的突破。

5）1725 年，德国解剖学教授舒尔泽发现硝酸银具有感光性。由于光的作用，银盐可以变黑。这是银盐感光材料化学性能的最早出处。

二、摄影术的发明者

1. 尼埃普斯的“日光蚀刻法”

19 世纪 20 年代，法国人尼埃普斯（图 1-1）就开始了长达多年的研究实验，一直致力于通过对一块经过处理的金属版曝光来获取影像，并希望将其蚀刻和印刷到报纸上。1823 年，他对一张平版进行了长达 8 小时的曝光后，成功制作了一幅暗淡的永久性正像《鸽子楼》（图 1-2）。尼尔普斯把他发明的这种摄影方式称为“日光蚀刻法”。

图 1-1　《尼埃普斯的肖像》

画布油画，李奥纳•弗朗索瓦•贝格于 1854 年绘

图 1-2　《鸽子楼》

尼埃普斯于 1826 年摄

所谓“日光蚀刻法”，是将一种印刷用的沥青涂布在锡合金版上，然后放在暗箱中曝光。由于光照的作用，景物明亮的部分使沥青相应的部位变白变硬，然后在薰衣草油中进行“显影”，薰衣草油将未变硬的沥青溶解，显露出沥青下面暗灰色的金属版，最终得到一个正像。

如果不是健康与经济的原因，尼埃普斯就有可能通过实验再进一步捕捉到更为鲜明的永久性正像。出于无奈，从 1829 年开始，尼埃普斯和身为画师的达盖尔（图 1-3）开始了长达四年的合作，他们为着一个共同的问题——如何使用光线和化学制作出一个永久的图像——而努力。不幸的是，1833 年 7 月 5 日，尼埃普斯突然逝世，享年 68 岁。在实用、可靠的摄影术尚未研究成功之时，他们的合作不得已戛然而止。然而，达盖尔并没有终止实验，他仍然独自继续自己的实验。

图 1-3 《达盖尔的肖像》

达盖尔法照片，让•巴蒂斯特•萨巴蒂尔-布洛于 1844 年摄

2. 达盖尔银版摄影术

1837 年，达盖尔偶然发现水银可以固定影像。运用水银蒸气来显影影像，可以在金属版上获得永久且鲜明的影像。达盖尔把这一过程命名为“达盖尔银版摄影术”。这一摄影术的出现使得拍摄一张照片的曝光时间减少至 30min 左右。

达盖尔的作品世存很少，《圣殿大道，巴黎》是他在 1838 年摄制的（图 1-4）。在这张照片上，唯一可见的人像是一个一脚踏在水泵上静止的人，由于曝光时间要长达数分钟之久，所以很难留下运动人物的行迹和身影。

图 1-4 《圣殿大道，巴黎》

达盖尔法照片，达盖尔于 1838 年摄

达盖尔法照片一次摄影只能获得一张银版照片，获得的照片有良好的清晰度，影像细腻，因此达盖尔法照片也被称为“记忆之镜”。因其实质上是由水银构成的一种浮雕影像，所以从不同的角度观看会产生不同的效果。达盖尔法照片的特点：一是画面呈左右相反的单色影像，二是不可复制。虽然这种唯一性使这种方式获得的影像更珍贵，但因此也成了它的致命短处，不利于影像的传播。

1839 年 8 月 19 日，法国政府授命巴黎天文馆馆长阿拉戈，在法国科学院和艺术院的一次联席会议上，公布了达盖尔发明摄影术的详细过程（图 1-5）。在摄影史上，认定这一天为摄影术的正式诞生日。摄影术的出现，被称为 19 世纪非凡的发明，是赠送给人类的礼物。

图 1-5　《法国科学院和艺术院的联席会议，巴黎》
版画，佚名摄影师于 1839 年摄

三、摄影术发明权的争执

1. 塔尔博特

在 1839 年 8 月份的学院会议上，法国巴黎天文馆馆长阿拉戈宣布要将这项新技术捐赠给世界——这似乎是平民国王路易·菲利普的慷慨礼物。然而之后不久，当英国人要使用这项技术时，他们得从达盖尔的代理商那里购买特许权。关于达盖尔和法国人在制定这条规定中表现出的沙文主义已有大量记载，但我们应将其置于英法统治阶级为争夺科学经济霸权而无情竞争的大背景下来审视。这一特许规定同时也反映出，法国人已经意识到在英吉利海峡对面，一位杰出的英国科学家塔尔博特（图 1-6）已提供了另一种方法，即利用光与化学物质的反应来制作照片。不可否认，他也是摄影术的发明者。

图 1-6 《塔尔博特的肖像》

达盖尔法照片，安托万•克劳德特于约 1844 年摄

就在《法兰西报》宣布达盖尔摄影术消息后没几天，享誉国际的英国科学家塔尔博特写信给法国科学院负责评估达盖尔银版摄影术的三个委员。塔尔博特在信中告知他们说，他将要发布对于达盖尔宣布的发明的如下两个“原则性特点”的优先权：“第一，暗箱影像的固定；第二，随之而来的影像的保存，以使其能够经受阳光照射。”显然，一场围绕摄影术发明权的争执已经不可避免。

1835 年，英国科学家塔尔博特运用氯化银来使纸张感光，研制并拍摄了首张负像底片，此方法也可以用来印制正像，但由于用纸作片基，成像质量很差，且影像反差太大，无法和达盖尔法照片相比（图 1-7）。但是这种“负片-正片”法的优点是一张底片可以复制多张照片，还可以制作大面积的照片。

图 1-7 1845 年用卡罗式摄影法拍摄的一位部长肖像的负片及印相

1835 年 3 月，塔尔博特用木匠艾比为他定制的木质小相机，在氯化银感光纸上成功拍

下拉科克（Lacock）修道院窗格的照片（图 1-8）。这张世界上最古老的负片，仍完好地保存在英国伦敦科学博物馆内。

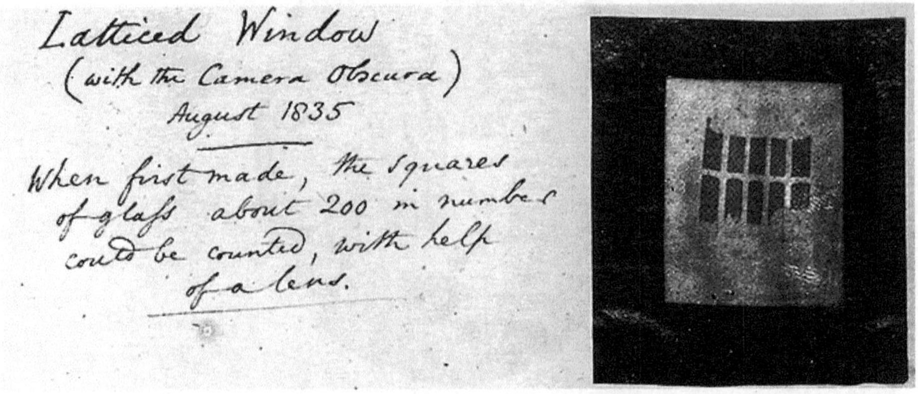

图 1-8　《拉科克修道院的花格窗》

最早的负片，塔尔博特于 1835 年摄

1841 年，塔尔博特改进并完善了他的“负片-正片”工艺，在英国获得专利，成为今天负片工艺的创始人，他把他的工艺称为“卡罗式摄影法”。现在通行的摄影方法基本上都是以卡罗式摄影法为原理的。1844～1846 年，塔尔博特制作了《自然的画笔》（*The Pencil of Nature*，1844—1846）摄影集，这套书共 6 卷，全书共有塔尔博特制作的 24 幅卡罗式摄影法的照片（图 1-9），第 1 集有 5 幅作品，于 1844 年出版，第 6 集于 1846 年出版，内容包括建筑、风景、静物、植物等。这本可以说是历史上第一本以摄影集方式做成的书，为后人提供了使用与传播照片的新的可能性。

图 1-9　《自然的画笔》之一

卡罗式摄影法的印相，塔尔博特于 1844 年摄

2. 巴耶尔

另一位发明者是法国的巴耶尔，正当人们在为摄影术发明而欢欣鼓舞时，他却在向隅而泣。作为法国财政部的公务员，巴耶尔从 1838 年起开始研究“用光作素描”的技术，制作并展示出了一些光绘照片和在相机里曝光的直接正像纸质照片，在这些照片中，有一张是正处在城市化进程中的巴黎乡村风光。这些作品拍摄于有关塔尔博特技术的消息传到法国后不久，又在官方公布达盖尔技术之前。然而，政治的压力尤其是致力于推广达盖尔技术的阿拉戈的施压，使得巴耶尔的发明远离了公众的视线。而等到巴耶尔于 1840 年 2 月 24 日在法国科学院将自己的研究成果公之于世时，摄影发明者的桂冠早已被达盖尔摘去。巴耶尔制作了一张自己扮成自杀者的照片（图 1-10），以此表达对自己遭受法国当权者不公待遇的强烈不满。尽管如此，他很快成为巴黎摄影界表现突出的一员。

图 1-10 《溺水者自画像》
直接纸基正像，巴耶尔于 1840 年摄

四、摄影术的改进

1）1851 年，英国雕塑家阿切尔发明了“火棉胶摄影法”（简称火棉胶法）。火棉胶法以玻璃为底板，采用新发现的无色光滑材料——火棉胶，对其敏化后覆于玻璃片基上，影像非常清晰，因此火棉胶法迅速取代了卡罗式摄影法。火棉胶法所用的玻璃底板必须趁其上的化学涂料还湿时显影（拍摄和冲洗必须在火棉胶未干燥前约 20min 之内进行），即可得到一幅明暗与实物相反的负片。因此，又称为“湿版摄影法”（图 1-11）。

图 1-11　阿切尔湿版摄影法的帐篷暗房

2）1871 年，英国医生马多克斯，以明胶为涂料加卤化银做成乳剂，干燥后仍能感光，代替火棉胶取得成功，这就是“干版摄影法”。马多克斯的干版摄影法是划时代的发明，干版摄影法照片可长时间储存，曝光只要几分之一秒，从而揭开了现代摄影的帷幕。

3）1889 年，美国人伊斯曼用硝化纤维代替片基，制造出了世界上最早的硝化纤维透明片基，为感光胶片的发展奠定了基础。1930 年之后，出现了醋酸纤维片基。这就是现在使用的安全片基。

4）1873 年之后，人们发现把合成的有机染料加入到卤化银乳剂中，可扩大感光材料的感色范围，由此，感光片从色盲片、分色片发展到全色片，为彩色感光材料的制造打下了基础，创造了条件。

5）1909 年出现了“三层一次曝光彩色显影法”，1935 年减色法多层乳剂问世，1936 年出现了彩色反转感光片材料，1942 年出现了彩色相纸，1949 年 1 月“彩色负-正法”问世。20 世纪 50 年代，一部分国家进入彩色摄影时代，彩色摄影技术于 60 年代进一步成熟，70 年代更加完善，并先后出现了水溶性、油溶性彩色胶片。今天人们已经进入数字摄影时代。

第三节　照相机的发展

在摄影术 170 多年的发展过程中，照相机的发展与演变大致可以分为三个阶段。

1. 第一阶段

从 1839 年到第二次世界大战爆发，这近百年的时间为照相机发展的初级阶段。这一阶段的主要特点如下。

1）由木质暗箱发展成金属机身，提高了照相机主体精密度。1839 年 8 月 19 日法国画家达盖尔公布了他发明的“达盖尔银版摄影术”，于是诞生了世界上第一台便携式木质照相机。1841 年光学家沃哥兰德发明了第一台全金属机身的照相机。该相机安装了世界上第一只由数学计算设计出的、最大相孔径为1∶3.4的摄影镜头。

2）由最初的没有快门的照相机，到逐步出现了精密的机械快门。

3）镜头由单片新月型透镜演变为多片多组的复式正光镜头，镜头质量日益提高，镜头上设置了光圈和快门，以控制曝光量。

4）由框式取景发展为光学取景和连动式测距，提高了取景、构图与调焦的精度。

2. 第二阶段

从第二次世界大战到20世纪50年代，是照相机发展的中级阶段。这一阶段的主要特点如下。

1）光学技术与机械技术进一步完善，电子技术开始在照相机上应用。

2）随着小型照相机的逐步发展，出现了可以更换不同焦距镜头的照相机。

3. 第三阶段

从20世纪60年代开始到现在，是照相机发展的高级阶段。这一阶段的主要特点如下。

1）出现了光学、精密机械、电子等技术在照相机上的综合应用。多种测光、高精度的电子镜间快门、电子焦平面快门、电动上弦卷片及自动调焦等各种功能得到愈益精美的应用，高度自动化、小型、轻便达到了前所未有的高度。

2）自动化程度的提高。照相机出现了计数器自动复零、反光镜自动复位、半自动和全自动收缩光圈等结构。

3）镜头向系列化发展，以及配套专用镜头的运用。出现了变焦、微距、折反射式、广角等多种摄影镜头。

4）数字照相机的出现。柯达1975年开发出世界第一部数字相机。

第四节 摄影的功能、特性与应用

一、摄影的功能

摄影艺术和其他艺术一样，同样属于意识形态领域，同样对社会生活产生反作用，同样具有认识、教育、审美和娱乐四个方面的社会功能。

1. 认识功能

摄影艺术作品的认识功能，主要通过作品帮助人们认识所反映的事物与生活。随着现代高科技的信息传输手段越发强大，形象已成为人类获取外部信息的最主要手段之一，进一步提高了人们对现实生活的认识能力。

摄影的瞬间纪实特性，使其作品能够以真实的形象再现社会生活，反映时代精神和人物的思想感情，扩大人们的生活视野，成为人类获取外部信息的最主要手段之一。我国著名摄影家吴印咸拍摄的《白求恩大夫》（图 1-12）可以让我们了解这位来自加拿大的共产党员在中国抗日前线医治伤员的真实情景：白求恩大夫穿着草鞋，系着围裙，在一座古庙里用马鞍搭起的临时手术台上专心致志地救着伤员，而当时的环境又是何等地艰苦。许多战争题材的摄影艺术作品，可以帮助人们了解战争给人民带来的痛苦。许多风光摄影作品所反映的名川大山、古迹、陵园及有关旅游胜地等自然、人文景观，以及民俗题材的摄影作品，可以帮助人们了解不同地域的风土人情、自然环境和生活习俗。现代广告艺术大量使用摄影作品，主要也是为了直观地宣传产品，让人们对产品有更具体的了解。

图 1-12　《白求恩大夫》
吴印咸于 1939 年摄

2. 教育功能

摄影艺术作品在准确地反映客观现实生活的同时，也体现着摄影者对生活的态度和评价。我们在欣赏摄影艺术作品时，也会潜移默化地受到作者倾向与态度的影响和教育。《白求恩大夫》的照片不仅有认识作用，同时也有教育作用。

摄影艺术作品的教育功能，与审美功能、娱乐功能是辩证统一的关系，这就是人们常说的“寓教于乐”。摄影艺术的教育功能不是耳提面命式的教育，而是在审美欣赏中受到的教育。从某种意义上讲，审美本身也是教育，即美育。

3. 审美功能

摄影艺术作品能给人以美感，给人以审美愉悦。没有美，也就没有摄影艺术。在内容上，摄影作品反映的是摄影者对生活的审美评价及具有审美价值与本质意义的生活本身；在形式上，摄影作品所表现的是符合美的规律、符合人们审美需要而能够给予人们美感的艺术形象。

美不是抽象的，美与真联系在一起，没有真就没有魅力。真的不都是美的，但真是美的基础。美与善也是联系在一起的。美的形象总是体现着摄影者的道德观念、社会理想。

为此，优秀的摄影艺术作品总是真、善、美三者的结合。没有真和善的作品，也就没有美可言；没有了美，摄影作品就会失去艺术感染力。

摄影的审美功能是普遍存在的。有些作品可能认识作用或教育作用较为突出，也有些作品是审美作用较为突出。当然，那些能使认识、教育与审美作用三位寓于一体的作品，则是最理想的作品了。

4. 娱乐功能

在众多艺术形式中，摄影可能是最大众化、最普及的文化活动。随着生活水平与教育程度的提高，与一般休闲活动一样，摄影已成为一种大众娱乐、一种消遣与享受。

作为娱乐的摄影，与新闻、商业摄影等不同，并非以发表或营利为目的，而只是一种自娱自乐的行为，以纯粹满足个人爱好为目的。例如，表现自然风光与人文风情的旅游摄影，集中反映出摄影的这种娱乐功能。一些业余摄影爱好者也因此走上了专业的道路，使摄影成为娱乐通向艺术的桥梁。

在摄影应用中，认识功能、教育功能、审美功能和娱乐功能并非单独存在的，而是常常结合在一起的。这就意味着一幅摄影作品可能会同时产生几种不同的效应。

二、摄影的特性

1. 纪实特性

摄影术自其诞生之日起便具有纪实的特性，其技术特点就是借助光学的特性逼真地再现现实事物的影像。摄影影像虽然是二维平面的影像，但其明暗、色彩与被摄体有着一一对应关系，它不仅能传递平面的信息，还能通过透视、影调和色彩的变化传递空间信息。它的再现性比绘画的描写力更准确、更精细，它的见证作用是其他任何东西都不可相比的。因此，纪实性可以说是摄影的天然属性。在一定程度上，摄影能凝固时间，把人们生活和工作中发生的一瞬间“凝固”下来，永久地记录下来。摄影与电影、电视相比较，显示的不是生活中的纵断面，而是生活进程中某一凝固了的横断面。所以，摄影打破了空间和时间对人们在认识问题上的局限性。

随着科学技术的不断发展和对摄影的进一步探索，人们对摄影的纪实风格有了进一步的认识。摄影有着自己独特的风格，它不仅具有纪实性，而且具有超越其他艺术表现手段的独特之处，应该创造出自己的新天地，在拍摄角度、光照效果、瞬间和聚焦点的选择等方面，不断更新表现手法与艺术表现形式，将艺术性与纪实性结合起来，更加完善摄影的纪实作用，去更好地表现生活、表现人生、表现自然、表现社会等，只有这样才能充分实现摄影在纪实作用中的最大功能。

2. 瞬间特性

摄影是空间与瞬间的美的组合。瞬间，是指事物或物体运动、变化、发展过程中某一转瞬之间与其空间分离的框架断面。摄影就是事物发展、变化过程中瞬间表现的最佳手段和最佳工具。发现、捕捉客观世界中最佳、最美瞬间的景物，从而获得震撼人心的艺术佳作，把美留给人间，是每个摄影者孜孜追求的目标。瞬间性受到摄影工具和摄影纪实性的制约。相反，也正是摄影的这些局限造就了摄影的优势，使许许多多的摄影瞬间艺术作品能够产生。

深入研究、探讨摄影的瞬间表现，对进一步揭示和把握事物运动、发展、变化过程的规律和本质，了解和掌握瞬间表现难度，抢拍和抓拍好最佳形象瞬间和决定性瞬间，全面提高摄影创作质量，有着积极重要的意义。

摄影瞬间有以下两层含义：①指摄影拍摄时的一瞬间，也是按下快门的一瞬间。珍贵的、难得的一瞬间，需要我们去寻找，去发现；平淡生活过程中的一瞬间，需要我们去观察，去组织。虽然触动快门，胶片所记录的都是一瞬间，但美好的、难忘的、具有代表性的、最生动的一瞬间，并不是顺手可得的，有的瞬间是可一而不可再，可遇而不可求的。②指摄影本身所具备的功能，摄影工具只能表现客观现实发展过程中的一个瞬间，通过这个瞬间来记录事实、记录生活。这两个方面，有区别，也有联系。生动的瞬间在事物发展的高潮中会有，在事物发展的每一个阶段也会有，就看我们从什么角度、什么出发点去选择、去拍摄。选择典型的瞬间去拍摄，能获得不同内容、不同主题、不同意境的画面。同时，这一个个造型也就能起到不同的作用。相反，画面将会平平淡淡，甚至无主体、无主题。

生动的瞬间画面是需要发现的，更重要的是需要捕捉。在捕捉时，必须注意两个环节：一是思考性，二是预见性。在按动快门的一刹那，要思考好所拍摄的内容，思考必须抢在曝光之前，在思考成熟时，就要当机立断，不可三心二意，否则将失掉机会。预见性在新闻拍摄中十分重要。在拍摄现场，根据任务、环境和行程路线，对究竟在哪一瞬间触动快门、拍摄哪些人物等，应有预见性，也就是提前性，否则在一些庄严宏大的场面和人物众多的情况下，就会手忙脚乱。摄影的预见性是摄影者从事摄影工作、长期对生活经验的积累，积累越多，认识越深刻，成效性就越大。这是由于在社会和历史的发展中，有着无数的瞬间可供选择，选择哪一个瞬间作为一定情感的载体，在很大程度上取决于摄影者的主观认识和生活经验的积累。

3. 选择特性

在摄影创作过程中，摄影家通过自身的聪明才智、深厚的思想情感使作品风光有情，而人物有神要靠摄影艺术形象表现，因此艺术形象必须有取舍、有选择地去表现、塑造个别的、有限的、偶然的生活形象来表达一般的、无限的、必然的艺术形象。因此，在摄影艺术创作的过程中，将个人的才华、热情、思想和独立的人格倾注其中，注重形象的典型性、个性、代表性的选择是十分必要的、有益的，这也是由自然美上升到艺术美所必须的。

（1）题材选择

摄影题材的选择，首先应该考虑的是适合于摄影来表现的题材。

（2）时机选择

摄影拍摄应根据不同的拍摄对象和内容，选择不同的角度、不同的光线、不同的季节和不同的环境，才能比较充分地表现所要表现的内容。例如，要表现一位老教授，是在办公室拍摄、在家里拍摄，还是在讲台上拍摄，根据职业的典型性，应该选择他在课堂讲课时最精彩、最典型的一瞬间。这一瞬间必须选择在角度、光线、神态等条件最好的时机去拍摄，否则就不够生动、不够完美。

（3）技术选择

用什么样的拍摄技术去完成画面也非常重要。同一个画面，可用许多技术手段去完成，选择哪一种最好，要经过认真考虑，否则也不会取得最佳的效果。

（4）方式选择

同一个题材，可以有许多方式去进行拍摄，没有两个摄影者会拿出完全一样的作品。因为每一个人的想象力、生活经历、艺术修养、文学修养和思维表达能力各有不同，所以会产生不同的风格。但是，无论你选择什么方式去拍摄，有一点是相同的，就是以最能表现和突出被摄对象为标准。

4. 表现特性

（1）以思想表现内容

优秀的摄影艺术作品有两个共同特点：一是能引起人类强烈的感情与精神共鸣；二是能激发欣赏者的精神向上，并引领欣赏者超越自己。所以，好的摄影作品，不仅可以呈现表面，还可以交流思想。有什么样的思想，有什么样的审美意识，便可得到什么样的作品。也就是说，摄影作品记录的是作者对现实生活、社会现象和审美感受的视觉表现，这种表现通过物质材料的传播，让欣赏者产生精神的共鸣，并对欣赏者起着精神引导作用。英国摄影记者迈克•威尔斯拍摄的《乌干达旱灾的恶果》（图 1-13），让观者深深地为非洲所经受的灾难所感动，记录了一个对比强烈的镜头——丰润的大白手和枯瘦的小黑手，形象地展示了非洲干旱所带来的深重苦难，充分表达了对干旱恶果的强烈感受和向社会呼吁的热望。因此，摄影作品必须具备鲜明的个性，摄影师的思想意识、文学修养、艺术修养是摄影师创作摄影作品的基础。在创作过程中要用足够的手段和空间以充分地发挥极强的主观性，来表现和传达情感的艺术价值。

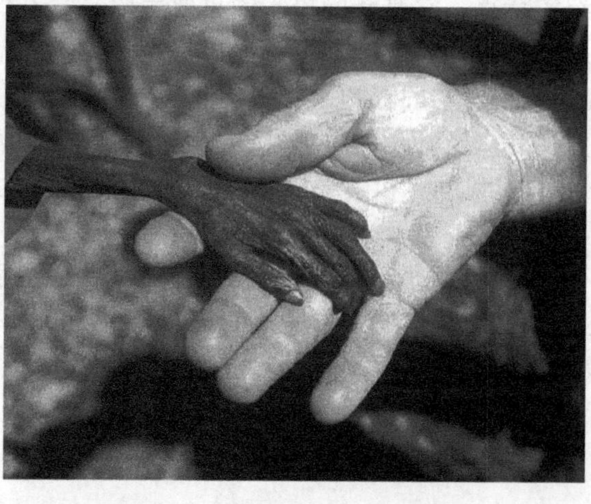

图 1-13 《乌干达旱灾的恶果》

迈克•威尔斯于 1981 年摄

(2) 以技术表现内容

摄影有两大类学问：一是技术性学问，二是艺术性学问。技术是指它有一定的规律必须去遵循，有一定的技术要求必须去遵守，否则，必将失败。艺术性学问就没有必须怎样做、不这样做就会失败的要求，但好的摄影作品，必须是技术性与艺术性的统一体现。在学习摄影时，必须对摄影的各种技术手段、设备的技术性有一个准确的、完善的了解，知道什么技术能达到什么创作目的，什么技术能达到什么摄影效果，然后才能根据不同的摄影主题选用相应的摄影技术去实现。

(3) 以技巧表现内容

为了能更真实、更深刻、更充分地表现内容，为了能采用最鲜明、最通俗、最动人的形式把内容表达出来，摄影者更应该娴熟地掌握各种拍摄技巧，适应多种摄影工作的需求，而不能仅限于一种专项摄影。无论是艺术摄影、纪实摄影、新闻摄影，还是人像摄影、风光摄影、静物摄影，都必须掌握对特定对象拍摄的基本技巧。因此，摄影是经验的积累，真正的摄影家必须掌握相应的摄影技巧，把日常生活中稍纵即逝的平凡事物转化为不朽的视觉图像，这样才能拍摄出令人称道的好照片。

三、摄影的应用

随着科学技术的发展和人们生活水平的提高，摄影技术的应用越来越广泛。这是由摄影本身所具有的特殊功能决定的。

摄影的应用主要表现在以下诸方面。

1）摄影是影视摄像的基础。摄影记录的是瞬间光影节奏的变化，摄像记录的是连续光影节奏的变化，是动态的摄影。

2）摄影广泛运用于传播科学知识和文化教育，通过形象、直观、可感的视觉形象交流思想和传播信息。

3）摄影有强烈的纪实特点，它是新闻摄影的重要手段。它不仅可以在大众传播领域（报刊、网络等）形象地记录新闻事件的现场画面，提高信息的可信性，而且其读者不受国家、民族、文化程度和语言文字的限制，能够获得全方位的视觉文化信息。

4）摄影在科学研究上有广泛应用。例如，物理学、生物学和天文学等领域，探索和记录人眼看不清、看不到的宏观世界和微观世界，如高速摄影、延时摄影、激光全息摄影、遥感摄影、电子显微摄影等。

5）摄影是艺术创作的一种手段。摄影者借助摄影技术和造型手段，记录生活中典型的、美好的瞬间，表达人们的思想情感，帮助人们全面地、形象地、真实地了解社会，理解生活，并给予人们美的享受。

第五节　摄影的艺术流派

纵观摄影发展史，摄影经历了多个发展阶段，形成了多个艺术流派，比较有代表性的有绘画主义摄影、印象派摄影、写实摄影、自然主义摄影、纯粹派摄影、新即物主义摄影、堪的派摄影、达达派摄影、超现实主义摄影、抽象摄影和主观主义摄影。

一、绘画主义摄影

绘画主义摄影是盛行于20世纪初的一种艺术流派，它发端于19世纪中叶的英国。第一个绘画主义摄影家是英国画家希路（1802—1870），他擅长人像摄影，作品结构严谨、造型优美。

绘画主义摄影家在创作上追求绘画的效果，或“诗情画意”的境界。作品通过情感、意境和形式美的表达，强调摄影家的艺术修养。绘画主义摄影认为要使摄影在艺术上有地位，摄影家就必须首先培养起独特的审美能力和较高的艺术修养。这一流派的历史功绩是把摄影从机械地摹写对象引导到造型艺术领域中去，促进了摄影艺术的发展。

这一流派的主要摄影家和作品有普莱斯的《男爵之宴》、罗宾森的《当一天工作完了的时候》、金马伦夫人的《汤姆士卡莱尔》、尼达的《弥留之际的嚣俄》等。这些作品大多数都脱离现实生活，常预先打好草图，然后利用模特、道具，安排场面拍摄，以追求绘画效果。随着摄影器材的日益改善，以及人们审美趣味的不断变化，绘画主义被自然主义所冲击。尽管这样，在今天的摄影艺术殿堂中，绘画主义摄影仍有它的一席之地。

英国的瑞典移民奥斯卡·雷兰德，是第一位创造性地运用合成照片术来为摄影求取艺术地位的摄影家，他于1857年创作的大型合成印相《两种生活方式》（图1-14），使用32张不同负片合成制作的大幅寓言照片，描绘了一位圣人引导两个年轻人走向成年。画面中将美德与放纵进行对比，照片右边表现“勤奋”，左边表现“放荡”。这张照片在获得成功的同时也引起了很大争议，因为左边的几个人是裸体的，在当时非常令人震惊。

图1-14　《两种生活方式》
奥斯卡·雷兰德于1857年摄

二、印象派摄影

印象派摄影是从印象派绘画中得到灵感的。19 世纪 60 年代中期到 80 年代，绘画印象派运动在法国盛行，著名的印象派画家莫奈和雷诺阿反对绘画的陈规陋习，力求再现那些在充满光线的气氛中传达物体的视觉印象的色彩。这一具有创新意义的实践在摄影界引起了尽管是迟到的，但却是重要的反响。

最早接受印象派观念的是英国自然主义摄影家埃默森。埃默森当时提出的焦点摄影理论认为，人的视觉边界是不明确的，中间部分清晰，边缘部分模糊。为了使照相机达到人类视觉再现的效果，他劝告摄影同行不必使影像都达到最清晰的程度，仅仅清晰地展现景物的部分完整细节，就能获得更自然的效果。尽管埃默森的“有差别的调焦”引起了守旧的英国画意摄影派的激烈反对，但出乎埃默森意料的是，一幅照片甚至可以将画面完全置于焦点之外，这一激进的观念成为后来印象派理论的基础。

1890 年，后来成为英国伦敦柯达有限公司经理的乔治·戴维森（1856—1930）在一次关于“摄影的印象派”的讲座中坚持认为，尽管锐度和清晰度对一些照片是至关重要的，但是在其他情况下，它们也可能完全用不着。他认为决定性因素是摄影师在艺术上的观念。为了说明他的观点，他展出了一幅后来成为摄影史上经典摄影作品的《葱田》（图 1-15），这幅看起来完全是印象派没有经过调焦的照片，其实是没有通过镜头而是用金属片上的针孔拍摄的。戴维森的实践立即引起了大量年轻摄影师们的兴趣，他们借助针孔镜头和特殊的柔焦镜赋予摄影完全朦胧的印象，或在印相时使用漫射滤光镜，甚至开始戏剧性地修整负片或直接在照片上施用画笔以达到朦胧的效果。从总体上看，印象派摄影作品营造了一种浪漫的风格，从而与传统的画意摄影形成了迥然的区别。

图 1-15　《葱田》

乔治·戴维森于 1889 年摄

印象派将摄影从客观自然再现转向主观精神表现，具有独立性的美学观念。强调创造新时代的艺术形态，提出应自然而随意地表现生活与客观物象。注重对现实情景的生命状态和存在形式进行直觉式的客观再现与描绘。印象派摄影的艺术特色是调子沉郁、影纹粗糙、富有装饰性，但缺乏空间感（图1-16）。他们提出“要使作品看起来完全不像照片”，并且认为“假如没有绘画，也就没有真正的摄影”。印象派的作品丧失了摄影艺术自身的特点，所以又有人把它称为“仿画派”。

图 1-16 《利物浦印象》
戴德利耶于 1906 年摄

受印象派摄影影响并身体力行的摄影家主要有英国摄影家约翰·杜利·约翰斯顿、法国摄影家罗伯特·德马奇、奥地利摄影家海因里希·库恩等。除此之外，印象派摄影在美国也引起了不小的反响，摄影分裂主义中的不少成员如爱德华·施泰肯、阿尔文·兰登·科伯恩等，于1900年在伦敦举办了“美国画意摄影新学派”作品展，尽管同样是朦胧效果的画面，但和英国人不同的是，他们不是将印象派技巧应用于风景和人像，而是从日常生活中寻找灵感，其作品并不仅仅限于形态与影调的优美安排。

三、写实摄影

写实摄影是一种源远流长的摄影流派，延绵至今，仍是摄影艺术中基本的、主要的流派之一。它是现实主义创作方法在摄影艺术领域中的反映。该流派的摄影艺术家在创作中恪守摄影的纪实特性，严格遵守摄影创作要再现社会生活现实和自然景观的现实原则。在拍摄时不干预被摄者和不破坏自然景观，在他们不被察觉时，抓拍到被摄者自然、真实、感人的形象。在他们看来，摄影应该具有“与自然本身相等同”的忠实性，画面中的每一个细节只有具有“数学般的准确性”，作品才能发挥其他各类艺术媒介所不具有的感染力和说服力。

一方面，写实主义摄影的先驱者斯蒂格利茨曾说：“只有探讨忠实，才是人们的使命。”另一方面，他们又反对像镜子那样冷漠地、纯客观地反映对象，主张创作应该有所选择，对所反映的事物应该有艺术家自己的审美判断。另一位著名的写实摄影大师路易斯·海因也说过：“我要揭露那些应加纠正的东西；同时，要反映那些应予表扬的东西。”可见他们崇尚艺术应该“反映人生”的观点。他们敢于正视现实，创作题材大都源于社会生活。艺术风格质朴无华，但具有强烈的见证性和提示力量。1908 年，海因成为美国童工委员会的摄影师。他记录了很多有关童工艰苦生活的记录，其中《纺织女童工》（图 1-17）采用写实手段报道了当时美国资本家利用廉价的童工进行长时间的繁重劳动的真实情况。这幅照片问世以后，在美国社会引起了很大反响。随后，美国政府颁布了《禁止童工法》。

图 1-17 《纺织女童工》
路易斯·海因于 1908 年摄

19 世纪 20～30 年代，海因开始了他另一个著名的摄影项目——记录帝国大厦的建造。在这个系列的拍摄中，他和工人们一起奋斗在高空危险的作业环境中。为了获取最佳的拍摄角度，当时已经 56 岁的海因，为此冒险不惜站在危险位置，拍摄的《帝国大厦的建筑工人》已成为反映美国工业建设辉煌年代的经典之作（图 1-18）。

图 1-18 《帝国大厦的建筑工人》
路易斯·海因于 1930 年摄

最早的写实摄影作品当推英国摄影家菲利普·德拉莫特于 1853 年拍摄的那些火棉胶纪录片。随后，则是罗斯·芬顿的战地摄影和 19 世纪 60 年代末的威廉·杰克逊的黄石奇观。1870 年以后，写实摄影渐趋成熟，开始把镜头转向社会，转向生活，如当时的摄影家巴纳多博士就拍摄了流浪儿童的悲惨境遇，震惊了当时的人们。

写实摄影作品由于具有巨大的认识作用和非凡的感染力，所以逐渐在新闻领域中占据了自己的地位。19 世纪 90 年代美国摄影家雅谷布·里斯关于纽约贫民窟生活的那些作品，就是这方面的奠基之作。随后，写实摄影家人才辈出，作品都以其强烈的现实性和深刻性而著称于摄影史。例如，英国勃兰德的《拾煤者》、美国卡帕的《通敌的法国女人被剃光头游街》、法国韦丝的《女孩》等，不胜枚举。

四、自然主义摄影

自然主义摄影是起源于19世纪后期的摄影艺术流派，以1898年摄影家埃默森发表的《自然主义的摄影》的论文为标志，该文抨击绘画主义摄影是支离破碎的摄影，宣告了自然主义摄影的诞生。自然主义摄影批判对照片进行过多人为加工的行为，追求照片的真相、真情、美感。该流派提倡摄影家回到自然中去寻找创作灵感，认为自然是艺术的开始和终结，只有最接近自然、酷似自然的艺术才是最高的艺术，没有一种艺术形式能比摄影更精确、细致、忠实地反映自然，“从感情上和心理上来说，摄影作品的效果就在于感光材料所记录下来的，没有经过修饰的镜头影像”。自然主义摄影家帕丘甚至认为：“美术应该交给美术家去做，就我们摄影来说，并没有什么可借重美术的，应该从事独立性的创作。”

自然主义摄影家关于摄影的艺术效果应当由摄影手段取得的理念无疑是正确的，对充分发挥摄影自身的特点有着促进作用，对新闻摄影、纪实摄影有较大的影响。这一摄影流派的题材，大都是自然风光和现实社会生活，风格自然、生动，但自然主义摄影满足于描写现实的表面和细节的“绝对”真实，而忽视对生活本质的挖掘与对表面对象的提炼。简言之，不注重艺术创作的典型化和艺术形象的典型性。因此，自然主义摄影实质上是对现实主义的庸俗化，有时会导致对现实的歪曲。这一流派著名的摄影家与作品有埃默森的《采睡莲》（图1-19）、帕丘的《船上》、威尔钦逊的《沙丘》、骚耶的《城内的院落》等。

图1-19 《采睡莲》

彼得·埃默森于1886年摄

《采睡莲》是埃默森最著名的作品，摄取了真实的场景、真实的人物，手法也非常自然，这幅作品将记录与审美很好地结合，也恰如其分地例证了他的美学观点。

五、纯粹派摄影

纯粹派摄影是成熟于 20 世纪初的一种摄影艺术流派，其创导者为美国摄影家斯蒂格里兹（1864—1946）。他们主张摄影艺术应该发挥摄影自身的特质和性能，把它从绘画的影响中解脱出来，用纯净的摄影技术去追求摄影所特具的美感效果——高度清晰的画面、丰富的影调层次、微妙的光影变化、纯净的黑白影调、细致的纹理表现、精确的形象刻画。总之，该流派摄影家刻意追求所谓的“摄影素质”：准确、直接、精微和自然地去表现被摄对象的光、色、线、形、纹、质诸方面，而不借助任何其他造型艺术的媒介。

纯粹派摄影的某些主张和创作是形式主义和自然主义的“混血儿”，在一定程度上曾促进了人们对摄影特性和表现技巧的探索和研究。例如，世界知名的摄影大师爱德华·史泰钦的《桑德伯格》（图 1-20），则是用多次曝光的手法，突破了独幅作品空间、时间的限制，在一个画面中细腻地刻画了诗人情绪的转换、影调的组合和构图的变化，极有韵律感。再如，摄影家科班的《俯瞰纽约》，画面从高处俯瞰纽约某个广场，虽没有任何加工、修饰，但新颖的构图、独特的造型，使人耳目一新。

图 1-20　《桑德伯格》
爱德华·史泰钦于 1959 年摄

这一流派的著名摄影家是斯特兰德和 Group f62 摄影组织中的青年摄影家，如亚丹斯、根令翰等。纯粹派后期的作品则向线条、图案和歪曲形象的抽象方面发展，其中有影响的摄影家有亚博、史丁纳、史脱特文和伊凡思等。

六、新即物主义摄影

新即物主义摄影又称为“支配摄影”“新现实主义摄影”，是 20 世纪 20 年代出现的一种摄影艺术流派。该流派的艺术特点是在常见的事物中寻求“美”。用近摄、特写等手法，把被摄对象从整体中“分离”出来，突出地表现对象的某一细部，精确如实地刻画它的表面结构，从而达到炫人耳目的视觉效果。它不考虑艺术的本质在于提示对象的本质，因而其美学思想是属于自然主义范畴的。例如，摄影家帕邱在 1923 年拍摄的火车头的回转轴就是用近摄手法，表现了火车头回转轴运转时的状态，画面由于摒弃了其他细部，所以给予观众的视觉印象是强烈的（图 1-21）。

图 1-21 《火车头的回转轴》

帕邱于 1923 年摄

新即物主义摄影家促进了人们对摄影自身特性的研究和探索，把摄影从审美性的虚幻世界拉回到现实生活中来。然而，由于其过分强调细部物质表面结构的描写，所以为后来的抽象主义摄影提供了萌发的土壤。新即物主义的著名摄影家有桑德、勒斯基、黑葛、希尔夏、休利曼·霍培、埃夫特、威斯吞·亚当斯等。

七、堪的派摄影

堪的派摄影是第一次世界大战后兴起的反对绘画主义摄影的一大摄影流派。这一流派的摄影家主张尊重摄影自身特性，强调真实、自然，主张拍摄时不摆布、不干涉对象，提倡抓取自然状态下被摄对象的瞬间情态。法国著名的堪的派摄影家亨利·卡蒂埃·布列松说过："对我来说，摄影就是在一瞬间里及时地把某一事件的意义和能够确切地表达这一事件的精确的组织形式记录下来。"因此，这一流派的艺术特色是客观、真实、自然、亲切、随便、不事雕琢、形象生动而富有生活气息。

堪的派摄影家，就其美学思想和创作倾向而言，情况是比较复杂的，虽然他们都崇尚人性世态的表现，且大部分都从事新闻摄影工作，但有的为自然主义者，有的为写实主义者。该流派的催生作品是 1983 年摄影家阿尔弗雷德·斯迪格的《纽约第五街之冬》，而真正完成者则是德国的摄影家埃利克·沙乐门博士。他在一次德法总理举行的夜间会议结束时用小型相机拍摄的《罗马政治会议》，该作品由于生动、真实、朴实、自然的特点，而成为该流派名垂摄影史的经典作品。首先，在摄影美学上，他们认为"以摄影的基本特点为基础的照片，是画家或蚀刻家所无法模仿的，它具有它自己的不可分割的我，具有自己特殊的表现力，甚至是用其他媒介不可能表现出来的特性"。其次，对客观事物的表现，他们重视和强调独创性，认为"摄影家要用自己的眼光来看世界，不要通过别人的眼光来看世界，而这正是区分照片是平庸还是高明，有价值还是没有价值的标准"。

该流派代表人物最著名的是亨利·卡蒂埃·布列松，此外还有美国的托马斯·道韦尔·麦阿沃依、英国的茜莉特·摩戴尔、法国的维克托·哈夫门，以及路易斯·达尔·沃尔夫、彼得·斯塔克彼尔·布鲁维奇等。

法国摄影师亨利·卡蒂埃·布列松（1908—2004），毕生都在用他小巧的35mm的徕卡照相机走遍全世界，这种相机很适合他随兴真实的拍摄方式，小巧的机身容易让拍摄对象忽略他的存在。他从不使用闪光灯，也从不修整自己的照片，因为他认为如果一张照片的构图有缺陷，剪裁也无济于事。他的摄影作品见证了20世纪所有的重大事件，从西班牙内战到德国占领法国、印度的分裂、中国“文化大革命”、1968年法国学生的起义，他的“瞬间美学”理论堪称影响了全球的媒体和影像。

德国柏林东西分别占领16年后，东柏林方面于1961年8月12～13日突击立起柏林墙，其目的是防止西方的渗透和干扰。布列松的这个镜头，表现三个柏林人站在一个高台上观看墙那边的情景（图1-22）。

图1-22　《柏林墙边》
亨利·卡蒂埃·布列松于1963年摄

图1-23　《男孩》
亨利·卡蒂埃·布列松于1958年摄

两只手里各抱一个大酒瓶的男孩子，一脸踌躇满志地走在路上，好像完成了一个光荣而艰巨的任务。照片中的人物，情绪十分自然真实，显示出布列松熟练的抓拍功夫（图1-23）。

八、达达派摄影

“达达主义”原本是20世纪初，在第一次世界大战期间瑞士苏黎世兴起的一种激进的、带有强烈虚无主义色彩的现代文艺思潮。“达达”，原为法国儿童语言中“小马”或“玩具马”的不连贯语汇。作为文艺流派的用语，最先出现在文学领域的诗歌创作中。它的思想特征是：厌恶战争，反对战争；叛逆阶级统治；无政府主义倾向。其艺术观念的本质是：崇尚虚无，蔑视理性和传统；鄙弃美学规律，主张“废除绘画和所有审美要求”，信奉巴枯宁的“破坏就是创造”的思想；崇尚非物质的、非客观的“真实”，实质是倡导主观、抽象。于是诗人们用破碎的艺术形象、零乱的艺术语言创作，使诗作像梦呓，令人不可解读。“达达主义”的冠名即由此而来。在这种艺术思潮的影响下，1918 年摄影艺术领域中也相继出现了达达派摄影。

达达派摄影的首次作品展览于 1919 年在美国举办。达达主义摄影与传统和理性对立，宣称与美学无缘。这一摄影流派的创作方法大都将印刷品（如报刊）碎片和其他实物影像拼凑粘贴在一起再翻拍而成，以某种虚幻的景象来表达自己的意念。例如，《丽达和天鹅》把一个美丽的希腊神话故事，处理成某种晦涩怪诞、不可捉摸的图像与线条的组合。在画面中，可视形象已不再以其自身的意义存在，而只是某种意念的构成元素。还有人用剪辑的手段，使尼亚加拉大瀑布涌向纽约，制造了一个荒谬的世界末日的凄凉景象。

这些作品由于内容晦涩、含义不清、画面结构怪诞，不符合大众长期形成的审美习惯、审美趣味和价值取向，加之又没有形成自己的理论支持，所以从 1924 年开始不到 20 世纪 30 年代就被超现实主义摄影所取代。达达派的著名摄影家有哈尔斯曼、曼·雷、摩根、拉茨罗摩荷利纳基和利斯特基等。

九、超现实主义摄影

超现实主义摄影为达达派没落时期出现于摄影艺术领域中的一种流派，兴起于 20 世纪 30 年代。这一流派有着较为严谨的艺术纲领和艺术理论。他们认为，用现实主义创作方法去表现现实世界是古典艺术家早已完成了的任务，而现代艺术家的使命是挖掘新的、未被探讨过的那部分人类的“心灵世界”。因此，人类的下意识活动、偶然的灵感、心理变态和梦幻便成了超现实主义摄影家们刻意表现的对象。

超现实主义摄影家在摄影创作中也像达达派摄影家一样，利用剪刀、浆糊、暗房技术作为自己主要的造型手段，在作品画面上将景象加以堆砌、拼凑、改组，把具体的细部表现及任意的夸张、变形、省略和象征的手法结合在一起，创造一种现实和臆想、具体和抽象之间的超现实的“艺术境界”。因此，其效果是奇特、荒诞而又神秘的。

该流派的创始人是英国摄影家丝顿和美国的布留奎尔。真正完成者为英国舞台摄影家马可宾，他在自己的创作中，把“超现实”的虚和现实中的实糅合在一起，创造了一种既虚幻又实在的境界。例如，他在 1946 年创作的《马可宾的自画像》就是一幅很典型的超现实作品，它是运用四次曝光的手法拍摄出来的：一次正面，两次侧面，一次一只眼睛（图 1-24）。

图 1-24　《马可宾的自画像》
马可宾于 1946 年摄

十、抽象摄影

抽象摄影为第一次世界大战后出现的一种摄影艺术流派。该流派的摄影家否定造型艺术是以可审视的艺术形象来反映生活、表现艺术家审美感受的这一基本特性，宣称要把摄影“从摄影里解放出来”。

初期，用无底放大法略去被摄体的细部纹理和丰富影调，制作成仅表现其形状的“光图画”。后来发展到或运用光线，或剪辑集锦，或中途曝光，或拍摄时震动照相机以使被摄体形象在底片中的成像模糊，或多次曝光使之重影，直到改变画面的表面结构，改变被摄体的原有形态和空间结构，力图使用所谓形式、影调（色彩）和素材的“绝对抽象的语言”，使被摄体转变成某种不能辨认为何物的线条、斑点和形状的结合体，以表现该派艺术家奉为圭臬的所谓人类最真实、最有本质力量的潜意识世界。在作品中，被摄体只不过是被艺术家借来随心所欲地表现自身想象和个性“旋律”的音符。

抽象摄影的发轫者为泰尔博。开始时，作品画面仍保持一定程度的可辨认性。至 1917 年摄影家科班用木片和透明玻璃碎片拍摄的《波尔多画报》就已完全不可辨认了。1922 年，匈牙利抽象画家莫荷利纳基在曼瑞等的基础上加以发展，并从理论上予以确立。随后，抽象画家康丁斯基、克勒等引进了显微摄影和 X 射线摄影，从而大大扩大了抽象摄影的表现范围，丰富了摄影艺术的语言，建立了自己的艺术体系，并风行于欧美等国。

十一、主观主义摄影

主观主义摄影是一种在第二次世界大战后形成的比抽象摄影更为抽象的摄影艺术流派，所以又称作“战后派”。它是存在主义哲学思潮在摄影艺术领域中的反映。其创始人是德国摄影家奥特·斯坦内特。他认为，“摄影本来具有发挥自己能力的宽阔领域，也具有高度的主观能动作用。但目前却成了一种机械的写实主义”。于是提出了摄影艺术主观化的艺术主张，极力主张摄影艺术的终极目标应该是揭示摄影家自身的某些朦胧意念、表现不可言传的内心状态和下意识活动。“主观摄影就是人格化、个性化的摄影。”这便是该流派的艺术纲领。

主观摄影的艺术家们极度强调自己的创造个性，蔑视一切已有艺术法则和审美标准。该派理论家公开表示：“主观摄影不仅仅是一种试验性的图像艺术，而且是一种自由的不受限制的创造性艺术。”“我们可以任意使用技术手段去创造照片。”其艺术特点是画面中的一切只不过是摄影家表现自我的“载体”而已。画面无论是“具象”或“抽象”何种造型形式，自我意念的表现都是其最终目的。充分利用镜头的光学性能、透视特性、近摄手段和后期暗房技法等，把客观的被摄体从现实中“剥离”出来加以改造，突出表现物体的某一细部形态，强化某种视觉关系，使之成为意念的“物化体”，从而在画面中组合创造出自己的“世界”，而这“世界”往往是荒诞、神秘的，或者是令人百思而不得其解的。

该流派著名的摄影家有奥特·斯坦内特、杰·施莫尔、肖·范欧坎、兰·佩恩、莫·弗克尔特、本章光郎和崛内初太郎等。

复习思考题

1. 什么是摄影术？
2. 摄影术的发明对人类的贡献是什么？
3. 摄影的功能与特性分别是什么？
4. 摄影瞬间的两个含义指什么？
5. 世界摄影艺术的主要流派有哪些？

第二章　照相机的结构与使用

对于摄影来说，照相机是每一位摄影师的工具和武器。“工欲善其事，必先利其器。”随着摄影门类的发展和科学技术的不断壮大，照相机的种类层出不穷，为满足各类影像的记录，必须了解并掌握这些照相机的结构、工作原理及其使用方法等，方可事半功倍。这些基本的技术和方法是决定影像图片质量的前提和关键，也是摄影艺术入门的基础。

第一节　照相机的种类

根据照相机的用途和主要性能，我们按取景方式和画面规格将照相机归纳为以下几种。

一、按取景方式进行分类

从取景方式来分，常见的照相机主要分为同轴取景照相机和旁轴取景照相机两大类。

1. 同轴取景照相机

这类照相机取景器又称单镜头取景器，其最大特点是直接用摄影镜头兼作取景物镜，如图 2-1 所示。摄影与取景具有同一光学主轴，所以称为同轴取景照相机。

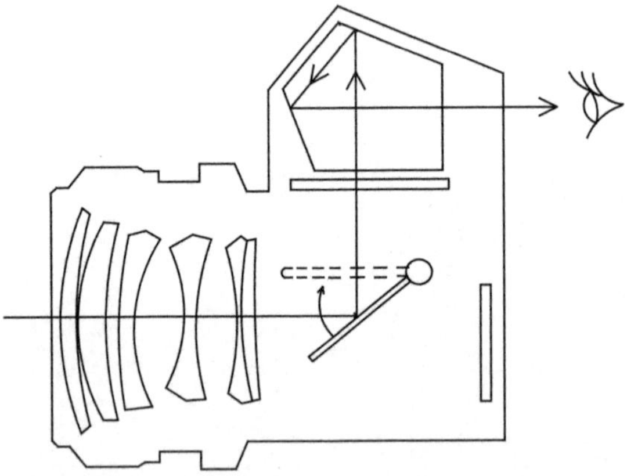

图 2-1　同轴取景照相机光学结构图

优点：①同轴取景照相机能使在光学取景器中所看到的影像和感光元件上一样，它的取景范围和实际拍摄范围基本上一致，消除了旁轴取景带来的视差现象；②镜头可以卸换，能换上与其配套的各种广角、标准、长焦和变焦镜头，也能根据需要安装增距镜、转接环等，用途得以大大扩展。

缺点：一般来说，它比旁轴取景器式照相机要大些、重些、结构复杂些，价格相对较高。快门开启时，反光镜瞬间弹起，相机会发出“咔嗒”声，同时看不到被摄对象。

2. 旁轴取景照相机

旁轴取景照相机一般有自己独立的取景物镜和目镜。如图 2-2 所示，它的取景光学主轴位于摄影镜头光学轴旁边，并且彼此平行，因而取名旁轴取景照相机。旁轴取景照相机是在单反取景系统出来之前使用比较广泛且最具文化特色的照相机，从出类拔萃的徕卡产品，到著名的禄莱双反，再到世界第一台旁轴数字相机爱普生 R-D1 等，都是旁轴相机的成员。所以，旁轴相机无疑是相机发展的重要组成部分。

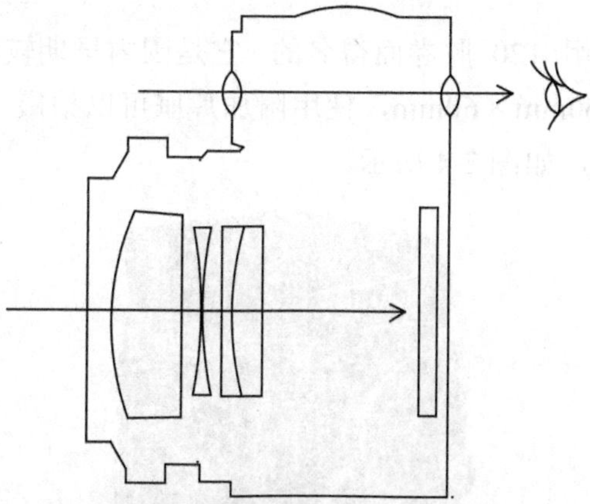

图 2-2　旁轴取景照相机光学结构图

优点：旁轴取景照相机没有反光镜和五棱镜，相机小巧、轻便，在曝光时相机的震动和噪音较小，对影像的清晰度有较好的保证。

缺点：取景不是通过摄影镜头直接取景，而是通过独立取景器取景，所以近距离取景时会存在一定视差，最近对焦距离普遍比较远。

二、按画面规格进行分类

使用感光胶片作为拍摄记录影像载体的照相机被称为胶片照相机。胶片照相机的种类繁多，分类方法不一。按照胶片尺寸大小来分类，以 135 照相机、120 照相机和大型照相机最为常见。

1. 135 照相机

135 照相机是目前使用最多的一种胶片照相机。这类照相机所使用的胶卷为 35mm 两边带有齿孔的电影胶卷，其画幅通常为 36mm×24mm，算上高度和上下的方型齿孔总高度是 35mm，如图 2-3 所示，所以又称为“35mm 照相机”。全画幅数字单镜头反光照相机，即单反相机是一类装配有接近传统 35mm 胶片全尺寸（36mm×24mm）的影像传感器的数字照相机，简称 DSLR。

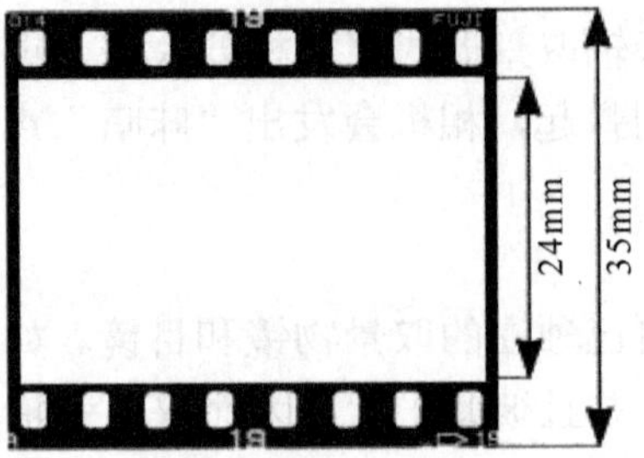

图 2-3　35mm 胶片尺寸

2. 120 照相机

120 照相机是因为使用 120 胶卷而得名的。它是国内早期较常见的一个机种。这种照相机的标准画幅尺寸为 60mm×60mm，使用附加片屉可以拍摄 60mm×45mm、60mm×70mm 等几种规格的照片，如图 2-4 所示。

图 2-4　德国禄莱 2.8FX 照相机

3. 大型照相机

拍摄画幅尺寸在 4in×5in① 以上的照相机，通称为大型照相机（也称为大画幅照相机），如图 2-5 所示。由于这类照相机必须在机背的毛玻璃上取景和对焦，因此也常被称为机背取景式照相机。相对于 135 和 120 照相机，大型照相机无疑是体积大、重量重、携带不方便且操作费时、麻烦的照相机。然而，大型照相机的高品质影像，以及能对透视变形和画面清晰度进行自如调整和控制的优势，使它在商业、建筑等摄影领域占据着不可动摇的主导地位。这也是众多对影像品质有很高要求的摄影师不畏辛劳、坚持使用大型照相机从事创作的真正原因。

① 1 英寸（in）=25.4 毫米（mm）。

图 2-5　瑞士 Sinar p3（仙娜）大画幅照相机

大型照相机分双轨式和单轨式两种，现代的大型照相机多采用单轨式。单轨照相机是一种组合式的照相机，其大部分的部件是能够拆开的，机身分为前机身和后机身，其前后机身用皮腔连接。照相机镜头和快门系统固定在前机身上，而后机身则是承接确定底片画幅尺寸的相机后背，主要由框架、对焦屏和插入式片盒组成，还带有扭转、移动动作的机构。单轨照相机的后背片盒可装各种尺寸的散叶片、卷片和一次成像片等，位于框架和对焦屏中间，常用的软片规格有 4in×5in、5in×7in 和 8in×10in 三种。单轨相机的代表产品有德国的 Linhof（林哈夫）、瑞士的 Sinar（仙娜）和 Arca（雅佳）、日本的 Horseman（骑士）和 Toyo（星座）及荷兰的 Cambo（金宝）等。

现代的大型照相机有的还配有数字后背，用于数字影像的拍摄。例如，瑞典著名的 Sinar（仙娜）公司发布的一款可输出高像素的数字后背产品，型号具体为 Sinarback eXact，如图 2-6 所示。该产品为标准的数字化扩展后背产品，兼容性极好，能够支持的产品包含仙娜 p3/p2/p/x、Hy6、玛米亚 RZ 67/Pro II、RB67、645 AFD、富士 GX 680 Ⅰ/Ⅱ/Ⅲ、康泰时 645 AF、哈苏 V 系列及 H 系列等机身。它的最大技术特点为搭载了 48mm×36mm 物理尺寸的全画幅图像传感器，不但支持 8000×6000 像素分辨率单张图片分辨率输出，还可以通过特殊的 XL 模式实现最高达到 1.92 亿像素的数字图片输出。

图 2-6　瑞士 Sinarback eXact（仙娜）数字后背

三、几种特殊功能照相机

1. 一步成像照相机

一步成像照相机，又称拍立得照相机。它是由美国波拉罗伊德公司研制成功的一种可在拍摄后立刻显现出影像并获得照片的照相机。这种照相机采用特殊感光材料，拍摄后从照相机内输出感光片时，带动供药装置，使药囊到达合适位置，挤压滚轴挤破药囊，药剂均匀散布于感光片表面，达到显影、定影作用把负像转印成正像，便可得到一张稳定的照片，如图 2-7 所示。

图 2-7　宝丽来拍立得照相机

2. 显微镜照相机

这种照相机专门用于和显微镜结合来获取微观世界领域的成像仪器。显微镜摄像头具备高倍率显微功能，优异的光学系统设计的显微镜模块，搭配指定的数字相机机种，便可实时输出影像至屏幕，以了解对象状况，做实时判断或记录。显微镜照相机简单、易于操作，不仅突破传统的显微镜空间及操作上的限制，也扩展了相机的使用范围，让生活的惊奇与精彩画面，从数字相机轻松地延伸到数字显微镜头下的微物世界。

3. 立体照相机

一种用来记录立体图像的数字照相机。由于人的左右眼所看到的景物不同，人们能够洞察到立体空间，用现代术语称为双眼视差。立体照相机就是根据这个原理制成的。它利用两个镜头，对同一个物体进行拍摄，然后制成两张方位不同的照片，在观察时，两眼分别看两张方位不同的照片，就可以产生立体感觉。

2009 年富士率先发布了全球第一台 3D 数字相机——FinePix REAL 3D W1，如图 2-8 所示。相比传统数字相机，3D 数字相机拥有两套独立但型号相同的镜头和传感器，在拍摄完成后机内处理系统会对两张图像进行数据整合，直接就能通过机背特制的三维监视屏显现出来，用户无需佩戴 3D 眼镜就能观看到逼真的三维立体图像。富士这一解决方案被称为“双成像 3D 系统”。

图 2-8　全球第一台 3D 数字相机——FinePix REAL 3D W1

到了 2010 年 9 月的 Photokina 大展，松下发布了全球第一款交换式 3D 镜头——Lumix G 12.5mm F12（H-FT012），可使用在部分型号的 M4/3 微单相机上，如图 2-9 所示。和富士的镜身一体化 3D 数字相机相比，松下的 3D 解决方案同样是在镜头内安装了两个独立的光学系统，但不需要两块图像传感器，被称为“双像场 3D 系统”。

图 2-9　松下 Lumix G 12.5mm F12（H-FT012）3D 镜头

4. 摇头照相机

摇头照相机也称作宽幅相机，镜头可以水平旋转，所以称为摇头机，如图 2-10 所示。镜头可旋转，可摄角度变大，最大有 360° 的全景相机，多用于风景和人物集体照。这种相机的优势是不会有广角镜头那样的边缘色散和镜头畸变。

图 2-10　摇头照相机

5. 防水照相机

通过专用的防水外壳或自身的密闭做工达到防潮、防雨水甚至一定时间的水下作业所用的专用相机，如图 2-11 所示。

图 2-11　佳能 D30 防水照相机

目前的防水相机有两种，一种是本身具有防水性能的，这种相机对雨水并不畏惧，有的还可以在水深 1m 内进行拍摄，不过时间有 30min 的限制。另一种是加装防水装置，只要搭配专门针对数字相机设计的潜水盒，一般的相机都可以在水深 30～40m 内进行拍摄。

6. 水下照相机

为水下摄影设计的机身采用特制的刻度调节盘，以易于在水中辨认，同时还采用粗大的外部调节器用于调焦、选择快门速度和光圈。由于水的折射效果提高了放大程度，所以防水镜头焦距必须要比普通镜头稍短一些。

第二节　照相机的基本结构

一、机身

机身是相机的躯壳，各功能部件由机身来支持，使其成为一体。机身起暗箱作用，能使透过镜头的光线与外界光线隔绝开来，使物像在感光元件上顺利感光。机身上主要设置有快门、测光系统和取景器等。照相机的种类不同，机身的形状和构造也各有不同，绝大多数照相机的机身是由轻金属或优质塑料制成。

1. 快门

快门是照相机用来控制感光胶片或感光元件有效曝光时间长短的机构，是照相机的一个重要组成部分。它的结构、形式及功能是衡量照相机档次的一个重要因素，一般而言快门的时间范围越大越好。

（1）快门的工作原理

为了保护相机内的感光元件不至于曝光，快门总是关闭的。拍摄时，调整好快门速度后，只要按住照相机的快门释放按钮（也就是拍照的按钮），在快门开启与闭合的瞬间间隙，让通过摄影镜头的光线，使照相机内的感光胶片或感光元件获得正确的曝光。穿过快门进入感光元件光线，最终以数字信号写入记忆卡。

（2）快门的结构

快门主要由快门速度调整机构、快门按钮和自拍机构组成。

1）快门速度调整机构。它是照相机上标示和调节快门速度的系统装置，分为调整和显示两部分。调整部分多数为圆盘状，用于调节快门速度。显示部分通常设在照相机的肩屏或液晶显示屏上，用于显示已调节的快门速度。快门速度的标示除了数字外，还有B、T、A（或Av）、S（或Tv）、P等英文字母，其中B 表示B门，T表示T门，A（或Av）表示光圈优先式自动曝光，S（或Tv）表示快门优先式自动曝光，P表示程序式自动曝光。照相机上所显示的数字是快门速度的分母部分，如显示125，则表示为1/125s。

2）快门按钮，又称为“快门释放按钮”。它是照相机用于控制快门开启的装置，电磁控制释放装置使照相机快门释放，开启快门，让照相机内的感光元件曝光。照相机快门按钮一般只具有开启快门的功用，闭合时除B门、T门之外，其余各档快门速度都是自动的。

3）自拍机构。它是一种使快门延时开启的装置，相机在设定了自拍之后，按下快门按钮后，可在8～12s后自动开启快门曝光。

（3）快门的功能

1）根据拍摄景物的亮度不同，能够准确调控曝光时间，这一点是照相机快门最基本的作用。

2）拍摄运动物体时，要求快门有足够高的快门速度。

3）在特殊的光线情况下，要求快门能够长时间地开放。

4）通常具有闪光灯同步开启的快门速度。

5）具有自拍的功能，要求快门能延迟开放。

（4）速度标记

快门速度的单位是s。专业135相机的最高快门速度达到1/16 000s。常见的快门速度有1s、1/2s、1/4s、1/8s、1/15s、1/30s、1/60s、1/125s、1/250s、1/500s、1/1 000s、1/2 000s等。相邻两级的快门速度的曝光量相差一倍，我们常说相差一级，如1/60s比1/125s的曝光量多一倍，即1/60s比1/125s速度慢一级或低一级。

B快门，当按下快门按钮时，即开启快门，直到放开快门钮，才将快门关闭，这种快门称作B门。

T快门，与B快门功能一样，只是在第二次按下快门按钮时才将快门关闭，较常见于传统机械式单反相机，目前大部分数字相机已无此装备。

（5）安全快门

在室内、傍晚和夜景等光照不足的环境下进行手持摄影，由于手部肌肉抖动或者拍摄瞬间造成的机身位移，所以经常会出现照片模糊的情况。这种情况多是快门速度过慢而低于安全快门的速度所造成的。所谓安全快门就是指在手持相机进行拍摄时，能够保证画面清晰的最慢快门速度。在实际的拍摄过程中，人们经过不断的实践和总结，得出了一个通用的法则，即可用公式（2-1）来表示。

$$安全快门=\frac{1}{镜头等效焦距} \tag{2-1}$$

其实，安全快门并没有严格意义上的数值计算，它只是一种使用经验，一般只存在于使用手持相机的情况下，如果长期使用相机且经验成熟的摄影师，这一快门值可能还会变慢数档。总的来说，只要出片不模糊，就可以称这一快门速度为安全快门。

2. 测光系统

照相机的测光系统均是测定被摄体反射回来的光亮度，是反射式测光方式。

（1）测光方式

1）外测光方式：在外测光方式中，测光元件与相机镜头的光路是各自独立的。这种测光方式多用于平视旁轴取景照相机（或袖珍照相机）中，测光多数为平均测光，测光精度不高。单反相机一般不使用这种测光方式。

2）内测光方式：一般也会被称为 TTL 测光，即 Through The Lens。这种测光方式一般都是直接通过相机镜头来测量被摄体反射的光线强度。通常为单反相机所采用，测光感应器被放置在摄影光路中，光线从反光镜反射到测光元件上进行测光。根据测光感应器对取景范围测量的不同区域、面积大小和计算权重的不同，可将测光方式分为评价测光、中央重点平均测光、局部测光和点测光等模式，测光精度较高。在更换相机镜头或摄影距离变化、加滤色镜时均能进行自动校正。

（2）测光模式

高品质的摄影画面，首先要做到准确曝光。要达到准确曝光这一目的，就要在拍摄前选择正确的测光模式。测光模式是测定被摄体亮度的功能，只有测光模式选择正确，才能保证曝光准确，从而使画面的色彩、层次、细节和质感都得到完美表现。

为了获得准确的曝光，根据测光元件对摄影范围内所测量的区域范围不同，测光有下列几种模式：评价测光模式 100%的区域、中央重点平均测光模式 30%的区域、局部测光模式 8%的区域和点测光模式 4%的区域。

根据测光模式的种类不同，测光范围和适应性也有所区别。最常见的是评价测光模式，对画面整体进行分割测光，根据其测光值采用高级算法计算，转换得到曝光值。测光范围最狭窄的是点测光模式，只对限定部分的亮度进行反应。可以根据以哪部分的亮度为标准来区别使用各种测光模式。如果是一般的风光摄影，选择评价测光模式拍摄比较方便。但如果是光影复杂交错的场景使用点测光模式是比较好的选择。使用哪种测光模式完全取决于拍摄者本人，只要能够获得自己希望的亮度，那么这种方法就可以说是自己的最佳选择。

1）评价测光：如图 2-12 所示，评价测光是对整个取景画面进行测光，是使用频率最高的一种测光模式。这种测光模式就是把画面内所有的反射光都混合起来测量平均光亮度，主要适合拍摄画面反差比较小、亮度差异相对平和的对象，如顺光环境、风光、合影、抓拍等。

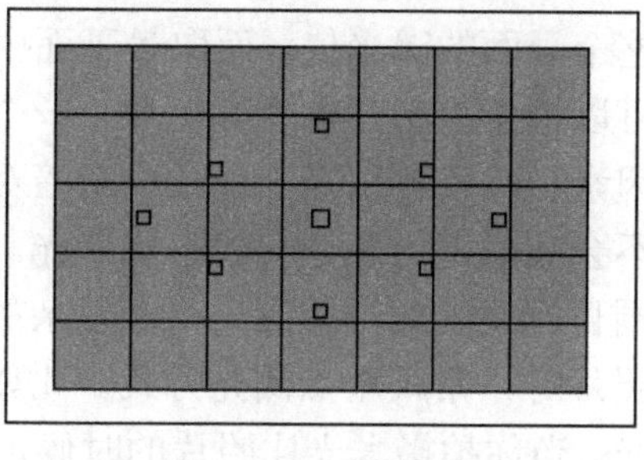

图 2-12　评价测光

2）中央重点平均测光：如图 2-13 所示，中央重点平均测光类似局部测光模式，但也对周围的光线做出一定反应。既注重画面中央部分亮度，同时又平衡整体画面亮度，然后取其平均值。中央重点平均测光的中央测光面积因相机不同而各异，占取景画面的 20%～30%。这种测光方式既没有点测光“极端”，又比平均测光 “精准”，适合某些特定条件下需要准确测光的景物，如拍摄主体较大又位于画面中心的景物，但又要顾及主体周围测光范围的拍摄。中央重点平均测光多用于人像摄影。

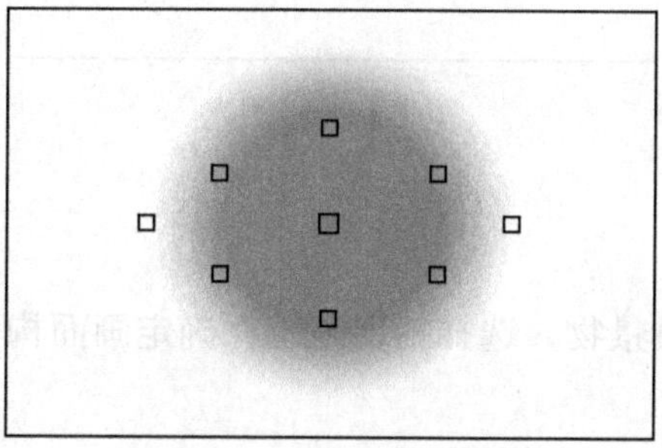

图 2-13　中央重点平均测光

3）局部测光：如图 2-14 所示，局部测光方式是对画面的某一局部进行测光。测量灰色圆形部分的光亮，测光范围相对较窄，仅对取景器中央部位大约 8%的区域进行测光。当被摄主体与背景有着强烈明暗反差，而且被摄主体所占画面的比例不大时，运用这种测光方式最合适。可用于拍摄人像特写。值得注意的是，有些品牌相机并没有局部测光功能，如尼康相机。

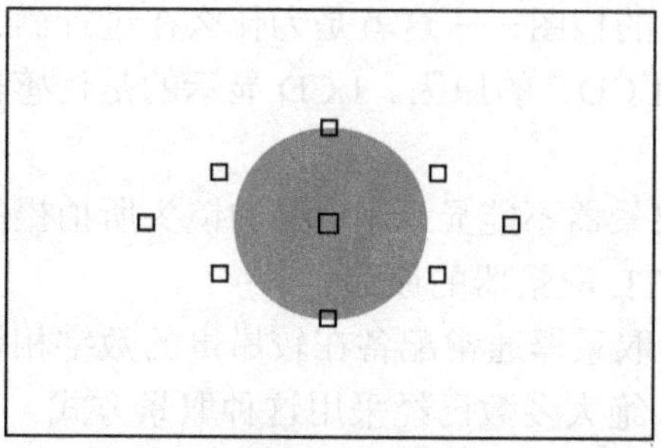

图 2-14　局部测光

4）点测光：如图 2-15 所示，点测光是只对一个点进行测光，只测量画面中心 3%左右大小的亮度，并以此决定整个画面的曝光值，而取景画面中其他部分的亮度不在计算范围之中。这种方法的好处是可以根据摄影师的喜好，对某一个画面中，对其认为最适合的地方进行测光，而不受其他因素影响，特别是当场景中明暗对比较为强烈的时候，以及对被摄主体进行准确测光，而不会被附近的其他光线干扰测光。这种测光方式适用于在明暗分布复杂的场景中保证小范围目标景物的准确曝光，在复杂的光线下拍摄人像、鸟类、微距等这一类需要突出主体的照片时，常采用点测光方式。比如，当你拍人像的时候，就完全有必要针对脸部进行点测光。当你拍摄大光比照片的时候，一半天空，另一半在阴影里，就需要对你希望曝光的准确部分进行点测光。

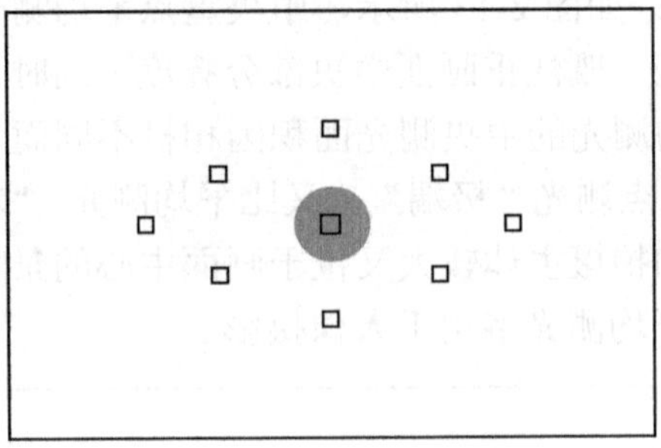

图 2-15　点测光

3. 取景器

取景器是用来观察被摄景物、选择拍摄范围、确定画面构图的装置。

（1）取景器分类

目前，取景器基本上有以下四种类型。

1）平视光学取景器：平视光学取景器，又叫旁轴取景器。不管你使用的镜头是定焦还是变焦，平视光学取景器的取景都与镜头无关，它只是模仿镜头的视角和焦距。家用消费类数字相机大都使用这种取景方式。

平视光学取景器应尽量地靠近镜头的光轴中心，以减少取景视差。之所以会出现视差，是因为相机镜头和取景器是从不同位置观看拍摄对象的，因而它们各自看到的景物也存在一些差异。拍摄距离越远视差越小，当拍摄距离较近，且拍摄人像或微距时，视差就会很明显，从而可能会影响照片的构图——这就是为什么在进行微距摄影时需要打开液晶显示器（Liquid crystal display，LCD）的原因。LCD 显示的是传感器接收到的图像，从而避免了视差。

一般来说，平视光学取景器不能显示 100%的镜头所拍摄的图像，大概只有实际帧的 85%或更少。这就是开发 TTL 取景器的原因。

2）TTL 取景器：这种取景器通常配备在较昂贵的数字相机上，它可显示镜头所拍摄到的图像。在数字相机中，绝大多数已经采用这种取景方式。

不同 TTL 取景系统的工作方式是不同的，在具体使用时，所能显示的细节也不尽相同，但它们都是通过将穿过镜头的光线反射，从而达到取景的目的。因此，对于使用 TTL 光学取景器的数字相机来说，通过 LCD 和取景器看到的图像是一致的。

3）电子取景器：一方面，把一块微型LCD放在取景器内部，由于有机身和眼罩的遮挡，外界光线照不到这块微型LCD上，也就不会对其显示造成不利影响。另一方面，它通过一组取景目镜来观察LCD，有一定的放大倍数效果。电子取景器的功能类似于LCD，但它是通过光学取景器显示。它的优点是可以避免因开启LCD而过度消耗电量，从而延长拍摄时间和电池的使用寿命。在室外拍摄时，它还可以避免由LCD反光导致的取景误差。

4）LCD取景器：LCD取景器就是液晶取景器，数字相机背后那块大大的液晶显示屏便是它，是目前大多数数字相机必备的取景方式 。LCD取景器有几个很明显的优点：第一，通过它看到的影像就是即将拍摄成像的景物，而且视差极低；第二，现在不少数字相机的LCD都设计成为可旋转式的，取景拍摄时的角度更灵活多样，而且可以非常直观地实现自拍操作。

不过LCD取景器的缺点也是明显的。首先，功耗问题，长久以来，LCD取景器都是数字相机上的耗电大户，长时间开启会大大缩短数字相机的工作时间。好在现在新型的数字相机大多采用了低温多晶硅液晶显示屏，所以LCD取景器的功耗问题已经得到了明显改善，不过称其为“耗电大户”依然不为过。其次，在强烈的阳光下，LCD取景器的显示效果会大受影响，需要用手或其他东西遮挡一下光线方能看得明白。最后，在环境光线过暗的情况下，LCD取景器也会存在影像昏暗、不利于取景的问题。

（2）主要指标

取景器有两个主要指标：放大倍率和取景范围。

放大倍率指通过取景器观察被摄体对眼睛的张角与用眼睛直接观察被摄体对眼睛的张角之比，即通过取景器所看到的被摄体大小与用眼睛直接看到的被摄体大小之间的比值。取景放大倍率大，目视角度小，取景时看到的景物接近原物，真实感强；取景放大倍率小，目视角度大，取景时容易看到全景。若放大倍率太小，难以观察物体细部，不利于构图和对焦，而且物像相差悬殊，取景时不舒服。放大倍率一般小于1倍，大多在0.75～0.95倍。

取景范围指通过取景器看到的景物范围与拍摄到底片或感光元件上的景物范围之比，用百分数表示。一般从取景器中所看到的画面并不完全是所拍摄的画面，总是比所拍摄的画面要小，一般为90%～100%。所以说单反相机只是基本避免了视差，只有达到100%的取景范围才能称为没有取景视差。通常只有专业机型才具有 100%的取景范围。

4. 对焦装置

对于离镜头远近不同的物体，通过镜头后要在固定的位置清晰成像就需要进行对焦（调焦）。对焦的过程是通过镜头内部的自动对焦马达完成的。对焦系统通过调整镜头内部的透镜组，事实上是通过调整镜头内的部分透镜组和感光元件的距离来实现的。在取景时若人为用手来调整此距离则被称为手动对焦方式。由于现在的大多数镜头采用内对焦或后对焦的方式，所以在对焦过程中，摄影师不会察觉出镜头长度的明显变化。此外，数字单反相机的对焦操作还依赖于相机内部自动对焦传感器等多个组件的合力完成。

（1）手动对焦

手动对焦是用手转动镜头的对焦环实现清晰对焦，当所拍景物在取景器中呈现清晰影像时，表明对焦准确。手动对焦是否清晰全凭肉眼判断，其对焦速度慢、精准度不高、不利于抓拍。手动对焦常用字母 MF 或 M 表示，其开关在镜头上。

手动对焦方式一般在自动对焦容易出现偏差时使用。自动对焦容易出现偏差的情况包括景物间反差过小、主体与背景反差过大、环境亮度过低、环境亮度过高、有高亮度光源干扰、需要透过如玻璃等透明物体拍摄及主体处在对焦区域之外等。

（2）自动对焦

自动对焦是指焦点对准被摄体后半按快门按钮进行对焦。当取景器中合焦确认指示灯 <○>显示绿色稳定亮起时，表明对焦准确。自动对焦常用字母 AF 或 A 表示，其开关在镜头上。

在数字相机自动对焦模式中，包含单次自动对焦、连续自动对焦和智能自动对焦三种自动对焦模式，这些对焦模式有利于对处于各种复杂状态的被摄体，如连续运动被摄体、间断运动被摄体等，进行精确对焦。

为了精确对焦和便于控制，建议将对焦方式设置为单次自动对焦。

1）单次自动对焦，用 AF-S 表示。这种模式的工作过程通过半按快门来启动，在焦点未对准确前，对焦过程一直在继续，一旦处理器认为焦点对准后，只要保持半按快门状态，焦点将会锁定，然后可以根据需要重新构图，最后将快门完全按下，完成一次拍摄过程，同时自动对焦系统停止工作。这种模式是最为常用的自动对焦模式，适合拍摄静止不动的景物，如静物、花卉、风光、建筑等。

2）连续自动对焦，用 AF-C 表示。这一对焦模式只要保持半按快门按钮，相机的对焦框将实时对运动中的被摄景物持续进行对焦。因此，该自动对焦模式适合对焦距离不断变化的运动主体，如抓拍体育比赛中的运动员、捕捉运动中的动物等精彩瞬间，并且结合高速的连拍功能就可以比较轻松地拍摄出一组精彩照片。值得注意的是，在连续自动对焦过程中，即使没有合焦，也可以按下快门完成拍摄，而即使已经合焦，也不会发出合焦提示音。

3）智能自动对焦，用 AF-A 表示。它并非一种孤立的对焦方式，而是由相机判断被摄主体的动与静，自动选择单次自动对焦或连续自动对焦。若是拍摄对象处于静止状态，相机会自动选择单次自动对焦模式进行对焦，而如果拍摄对象开始移动，相机将自动从单次自动对焦切换为连续自动对焦。这种将单次自动对焦和连续自动对焦结合起来的方式更加适合在被摄体动静不断切换的场景下使用，如儿童摄影、宠物摄影及被风吹动的花卉摄影等。

现今，对焦系统的性能已经成为划分数字单反相机档次高低的重要标准之一，也是各厂商在区分产品档次差别时的重要砝码。需要注意的是，提到的前两种自动对焦方式是最普遍、最常用的，相机厂商基本上都按照上述名称命名，而第三种提到的方式无论各厂家起什么样的名字，工作原理基本上是相同的。例如，佳能称为“人工智能自动对焦”，尼康称为“最近主体先决的动态自动对焦”，索尼和美能达称为“自动切换对焦”，叫法不同，其实都一样。

二、镜头

镜头是照相机最重要的部件，镜头的作用是成像。成像质量的高低是评价镜头好坏的标准。一支高质量的镜头必须在分辨率、色彩还原、反差、锐度及校正相差诸方面都达到一定的标准。

1. 照相机镜头的结构及特性

照相机的镜头由透镜组、机械和电子装置、光圈、自动对焦电动机等构成。透镜数目有二至十几片不等，有的还要根据需要把两片或三片胶合在一起。通常，透镜片数多，消除各种像差情况就好，成像质量也高。

（1）镜头结构

镜头结构可以理解为镜头的构造，其主要是由镜片构成的。目前任何一款相机的镜头都不可能由一块镜片组成，标准镜头和功能型附加镜头都是如此。一个镜头往往由多块镜片构成，根据需要这些镜片又会组成小组，从而把要拍摄的对象尽可能清晰、准确地还原。镜头的结构主要指的是构成镜头的镜片数目情况。由于不同厂商、不同产品采用的技术是不同的，所以绝不能简单地认为镜片的数目多好还是数目少好。不同镜头的镜片数目是用数字标识的，可谓一目了然。比如，“EF 24-105mm f/4L IS USM”，标识为13组18片，这也就是说，这款镜头共有18片镜片，这18片镜片又分为13个镜头组，有的为1片成组，有的为2片成组，以实现不同的功能，如图2-16所示。

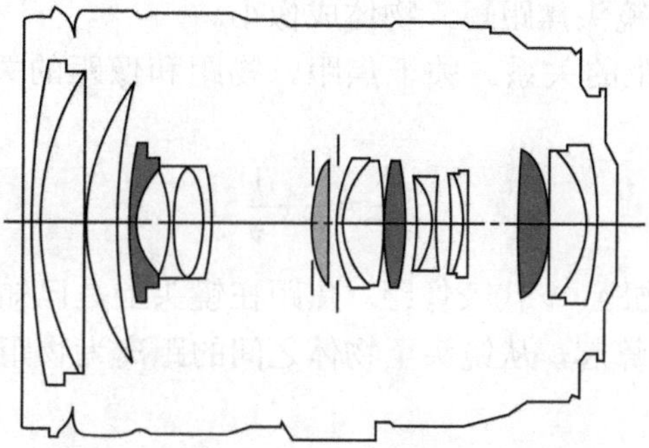

图2-16 佳能EF 24-105mm镜头结构图

除了镜片的数目之外，镜头的材质也是镜头结构的一个重要技术指标。目前镜头的材质一般可以分为两类：玻璃和塑料。这两种材质是和镜头生产商所采用的技术和特点有关的，两种材质并无优劣之分。当然两种材质的镜头也都有各自的特点，如玻璃镜头稳重、塑料镜头轻巧。在市场上富士的镜头多采用塑料，而蔡司、佳能、尼康的镜头则以玻璃为主。

（2）透镜

透镜是用光学玻璃磨制而成的，其外形有的是两个球面，有的是一个球面、一个平面。中间厚、边缘薄的叫正透镜，能汇聚光线；边缘厚、中间薄的叫负透镜，可以发散光线。为了更好地消除球面像差，现代有些广角镜头或带有广角的变焦镜头，采用非球面透镜。

透镜成像在理想的情况下，同一物点发出的全部光线通过透镜后仍交汇于一点，就是说每一物点都对应唯一像点，每一条直线都对应唯一的一条直线，每一个平面都对应唯一的一个平面，这种物与像之间的对应关系，叫做共轭关系。薄型正透镜对着一张白纸聚集太阳的光线，光点最清晰时便是太阳的影像，这个会聚点就是物点在像方所对应的共轭焦点，简称焦点。

单透镜两个球面中心的连接线，就是该透镜的主光轴。主光轴在透镜前后可以无限延长，光心位于透镜内主光轴的正中位置。光源从远处进入透镜的光线为平行光束，这些光线折射并汇聚于主光轴的点，即为主焦点。主焦点与主光轴垂直的平面成为焦平面。主焦点沿主光轴到透镜光心的距离即焦距。

（3）镜头的焦距

焦距是镜头的重要光学特性之一，每个镜头的焦距值都是固定的，并都在镜头上标出，以便摄影时辨别。

1）焦点与焦距。照相机的镜头可被看成一块中间厚、边缘薄的凸透镜，当无限远的平行光线投射到镜头上时，光线就会向主轴折射面汇聚成一点，这个汇聚点就是镜头的焦点。从焦点到镜头中心的距离即为该镜头的焦距。焦距的单位是毫米（mm）。除了变焦镜头外，每个镜头的焦距都是固定无法变动的。常见的镜头焦距有 f=28mm、f=35mm、f=50mm、f=85mm、f=135mm 等。

镜头的焦距长短，直接影响到物体在感光片或感光元件上成像的大小。在物距不变的情况下，用不同焦距的镜头拍摄同一物体，成像大小有不同的变化。这一变化规律是：镜头焦距长，物体成像大；镜头焦距短，物体成像小。

2）焦距、物距和像距的关系。关于焦距、物距和像距的关系，可用公式（2-2）来表示。

$$\frac{1}{f}=\frac{1}{u}+\frac{1}{v} \tag{2-2}$$

式中 f 代表焦距，u 代表物距，v 代表像距。焦距在镜头上是已知的，物距和像距的长度大致可以从镜头的中心位置算起，从镜头至物体之间的距离为物距，从镜头中心至感光元件之间的距离为像距。

所以，在焦距是固定值的情况下，物距增大，像距就缩小；物距缩小，像距就增大。物距和像距这种互相制约的关系，在摄影上叫做共轭原理。我们在摄影实践中会发现，当被摄体在无限远时，物距值最大，像距值则最小，小到和焦距的长度一样，即 $v=f$。如果将镜头逐渐靠近物体，缩小物距，像距则随之不断增大。

像距增大，意味着影像增大。所以，用同一镜头拍摄，要想得到较大的影像，就必须让镜头靠近物体，这就是为什么在摄影中常常利用改变物距的方法来适应拍摄远景、中景、近景的原因。镜头成像与人眼看到的效果是不同的。例如，在 10m 处、5m 处用眼睛看同一物体，几乎感觉不到有什么大小变化，而对镜头来说差别就很大。因为物距稍有变化，影像的比例也随之改变。

（4）镜头的口径

1）有效口径。有效口径是指从无限远处投射来的平行于镜头主轴的光线，通过镜头前镜时的光束直径。一般镜头是指镜片的直径。镜头口径愈大，在单位时间内的进光量就愈多，影像的亮度就愈高；口径愈小，在单位时间内的进光量就愈少，影像的亮度就愈低。所以，影像的亮度与镜头有效口径大小成正比。但是，镜头焦距愈长，影像的亮度愈低，因为焦距长、成像大，光线被分散，所以镜头的感光力，常以镜头的最大口径与焦距的比值来表示。

既然镜头的口径用最大光束直径与焦距之比来表示，就可以得出这样的结论：比值愈大，口径也愈大，感光能力就愈大；比值愈小，口径也愈小，感光能力就愈小。

2）相对口径。在拍摄活动中，所使用的镜头不仅能适用于较暗物体的拍摄，而且也能适用于较亮光线下物体的拍摄。因此，不仅需要大口径的镜头，也需要小口径的镜头。为了能自由地控制镜头通过光线的数量，于是在镜头中间设置了光圈。光圈通常由多片可活动的金属叶片（称为光阑叶片）组成，可以在中间形成近似的圆孔，使其变大或者缩小以达到控制通过光量大小的目的，以适应不同照明条件下的拍摄需要。这种经过光圈装置调节后的镜头通光孔直径叫做“相对口径”。

相对口径用缩小光圈后的光束直径和镜头焦距的比值来表示。相对口径是可变的，是相对有效口径而言的，如公式（2-3）所示。

$$\text{相对口径}=\frac{\text{缩小光圈后的光束直径}}{\text{镜头焦距}}=\frac{d}{f} \tag{2-3}$$

在实际使用中，通常都是用相对口径的标度，就是我们所说的 F 系数（或称光圈系数）来间接表示相对孔径的大小。要注意的是，F 系数（或称光圈系数）和相对口径互为倒数，如公式（2-4）所示。

$$\text{光圈系数}=\frac{\text{镜头焦距}}{\text{缩小光圈后的光束直径}}=\frac{f}{d} \tag{2-4}$$

比如，某个镜头的焦距为 50mm，入射瞳直径为 25mm，那么该镜头的相对孔径就是 25/50=1/2。通常都是用光圈系数 F2 来间接表示相对孔径的大小。

目前使用的光圈系数多采用下列标准：F1、F1.4、F2、F2.8、F4、F5.6、F8、F11、F16、F22、F32、F44、F64。

3）不同光圈系数与通光量的关系。镜头各级口径通光量之差是以口径面积来计算的。例如，对 F2、F2.8、F4、F5.6 四级口径的通光量作以比较。

假设镜头固定焦距是 50mm，前面已经讲过，光圈系数=[镜头焦距] / [缩小光圈后的光束直径]=f/d，那么 F2 的光孔直径是 25mm，F2.8 的光孔直径是 17.86mm，F4 的光孔直径是 12.50mm，F5.6 的光孔直径是 8.93mm。根据圆的面积公式，那么它们的光孔面积如下。

F2 的面积=$\pi\times(25/2)^2=156.25\times\pi=490.63\text{mm}^2$

F2.8 的面积=$\pi\times(17.86/2)^2=77.09\times\pi=242.06\text{mm}^2$

F4 的面积=$\pi\times(12.5/2)^2=39.06\times\pi=122.65\text{mm}^2$

F5.6 的面积=$\pi\times(8.93/2)^2=19.94\times\pi=62.61\text{mm}^2$

由以上计算结果，我们可以得出 F2 的通光量是 F2.8 的 2 倍，F2.8 的通光量是 F4 的 2 倍，F4 的通光量是 F5.6 的 2 倍。

这里值得一提的是，光圈系数的标度是根据一定规律制定的，即光圈系数每缩小 1 级，通光面积就减少一半，投射进的光线也减少一半。也就是说，任意两个相邻的光圈系数，其通光量前者为后者的 2 倍，相隔一级时，前者为后者的 4 倍。这样，光圈系数就形成了一个通光阶梯，由大到小，按比例逐级递减。其递减规律如表 2-1 所示。

表 2-1　光圈系数与通光量的变化规律

光圈系数	2	2.8	4	5.6	8	11	16	22
通光量	1	1/2	1/4	1/8	1/16	1/32	1/64	1/128

4）最佳光圈，指镜头在正确对焦的电荷耦合元件（charge-coupled device，CCD）或互补金属氧化物半导体（complementary metal oxide semiconductor，CMOS）平面上能产生最清晰影像的光圈值。对大多数优质镜头而言，最佳光圈值是将其最大光圈值缩小 1～2 级。例如，当用一支最大光圈值为 F2.8 的镜头进行拍摄时，得出的影像质量应以 F4 或 F5.6 光圈为最佳。

理论上光圈孔径越大影像质量越好，但像差会随着孔径的增大而急剧增加，使影像锐度降低，成像质量变差。即使有非球面镜等技术的产生和运用，但还是和最佳光圈的成像质量有一定差距。另外，光圈太小不仅会延长曝光时间，使影像出现噪声现象，而且会产生光线的衍射现象，令影像质量降低。因此，最佳光圈便是避免以上两种现象出现的平衡点，即在镜头最大光圈收缩 1～2 级的位置。不妨拿相机试试看，这种影像差异在图片放大后会有明显的不同。

（5）光圈与景深

在摄影时，镜头对着某一被摄体聚焦清晰后，除焦点上的物体清晰外，被摄体前后还会形成一个清晰的范围。凡是在清晰范围内的景物，都能形成清晰的影像，这个清晰范围就称为景深。

光圈大小影响景深大小，除此之外还有两个因素影响着景深，一个是摄影距离的远近，即物距；另一个是镜头的焦距。

光圈、焦距、物距对景深影响的规律如下。

1）光圈越大，景深越小；光圈越小，景深越大。光圈与景深成反比关系。

2）焦距越大，景深越小；焦距越小，景深越大。焦距与景深成反比关系。

3）物距越大，景深越大；物距越小，景深越小。物距与景深成正比关系。

不同的摄影题材需要不同的景深，如在大部分风光摄影中，摄影师多选择小光圈、短焦距，这样可以保证从前景到远处地平线的所有景物都是清晰的；另外，在人像摄影中，利用大光圈、长焦距来保证小景深，可以很容易地使模特清晰而背景被虚化，这样可以突出模特，使其他东西不会分散观众的注意力；微距摄影师也同样倾向于使用大光圈，保证拍摄主体可以抓住观众的全部注意力，而把其他内容统统忽略掉。

（6）视场与视角

镜头在感光片或感光元件上成像清晰的范围叫视场。视场边缘与镜头后节点所形成的夹角即为视角，有时也称为像角。视角的大小由像平面（图像聚焦点）的画幅大小与摄影镜头焦距共同决定，焦距相等的镜头在不同画幅的照相机上，视角是不一样的。如图 2-17 所示，同一种照相机视角的大小受该镜头焦距长短的制约，镜头焦距长，视角小；反之，则视角大。也就是说，在拍摄中像平面的画幅大小实际上是一个不变化的条件，直接影响视角的主要因素就是摄影镜头的焦距，要想改变视角，只能通过改变镜头的焦距来实现。

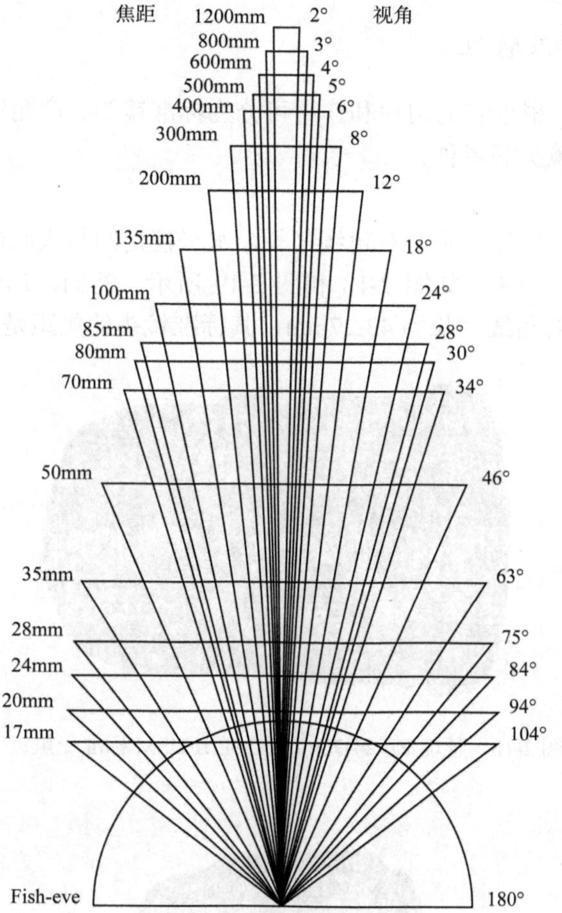

图 2-17　135 全画幅镜头焦距、视角示意图

（7）镜头的分辨率

镜头的分辨率是指镜头对物像细微影纹的分辨能力。一般以分辨率的高低来评价镜头成像质量的优劣，分辨率高的镜头，质量好。通常用成像面上每 1mm 距离内能清晰地分辨出的黑白线条对数来表征，其单位是“线对/mm”。现在已开始采用光学传递函数的方法来评价和检验摄影物镜的像质。

（8）镜头的镀膜

当光线进入不同传递物质（如由空气进入玻璃）时，大约有 5% 会被反射掉。反射现象将使镜头的通光能力明显减弱，使影像反差、清晰度降低，并极易形成耀光和鬼影。

为了提高镜头的透光率和影像的质量，在现代镜头制造工艺上都要对镜头进行镀膜。镜头的镀膜是根据光学的干涉原理，在镜头表面镀上一层厚度为四分之一波长的物质（通常为氟化物），使镜头对这一波长的色光的反射降至最低。显然，一层膜只对一种色光起作用，而多层镀膜则可对多种色光起作用。多层镀膜通常采用不同的材料重复地在透镜表面镀上不同厚度的膜层，可大大提高镜头的透光率。所以，我们通常看到镜头的前镜表面多呈蓝紫色、微红色、淡绿色或暗紫色。

2. 镜头的种类及特性

镜头的种类很多，根据它的用途和作用可分为标准镜头、广角镜头、长焦距镜头、变焦距镜头、特殊用途镜头等多种。

（1）标准镜头

凡镜头焦距约等于照相机画面对角线之长，水平视角约与人眼的视角（53° 左右）相当的镜头，则称为标准镜头，如图 2-18 和图 2-19 所示。例如，135 照相机，画幅尺寸为 24mm×36mm，画幅对角线之长为 43.27mm，其标准镜头的焦距是 50mm 左右。

图 2-18 佳能 EF 24-70mm f/2.8L II USM 标准变焦镜头

图 2-19 佳能 EF 50mm f/1.2L USM 标准定焦镜头

所谓标准，是因为它具备两个关键条件：一是镜头的视角宽度与人眼的生理视角宽度基本一致；二是所拍摄画面的空间透视效果与人在现场观看的感觉一致。该镜头的特点是不变形、不夸张，摄取的画面真切、自然，适合展示真情实感的场景。这一点与新闻摄影要表现画面真实性相吻合。

（2）广角镜头（短焦距镜头）

广角镜头是指比标准镜头的焦距短、视角大的摄影镜头，如图 2-20 和图 2-21 所示。广角镜头又分为普通广角镜头和超广角镜头两种。135 照相机普通广角镜头的焦距一般在 30mm 左右，视角在 70° 左右；超广角镜头的焦距在 22mm 左右，视角在 90° 左右。

图 2-20 佳能 EF 35mm f/1.4L II USM 广角定焦镜头

图 2-21 佳能 EF 11-24mm f/4L USM 广角变焦镜头

用广角镜头拍摄的画面具有以下一些特点。

1）视角宽。广角镜头焦距短，视角大，拍摄范围广。因此，摄影时主要将其用在空间范围受限制、用标准镜头无法拍全的场面，如建筑室内、自然风光等。

2）景深大。广角镜头不仅能包容视域更宽的景物，而且能够展现纵深方向上更深远的景物。

3）画面包括的景物范围大。广角镜头不仅视场角宽，而且景深范围大，因而能将镜头前纵、横两个方向的大部分景物收进画面，呈现一个视野开阔、包容众多景物的画面。与长焦距镜头相比，在表现空间方面具有更强的“收容”和“概括”能力。

4）有镜像畸变现象。焦距很短、视场角很大的广角镜头近距离拍摄某些物体时，由于镜头镜像畸变的原因，所以线条透视效果强烈，线条倾斜、变形，具有某种夸张效果。照相机离被摄体距离越近，这种变形与夸张的效果越明显。

（3）长焦距镜头（窄角镜头）

长焦距镜头是指比标准镜头的焦距长、视角小的摄影镜头，如图 2-22 和图 2-23 所示。长焦距镜头分为远摄镜头和超远摄镜头两类。远摄镜头的焦距长度接近标准镜头，而超远摄镜头的焦距却远远大于标准镜头。以 135 照相机为例，其镜头焦距在 200mm 左右、视角在 12° 左右的摄影镜头为远摄镜头；焦距在 300mm 以上、视角在 8° 以下的摄影镜头为超远摄镜头。

图 2-22 佳能 EF 70-200mm f/2.8L IS II USM 长焦变焦镜头

图 2-23 佳能 EF 800mm f/5.6L IS USM 长焦定焦镜头

用长焦镜头拍摄的画面具有以下一些特点。

1）视角窄。长焦镜头的焦距长，视角窄。所以，拍摄的景物空间范围也小，在相同的拍摄距离处，所拍摄的影像大于标准镜头，适用于拍摄远处景物的细部和拍摄不易接近的被摄体。

2）景深小。长焦距镜头焦距长，如果用较大的光圈或近距离拍摄，就可以使聚焦景物的前后产生比较明显的模糊效果，为突出主体（聚焦景物）提供一个比较特殊的衬托背景，更加清晰地突出被摄主体。

3）画面包括的景物范围小。由于长焦距镜头视场角窄、景深小，画面中呈现的景物范围受到前后（景深范围）、左右（视场角）的“夹击”，所以画面中只能表现出较小的空间范围。

4）压缩了现实的纵向空间。长焦距镜头压缩了纵深方向的景物，画面的纵深感和空间感弱，使镜头前纵深方向上的景物与景物之间的距离减小，多层次景物有远近相聚、前后重叠在一起的感觉。

5）具有“望远”的效果。长焦距镜头拍摄的画面有将远处物体拉近的视觉效果，如同人们生活中用望远镜观察远处的物体那样。所以，可以拍摄一些难以接近、危险性较大的场面，如球赛、动物、爆炸等。观看这种镜头拍摄的画面，很难对景物与照相机之间的实际距离做出准确的判断。

（4）变焦距镜头

变焦距镜头是通过相对于定焦距而言的一种可连续变换焦距，从而得到不同宽窄的视场角、不同大小的影像和不同景物范围的照相机镜头。它由多组正、负透镜组成，除固定镜组外，还有可移动的镜组，在不改变拍摄距离的情况下，通过镜筒的变焦环、移动活动镜片组、连续变动镜头的焦距来改变拍摄范围，因此非常有利于画面构图。变焦距镜头又分为标准变焦镜头、长焦变焦镜头、广角变焦镜头。一个变焦距镜头可以担当起若干个定焦距镜头的作用，外出旅游时不仅减少了携带摄影器材的数量，也节省了更换镜头的时间。

与定焦距镜头相比，变焦距镜头有其造型表现上的优势。

1）一个变焦距镜头可以替代一组不同焦距的定焦距镜头，在实际拍摄过程中不必为改变焦距而更换镜头，便于对现场突发多变的意外情况作出及时应变和快速反应，捕捉到更多可能的、有趣的画面。

2）在照相机位置不动的情况下，可以跨越复杂空间进行变焦距推拉，一次完成定焦距镜头所不能完成或不易完成的场景，拍摄到场面全景或人物（物体）特写等不同景别的画面，如远距离拍摄人物的小景别画面。

3. 特殊用途镜头

特殊用途镜头是为了一些特殊需要而设计的镜头，能够得到特殊的影像效果。

（1）微距镜头

微距镜头指镜头的放大率达到 1∶2 甚至 1∶1 的镜头（左边的数值代表感光元件上影像的大小，而右边的数值则代表实际被摄体的大小，当镜头能做到 1∶1 的放大率时，即镜头可将被摄体的真实大小完全投射在感光元件上）。通常用来拍摄十分细微的物体，如花卉及昆虫等，力求将主体的细节纤毫毕现，把细微的部分巨细无遗地呈现在眼前。大多数微距镜头的焦长都大于标准镜头。例如，佳能 EF 100mm f/2.8L IS USM 微距镜头（图 2-24）、尼康 AF-S VR105mm f/2.8G IF-ED 微距镜头等。

图 2-24 佳能 EF 100mm f/2.8L IS USM 微距镜头

（2）鱼眼镜头

鱼眼镜头是一种焦距在 6～16mm 的短焦距超广角摄影镜头。为使镜头达到最大的摄影视角，这种摄影镜头的前镜片直径很短且呈抛物状向镜头前部凸出，与鱼的眼睛很相似，因此才有了鱼眼镜头的通俗说法，如图 2-25 所示。

图 2-25　佳能 EF 8-15mm f/4L USM 鱼眼镜头

鱼眼镜头最大的作用是视角范围大，视角多在 180° 以上，有些甚至能达到 230°，这为近距离拍摄大范围景物创造了条件；鱼眼镜头在接近被摄体拍摄时能造成非常强烈的透视效果，强调被摄体近大远小的对比，使所摄画面具有一种震撼人心的感染力；鱼眼镜头具有相当长的景深，有利于表现照片的长景深效果。

鱼眼镜头的成像有两种，一种像其他镜头一样，成像覆盖整个画面；另一种成像为圆球形，画面四角为未感光黑色，如图 2-26 所示。无论哪种成像，用鱼眼镜头所拍摄的影像，变形都相当厉害，透视汇聚感强烈。

图 2-26　鱼眼镜头的成像效果

（3）移轴镜头

移轴摄影镜头是一种可实现倾角与偏移功能以达到调整影像透视关系或全区域聚焦目的的摄影镜头，如图 2-27 所示。镜头名称中的 TS-E，是 Tilt（倾角）、Shift（偏移）和 Electro-magnetic Diaphragm（电磁驱动光圈）的首写字母组合。如图 2-28 所示，移轴摄影镜头最主要的特点是，使用倾角与偏移功能向各种角度和位置转动镜头，可以移动合焦面或对被摄体的形状进行补偿，达到调整所摄影像透视关系或全区域聚焦的目的。移轴摄影镜头的基准清晰像场大得多，这是为了确保在摄影镜头光主轴平移、倾斜或旋转后仍能获得清晰的影像。

图 2-27　佳能 TS-E 17mm f/4L 移轴镜头

图 2-28　移轴镜头的倾斜操作

采用移轴摄影镜头后，单反相机也具有了大画幅胶片相机那种通过调整皮腔控制透视的功能，从而扩展了单反相机的使用范围。在专业摄影领域，移轴摄影镜头的作用相当大。移轴摄影镜头主要有两个作用，一是纠正被摄体的透视变形；二是实现被摄体的全区域聚焦，使画面中近处和远处的被摄体都能结成清晰的影像。移轴摄影镜头在建筑摄影中的运用最多。拍摄建筑物的外形，多用广角焦距的摄影镜头拍摄，但由于广角镜头近大远小的透视效果，拍摄出来的建筑物外形线条向上方汇聚，而利用移轴镜头拍摄建筑物外形，能依靠镜头的透视调整功能纠正这种线条汇聚现象，使画面中的建筑物没有通常的那种倾斜，甚至要倾倒的感觉，仍然表现得很垂直，如图 2-29 所示。移轴镜头还常常被用来拍摄全区域聚焦的画面。商业摄影中的产品广告拍摄，常把这种镜头的平移和倾斜拍摄功能组合使用，在纠正被摄体透视变形的同时，获得一般摄影镜头难以达到的全区域聚焦的效果。

图 2-29　用移轴镜头实现建筑物透视变形补偿拍摄实例

（4）折返镜头

折返镜头又称反射式镜头或反射远摄镜头，是超远摄镜头的一种特殊形式，如图 2-30 所示。

一般的超远射镜头焦距特别长（400mm 以上），镜身体积很大，重量很重，使用起来会极不方便。而折返镜头利用光线折返的原理是，在普通镜头的基础上加用一片中心带孔的凹面镜和一片装在透镜中心的小凹面镜，使光线通过第一组镜片时，不是直接到达感光元件，而是经过两次反射后才到达感光元件，如图 2-31 所示。从而使镜头长度缩短，体积、重量缩小，使拍摄、携带也更灵活、方便，没有色差，像质优良且成本低廉。

图 2-30　肯高 500mm F/6.3 DX 折返镜

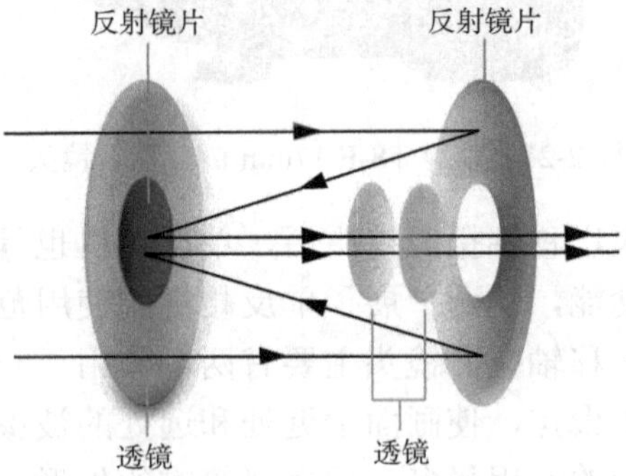

图 2-31　折返镜头光路示意图

折返镜头还有一些独特之处：首先，光路的中心有一个反射面，无法设置可调节的光圈叶片，所以仅有一档较小的光圈，造成取景系统照度很低，不利于聚焦和曝光控制，只能用改变快门速度或加用中性灰色滤光镜的办法控制曝光，也无法对景深进行有效控制，这是折返镜头的一大不足。其次，成像时景深外的高光点，形成美丽的环状弥散斑（甜甜圈），耀眼夺目，别有情趣，如图 2-32 所示。最后，拍摄景深小，聚焦要十分细心，并尽可能用三脚架支稳照相机，以避免照相机晃动。

图 2-32　折返镜头独特的环状弥散斑效果

（5）增倍镜

增倍镜也称为远摄增距镜，它是一个安装在镜头和照相机机身之间的光学附件，如图 2-33 所示。远摄增距镜可以放大影像，并且具有不同的放大倍率。一支 2×远摄增距镜能够使镜头的焦距增加 1 倍，也就是将影像增大到原本影像的 2 倍。例如，把远摄增距镜附加在 50mm 镜头上，得到的影像会与 100mm 镜头所拍摄影像的大小一样。一支 3×远摄增距镜可以使影像的大小增至原来的 3 倍，能够有效地把 50mm 镜头转化成 150mm 镜头。远摄增距镜具有价格低廉、体积适中、便于携带等优势，然而远摄增距镜在使用时会导致画面质量的下降，如 100mm 长焦镜头与 2×远摄增距镜组合的成像画面的质量要低于 200mm 长焦镜头的画面。

图 2-33 佳能 EF 2X III 增倍镜

随着光学技术的不断发展，远摄增距镜的综合性能已经接近于高质量的长焦镜头，其成像质量的损失也大幅降低。尽管纽约摄影学院教材中提到“只要可能，就要锲而不舍地追求最完美的影像质量”，但是我们更应该依据自身现实的需要来权衡各类设备的性能特点，选择合适的器材组合方式。

4. 相同景别不同焦距镜头拍摄的画面差异

摄影者使用短焦距镜头靠近被摄体和使用长焦距镜头远离被摄体拍摄同一景别的画面，虽然主体在两幅画面上的位置、面积一样，但两幅画面内部结构形式的比例关系、背景范围、透视、景深却不一样。用短焦距镜头改变拍摄距离靠近拍摄的画面，被摄对象背景范围大、透视明显、景深清晰。长焦距镜头拍摄的画面则相反，画面中所有部分都被等量地放大了，背景靠近被摄体了，透视与空间被压缩了，被摄体的背景范围明显变小了。概括起来，这种画面差异主要体现在四个方面：一是透视效果，二是背景范围与视觉信息量，三是景深范围，四是清晰度和色彩饱和度。

（1）透视效果

用短焦距镜头靠近被摄体拍摄，画面透视效果好，被摄体与周围，特别是与远处的景物形成近大远小的强烈对比，人为加大了空间距离感。用长焦距镜头远离被摄体拍摄，画面透视效果差，被摄体背景紧紧帖合在一起，远处景物被明显拉近，而被摄主体被明显推远，画面中大小对比感弱。如果创作者想突出被摄体又想良好地表现空间透视，那么最好选用短焦距镜头靠近拍摄；如果创作者的目的不在于表现近大远小的视觉对比和透视效果，不想过多地让背景分散观众的注意力，那么就选用长焦距镜头远离被摄体拍摄，在同样景别的画面中，被摄主体将会更加醒目突出。

（2）背景范围与视觉信息量

同一景别，使用短焦距镜头必须要靠近被摄体拍摄。画面中被摄主体在同样面积、同样位置的前提下，要想被摄主体的背景范围大，包容范围广，画面视觉信息量大，就要借助环境烘衬被摄主体，借助环境和背景的作用更全面地表现主题，使主题内容的表现有视觉依据。同一景别，使用长焦距镜头则要远离被摄体拍摄，焦距越长，镜头距离被摄体就要越远，被摄主体的背景范围就越小，视角就越窄，包容环境中的物体就越少，相对画面的视觉信息量就越少。如果创作者在表现主题的同时，借助环境与背景说明主体，让环境和背景作为画面表现的一部分，那么最好选择短焦距镜头拍摄；如果创作者希望画面背景范围越小越好，画面的信息量主要来自主体，那么最好选用长焦距镜头。同一景别，控制背景进入画面的多少和画面环境范围，主要靠不同焦距镜头来实现。

（3）景深范围

景深范围指影像清晰的纵深范围。景深范围的大小，取决于光圈的大小和拍摄距离的远近。另外，还取决于镜头焦距的长短，它与镜头焦距成反比：焦距越长，景深越小；焦距越短，景深越大。同一景别，使用短焦距镜头靠近被摄体拍摄的画面，影像清晰的纵深范围大；使用长焦距镜头远离被摄体拍摄，画面中被摄体景深小。如果创作者期望利用环境衬托被摄主体，借助环境说明主题内容，那么最好选择短焦距镜头拍摄；如果创作者的目的是突出和表现画面中的主体，不需要环境的渲染映衬，那么最好选用长焦距镜头，利用画面中主体实、背景虚的处理方法，简化环境和背景。

（4）清晰度和色彩饱和度

清晰度指画面中影像表面影纹层次及边缘的清晰程度。色彩饱和度指色纯度，也指颜色的鲜艳程度。影响清晰度和色彩饱和度的因素较多，其中之一是不同焦距镜头对它的影响。同一景别，使用短焦距镜头靠近被摄体拍摄的画面，画面清晰度和色彩饱和度正常；使用长焦距镜头远离被摄体拍摄，由于镜头与主体空间距离增加，空间“介质”也同时增加，所以画面清晰度和色彩饱和度也随之降低。如果希望画面清晰度和色彩饱和度正常或接近人眼的基本感受，那么选用短焦距镜头拍摄效果最佳；如果追求画面淡雅，平涂或接近绘画中的水粉画和水墨画效果，那么选用长焦距镜头拍摄，其画面效果最为接近。

5. 照相机镜头的保养与维护

1）避免镜头受到物理损坏。要保护镜头，最好给镜头前镜装配遮光罩和 UV 镜，保护镜头并防止镜片划伤。在外出拍摄时，不要过早打开镜头盖，以防止风沙、灰尘、日光等对镜头的污染和侵蚀。

2）注意镜头清洁。不要用手指或纸巾等粗糙物品去擦拭镜头。因为手指上有油和汗，擦拭镜头会留下痕迹，而且会腐蚀镜头。纸巾、衣物等纤维粗糙，易划伤镜头。正确擦拭镜头的方法是，用气轻轻吹拂镜面，吹不掉的，再用镜头笔一端的毛刷轻轻刷掉灰尘。如果镜头溅上雨水或油渍，用镜头笔一端的碳粒子、专用镜头布或是镜头纸协助清除表面的污渍。

3）防潮。梅雨季节，不使用照相机时，应将照相机镜头放在防潮箱内，或者在相机包内放一些干燥剂，防止镜头发霉。镜头发霉，出现花斑等现象，可能会使镜头锐度下降，反差降低。

4）减少镜头拆卸次数。没有必要的话尽量减少拆卸镜头的次数，换镜头的时候会很容易让脏东西进入相机内部。如果要更换或者拆卸镜头，请到一个比较干净的安全环境再进行拆卸或安装。

第三节 数字照相机

一、数字照相机的工作原理

数字照相机中的镜头将光线汇聚到感光元件 CCD 或 CMOS 上，CCD 或 CMOS 代替传统相机中胶卷的位置，它的功能是将光信号转变为电信号。这样我们就得到了对应于所拍摄景物的电子图像，但它还不能马上被送去用计算机处理，还需要模拟数字转换器（即 A/D 转换器）进行模数处理。接下来微处理器（microprocessor unit，MPU）对数字信号进行压缩并转化为特定的图像格式，如 JPEG 格式。最后图像文件被存储在内置存储器中。这时数字照相机的主要工作已经完成，剩下要做的就是通过 LCD 查看拍摄到的照片。

二、数字照相机的分类

1. 按结构和用途分类

（1）轻便型数字照相机

轻便型数字照相机是采用旁轴取景方式加 LCD 电子取景方式，或仅采用 LCD 电子取景方式的数字照相机，其结构紧凑，小巧轻便，价格相对较低，便于携带，镜头不可更换，参数调整由自动电路完成，手动调节范围有限。总的来说，这种相机像素水平较低，因而文件难以制成高清晰度的大画面。

（2）单反型数字照相机

单反数字相机又称为单镜头反光式数字照相机，是采用单反取景器的数字相机，它具有镜头可卸可换、功能多、手动和自动兼有的特长，通常为专业机。

（3）后背型数字照相机

数字后背也叫数字机背。它是将 CCD 芯片数字处理装置附加于其他传统机身，可以将大型或中型相机数字化，由于其装卸方便，可以轻松地实现数字与传统摄影方式的转换。这种机型灵活性差，价格高，但像素水平很高，主要用于要求苛刻的商品摄影和广告摄影中。

2. 按图像感应器尺寸（面积）分类

（1）全画幅数字照相机

全画幅是针对传统 35mm 胶片的尺寸来说的。以前的数字单反相机 CCD 或 CMOS 尺寸都比 35mm 胶卷的尺寸小，全画幅数字单反相机 CCD 或 CMOS 感光成像元件的尺寸和 35mm 胶卷的尺寸相同，能达到 36mm×24mm 的规格。尺寸越大，成像质量越高，家庭使用也可，商业摄影也可。

（2）APS-C 画幅数字照相机

和早年 APS-C 规格胶片单张尺寸大体相近的一类图像感光器被称为 APS-C 画幅感光器，其长宽比与全画幅相同，也是 3∶2。APS-C 画幅的应用范围十分广泛，目前各大品牌的入门级、中档和部分高档数字单反相机及索尼、三星、富士微单相机上，使用的都是此类规格的感光器。此外，还有徕卡这类发烧级定焦镜头数字相机，也是 APS-C 画幅的。需要注意的是，不同厂家的 APS-C 画幅标准不同——佳能的 APS-C 画幅略小，其他厂家略大。尼康将 APS-C 画幅称为“DX 格式”或“DX 画幅”。

（3）中画幅数字照相机

中画幅指图像感应器大小介于 36mm×24mm 和 4in×5in。价格昂贵，大多数普通摄影爱好者鲜有接触中画幅的机会，因为其主要运用于专业领域的广告商业摄影。目前市面上常见的中画幅数字相机品牌有徕卡、飞思、宾得、哈苏。数字时代的中画幅与胶片时代的中画幅在参考标准上有所不同，如宾得 645Z 采用的图像感应器尺寸为 43.8mm×32.8mm，徕卡 S-E 搭载的则是一款 45mm×30mm 的感光器，尺寸都超过了全画幅的 36mm×24mm。它们的感光面积和早年的胶片式中画幅相机及数字后背相比要小，但并不妨碍这两款产品被划入中画幅数字相机的行列。

（4）1/*x* in 小型感应器数字照相机

此类图像感光器通常用于消费类微型数字相机（包括卡片机、长焦机等）上，长宽比为 4∶3，由于这类产品有效感光面积的对角线长度在 1in 以下，因此通常以“1/*x* in”的方式来表示其大小。需要说明的是，这个尺寸并非指感光器对角线的实际物理长度，标示“1in”的感光器其实际有效感光面积的对角线长度约为 16mm。目前，这类感光器主要有 1/2.3in、1/2in 和 1/1.7in 三种规格，1/1.7in 感光器有效工作面积的对角线长度是 1/1.7in×16in≈9.4mm。当然，小于 1in 规格的感光器也有特殊尺寸，如富士新推出的富士 XQ2，其使用的是一块 2/3in 的感光器，这一规格在早几年比较常见。

（5）4/3 画幅数字照相机

指传感器大小在 17.3mm×13mm 左右，长宽比为 4∶3 的数字照相机，目前使用这种尺寸的有奥林巴斯、松下和柯达三个厂商。多适合于普通消费者家用。

4/3 画幅是由奥林巴斯公司牵头创立的，因为这一画幅的成像圈直径为 33.87mm，折算后约合 4/3in，故而得名。4/3 画幅的面积略小于 APS-C，主要是为了能设计出既拥有较好画质，同时外形又相对轻便小巧的数字单反相机，用以和佳能、尼康等传统强手竞争，无奈成绩始终不理想。直到 2008 年，奥林巴斯联合松下发布了革命性的 Micro 4/3 系统，并先后推出了取消反光板的可换镜头数字相机，即第一代“微单”，4/3 画幅才由此获得了更为广泛的关注，并成为主流市场的新宠。

三、数字照相机的感光元件

1. 数字感光元件的种类

感光元件是数字相机的核心，也是最关键的技术，如图 2-34 所示。感光元件主要由感光二极管组成，在光线的作用下会产生电荷，此外还包括增加光线通透率的微型透镜、获取图像色彩信息的彩色滤镜、过滤有害光线的低通滤波器等部分，以及通电线路和电荷信号增幅器等。感光元件构造各异，不能一概而论，但大体都由以上这些部件组成。数字相机的发展道路，可以说就是感光元件的发展道路。目前数字相机的核心成像部件有两种：一种是 CCD 元件，另一种是广泛使用的 CMOS 元件。

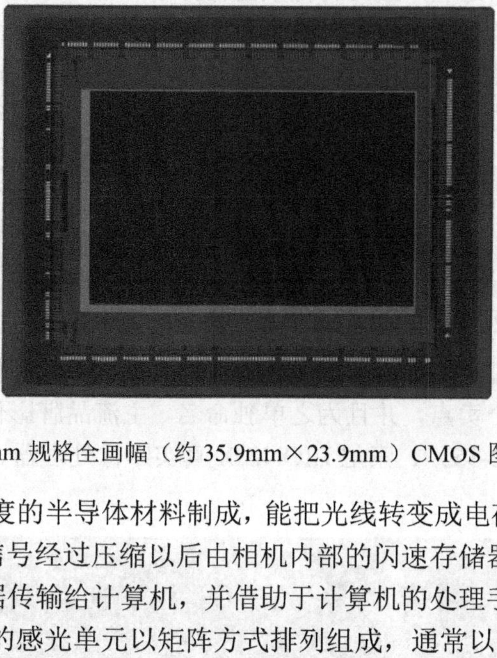

图 2-34　35mm 规格全画幅（约 35.9mm×23.9mm）CMOS 图像感光元件

CCD 由一种高感光度的半导体材料制成，能把光线转变成电荷，通过模数转换器芯片转换成数字信号，数字信号经过压缩以后由相机内部的闪速存储器或内置硬盘卡保存，因而可以轻而易举地把数据传输给计算机，并借助于计算机的处理手段，根据需要和想象来修改图像。CCD 由众多的感光单元以矩阵方式排列组成，通常以百万单位计。当 CCD 表面受到光线照射时，每个感光单位会将电荷反映在组件上，所有的感光单元所产生的信号加在一起，就构成了一幅完整的画面。CCD 的像素越多，面积越大，获得的图像就越清晰。

CMOS 和 CCD 一样同为在数字相机中可记录光线变化的半导体。CMOS 的制造技术主要是利用硅和锗这两种元素所做成的半导体，使其在 CMOS 上共存成为带 N（带–电）级和 P（带+电）级的半导体，这两个互补效应所产生的电流即可被处理芯片记录，并解读成影像。然而，CMOS 的缺点就是太容易出现杂点，这主要是因为早期的设计使 CMOS 在处理快速变化的影像时，由于电流变化过于频繁而过热的现象。

2. CCD和CMOS的区别

两者相比较，CCD发明于1969年，经过四十多年的发展，其技术比较成熟，形状和运作方式也基本定型。其结构由矩阵网格、类似于微型镜头的聚光镜片和一系列电子线路阵列组成，成像质量好，但是制造工艺复杂，成本较高，在使用的过程中耗电大。CMOS技术已发展了数十年，20世纪90年代末期开始用于数字照相机，CMOS的优点是结构简单，制造成本比CCD低，耗电少。早期的CMOS产生的影像素质一般比CCD低，但近几年，CMOS技术发展迅速，在许多中高档数字照相机上得到广泛运用，其发展潜力很大。

3. 影像处理器

所谓影像处理器，就是固化在数字相机主机板上的一个大型的集成电路芯片，如图2-34所示。它在数字相机的整个工作流程中起到了非常关键的作用，数字相机之所以能够成像，原理是镜头用来采集光线，感光元件把采集到的光线转化成数字信号，而影像处理器则把这些数字信号加以处理，最终转化成图像。

在数字成像的工作流程中，镜头和感光元件的工作是基础性的，影像处理器的工作则是决定性的。数字相机最终能拍摄出什么样的图片，图片色彩的丰富性和饱和度、图片的整体层次感、图片效果的细腻程度、细节部分的表现力等，都要经过影像处理器的处理之后，才能展现出来。除了对成像有决定性影响之外，影像处理器还有其他很多重要的作用。首先是相机的整体操作响应速度，如开机速度、对焦速度、拍摄间隔等。只有影像处理器保持正常、高效的运转，才能在单位时间内快速、准确地处理完大量数据，进而提升相机的操作响应速度。其次是相机的电池续航能力，如果影像处理器的工作流程尽可能地合理，那么就能减少很多电力的损耗，进而增强电池的续航能力。

影像处理器技术经过长期发展，已经相对比较成熟，各大相机厂商也都推出了自己的特色影像处理器作为一个卖点，并且为之单独命名。主流品牌影像处理器包括佳能DIGIC 6+数字影像处理器（图2-35）、索尼BIONZ X真实影像处理器、尼康EXPEED 5图像处理器等。

图2-35　佳能新型DIGIC 6+数字影像处理器

四、数字相机的特性指标

1. 像素

作为数字相机，它的核心是光电转换器。构成光电转换器的每个光电二极管单元被称为“像素”，像素是构成数字影像的基本单元。一般来说，构成一幅照片的像素越多，照片的质量就越高。像素可以有不同色阶的影调，还可以有不同的颜色，像素的色阶越多，数字影像的层次越丰富。在数字影像中，像素的颜色可以达到上千万种。标明 CMOS 的像素量称为数字相机的像素量，是数字照相机本身的性能指标，而实际拍摄成照片的像素量称为实际像素量，是指实际拍摄的数字照片所具有的像素指标。

从光电转换元件来说，它的表面包含了一个阵列的光敏小点，叫像素。这些小点记录了落入其内的光量，并以相应的电荷大小把它们存储起来。摄影曝光之后，这个阵列可以看作一块围棋盘，在每个方块有不同数目的计数器，代表不同的电荷水平。每个方块的计数器数目被读出时作为一个简单的值，这些值的集合存储于存储器中（数字之所以得名），随后可加以还原，制成影像照片。

数字照相机的“像素”概念与传统照相机的“像素”概念是相似的，都是指一张照片中含有点的数量。传统胶卷是由感光银盐微粒组成的，而且银粒子是一种非规则的排列，表现出的照片质量十分优良，层次丰富，影调细腻，通常银盐 35mm 胶卷的像素可达到 2000 万以上。数字照片的像素多少是由获取照片的设备本身光电转换器中的 CMOS 的光敏单元数量所决定的，这种像素称为数字照片的原始像素。与传统照片不同的是，数字照片的原始像素的数量及像素之间的距离都能通过计算机软件进行调整。通过软件可在像素之间进行插值处理，增加整张数字照片的像素量，但采用这种方法会降低数字照片的清晰度。采用这种方式缩小原始像素间的距离，也可以理解为提高或降低每英寸中的像素点。

2. 分辨率

分辨率是衡量数字照片清晰度的一项重要指标，通常用每英寸中含有多少个像素来表达。ppi（pixels per inch）是图像分辨率的单位。单位面积内像素数越多，分辨率越高，画面的细节就越丰富，影像显得就越清晰，质量越高。例如，分辨率为 300ppi 的数字影像，即表示 $1in^2$ 面积内的总像素数为 90 000（300ppi×300ppi）。

数字照相机分辨率的高低，取决于相机中感光元件 CCD 或 CMOS 芯片上像素的多少，像素越多，分辨率越高。数字相机的最大分辨率也是由其生产工艺决定的，但用户可以调整到更低分辨率以减少照片占用的空间。就同类数字相机而言，最大分辨率越高，相机档次越高。

3. 色温

所谓色温，简而言之，就是定量地以开尔文（K）温度来表示色彩。英国著名物理学家开尔文认为，假定某一黑体物质，能够将落在其上的所有热量吸收，而没有损失，同时又能够将热量生成的能量全部以“光”的形式释放出来的话，它便会因受到的热力的高低而变成不同的颜色。例如，当黑体受到的热力相当于500～550℃时，就会变成暗红色，达到1050～1150℃时，就变成黄色，温度继续升高会呈现蓝色。光源的颜色成分与该黑体所受的热力温度是相对应的，任何光线的色温相当于上述黑体散发出同样颜色时所受到的“温度”，这个温度就用来表示某种色光的特性以区别其他色光，这就是色温。

色温现象在日常生活中非常普遍。例如，无云的蓝天的色温约为10 000K，阴天为7000～9000K，晴天日光直射下的色温约为6000K，荧光灯的色温约为4500K，钨丝灯的色温约为2600K，日出或日落时的色温约为2000K，烛光下的色温约为1000K。

4. 感光度

ISO感光度指数字相机CMOS感光元件对光线的敏感程度。ISO数值越高就说明该感光元器件的感光能力越强。一般情况下，感光度对摄影的影响表现在两方面：其一是速度，更高的感光度能获得更快的快门速度。比如，在展览馆等禁止闪光灯的场所拍摄，我们不得不禁用闪光灯，结果得到的是模糊的照片，而如果使用了闪光灯，拍摄对象会产生反光的结果而影响画面。因此，我们尽可能地提高感光度以较高的快门速度进行手持拍摄。其二是画质，越低的感光度带来越细腻的成像质量，而高感光度的画质则是噪点（噪点是指CMOS将光线作为接收信号在接收并输出的过程中所产生的影像中粗糙的部分）比较多，画面清晰度下降。

5. 白平衡

在数字相机拍摄过程中，很多初学者会发现荧光灯的光在人眼看起来是白色的，但用数字相机拍摄出来却有点偏绿。同样，如果是在白炽灯下，拍出来的图像的色彩就会明显偏红。人类的眼睛之所以把它们都看成白色的，是因为人眼对其进行了修正。但是CMOS传感器本身没有这种修正功能，因此就必须把它输出的信号进行一定的修正，这种修正就叫做白平衡。经过这样调整以后，数字相机拍摄出的图像色彩和人眼所看到的色彩就完全一样了。

（1）数字相机的白平衡调整

在生活中日光的色温是不断变化的，可以说没有两个色温完全一样的地方，不同的时间、季节、气候、地理等条件等都会对色温造成影响，还有各类人工光源条件下，色温也不尽相同。为了尽可能减少外来光线对被摄体色调造成影响，在不同的色温条件下都能准确还原出被摄体本来的色调，摄影师白平衡设置通常分为以下四种：自动白平衡（AWB）、预设白平衡、自定义设置白平衡、手动设置白平衡（K）。

1）自动白平衡调整。自动白平衡完全由照相机自行处理各种环境下的色温平衡，超过色温范围自动白平衡就会失效。这种自动白平衡的准确率是非常高的，但是在光线不足条件下拍摄时，效果较差，如多云天气下，许多自动白平衡系统的效果极差，它可能会导致偏蓝。

2）预设白平衡调整。预设白平衡使用者可以根据现场情况，直接选择合适的图形进行拍摄，每一种图形只能针对一级色温值，使用时不能进行更细致的调整，创作局限很大，只适合一般性拍摄。大部分数字相机都会提供以下图形预设：日光（太阳图标）5200K，阴影（小房子图标）7000K，多云、黎明、黄昏（云朵图标）6000K，钨丝灯（灯泡图标）3200K，以及闪光灯（闪电图标）6000K，有时候还会有一个或多个荧光灯白平衡预设（发光灯管图标）4000K。每一种预设，都会对其相应的光线作出白平衡校正。比如，白炽灯白平衡设置会消除预定数量的暖调光线，来让画面的色彩平衡趋向于中性；而阴影白平衡设置则会消除晴天阴影中特有的冷调。

3）自定义白平衡调整。使用标准灰板得到准确的白平衡参数，使被摄景物得到准确的色彩还原。自定义白平衡适合对色彩要求非常严格的拍摄工作，如文物档案的拍摄等。自定义白平衡调整方法：①白平衡调节选择自定义状态；②选择一个白色参照物，如纯白的白纸一类的东西（可以选择18%的灰度卡取代白色物体，更精确地设置白平衡）；③将白纸放置好，使现场主要光线投射在白纸上，并且白纸受光均匀，无明显的强反光；④将镜头对准白纸，拉近镜头直至充满整个取景器画面；⑤手动对焦并为白色物体设置标准曝光模式拍摄一张图像；⑥选择自定义白平衡菜单栏，显示自定义白平衡，转动转盘选择步骤⑤中所拍摄的图像，按下确定按钮，这时白平衡调节完成。

4）手动设置白平衡。手动设置白平衡是学习设置白平衡的最好途径，通过它能真正地理解和掌握色温的理论，能根据作品的要求更细腻（100为单位增减）地调控色温差值，达到创作要求。

（2）利用色温来调整照片效果

利用色温的差值调整画面的色调，是数字相机拍摄的重要创作手段和艺术表现。熟练掌握了数字相机的白平衡调整方法，就能随心所欲地去烘托画面的氛围。摄影是一门艺术，除了需要一双善于发现美的眼睛，还需要能够熟练运用摄影技术，这样你的拍摄作品就能“活”起来。

很多摄影爱好者把白平衡设置错误地理解为单纯的色温调节，认为色温越高影像越偏蓝，色温越低越偏红。然而，影像结果是偏蓝还是偏红不仅取决于照相机内的色温，还取决于拍摄现场的色温，而拍摄效果是由机内色温与现场色温的差值决定的。使用规律是：机内色温高于现场色温，画面色调偏红；机内色温低于现场色温，画面色调偏蓝；机内色温等于现场色温，画面色调正常。

需要注意的是，差值越大色调偏差越高，差值越小色调越接近现场的正常值。面对丰富的自然光和人工光，只要认真观察反复练习就能掌握其中的规律。例如，自然光下的色温控制，拍摄阴天时北方寒冷的冬天，现场色温在6800～7500K。如果选择自动白平衡，机内色温略高于现场色温，可以观察到画面偏红；如果降低机内色温值，用手动色温调至4600K，机内色温远远低于现场色温，画面显示出冷峻的蓝色，效果更能表现出北方冬天雪后的寒冷感觉。

人工光源的色温控制是用人工照明灯具，这种光源的色温经过严格检验都是标准的。对它的色温调控，要根据创作内容的需要而进行调整。例如，在美食摄影中，用正常的色温拍摄，画面色彩虽然准确，但是缺少诱人的食品色彩。为了表现出食物的美味，将相机色温值适当调高，或将照明灯色温值调低，使画面呈现暖色，美食的视觉效果就更加诱人了。

6. 图像格式

图像格式即数字影像存放在存储设备上的文件格式。图像格式有很多，而其中最常用的有 JPEG、TIFF 和 RAW 三种。不同的图像格式具有不同的特点。由于数字相机拍摄的图像文件很大，储存容量却有限，所以图像通常都会经过压缩后再储存。

（1）JPEG 文件格式

JPEG 格式，是平时拍摄中使用较多的一种有损压缩图像文件格式，压缩技术十分先进，它用有损压缩的方式去除冗余的图像和彩色数据，在获得极高的压缩率的同时展现十分丰富生动的图像。换句话说，就是可以用最少的磁盘空间得到较好的图像品质。JPEG 格式具有占用空间小、存储迅速、浏览方便、兼容性强等特点，是目前数字照相机使用最为广泛的图像文件格式。

（2）TIFF 文件格式

TIFF 是一种数字技术发展早期所使用的图像无损压缩格式。TIFF 格式文件可以保存丰富的图像层次和细节，总体成像质量高，有高质量、中质量和低质量三种处理效果可供选择。高质量的 TIFF 格式图像可以满足出版印刷要求。同时，TIFF 格式文件兼容性比 RAW 高，能普遍适用各种图像处理软件，不会受到处理软件的限制，但 TIFF 格式文件占用空间大，在存储时需要更多的时间。因此，在普通摄影领域里已经不常使用这种图像格式了。

（3）RAW 文件格式

RAW 是无损压缩图像文件格式。RAW 格式文件是一组影像数据的集合，读取和记录的是拍摄时各种光影在影像传感器上的原始采样数据。这样可以为影像的白平衡、对比度、饱和度等后期处理提供更大的自由度，且不失照片原有的丰富信息与层次。RAW 格式文件必须经过专用的处理软件进行解压缩和影像数据综合处理，再转换成 JPEG 或其他图片文件格式保存后，才能用一般图像工具软件打开，所以通用性较差。目前，各种数字相机的 RAW 格式图像文件已能用相机附送的 RAW 处理软件 Lightroom 和 Photoshop 直接打开处理，应用已逐渐普及。RAW 格式图像文件非常适合广告摄影、风光摄影和人像艺术摄影的需求。

到目前为止，RAW 格式在摄影行业仍然没有一个统一的标准，各大相机厂商都在使用自己的后缀名称，如佳能（.CR2）、尼康（.NEF）及索尼（.ARW）等。通常消费者在购买相机时都会在包装盒里找到一张光盘，光盘里附赠的众多软件中必有一款能够支持打开、编辑自家 RAW 文件的应用程序。

随着市场竞争的加剧，现在的数字单反相机基本上都能把图像同时存储为 RAW 和 JPEG 两种格式，有的便携式数字相机也具备这一功能。如果要小幅印刷或者在网页上使用，JPEG 格式的图片就完全能满足要求；如果要大画幅印刷或者用作排版原稿，能把图片存储为两种格式的功能就非常实用了。

第四节　照相机的附件

一、三脚架

为了保证数字相机的稳定，获得清晰的影像，在众多的拍摄场合都应采用三脚架。三脚架多采用轻金属合金材料或高强度碳纤维制造，上端装有可 360° 自由调节的云台，高度也可任意升降，方便使用。三脚架较著名的品牌有法国捷信、意大利曼富图、日本金钟；国产品牌有伟峰、百诺、恩锐等。

在选购三脚架时应以结实、稳定为原则，并兼顾轻便，以利于外出时携带。在日常的夜景拍摄、多次曝光、自拍、风光建筑及微距摄影，特别是广告摄影时，都必须采用三脚架来保证相机稳定，从而获得理想的影像质量。在光线条件较暗，不能使用闪光灯的室内环境中，也要采用三脚架来保证相机稳定。在使用长焦距镜头时，三脚架必不可缺。

三脚架是职业摄影师必不可少的装备。选购三脚架应注意以下几点。

（1）稳定为第一

选购时把三个脚管全部升开到最大限度锁紧，用于按压云台，看脚管是否会发生变形、收缩。按压时看脚架是否稳固、不振动。

（2）材料很重要

轻金属合金材料，重量较重、不便于携带，但价格便宜；高强度碳纤维重量轻、稳定性好、方便携带，但价格较贵。

（3）节数宜少不宜多

节数多稳定性会降低、成本会升高，但方便携带。节数少稳定性增强，但不便携带。

（4）选择优质云台

云台是用于连接相机和三脚架并能对三脚架上的相机进行角度调节的部件。灵活、便捷、实用的云台在拍摄中将节省很多时间。一般的低端三脚架多为固定式云台，而高端三脚架则大部分是不包括云台的，需要根据拍摄需求另行选购。

（5）承重要明确

依据自己的设备重量查明三脚架的最大承载重量，明确其在三脚架承载范围内。最后，脚架要定期检查保养，以防各关键部位松动造成不利影响和相机摔伤。

二、独脚架

独脚架的作用就是为相机提供一个独立的支撑点，防止相机抖动所引起的图像模糊。其便携性和灵活性优于三脚架。

一般来说，使用独脚架拍摄，可以将安全快门速度降低 2 档左右。比如，采用 50mm 焦距镜头拍摄时，安全快门速度是 1/50s，那么在使用独脚架之后，就可使安全快门速度降低到 1/15s。在人像、风光、鸟类等题材拍摄时，都可使用独脚架来稳定相机。如果用户在光线较暗的环境中且拍摄较多时，更适合用三脚架来稳定相机。

三、快门线

快门线即控制快门的遥控线，常用于远距离控制拍照、曝光、连拍。

大部分使用数字单反相机的摄影师，在使用较慢快门速度的相机时都会遇到相机震动的情况，影响画面清晰度。这时，一根快门线就可防止相机震动影响清晰度的情况发生。常见的快门线有“机械快门线”“电子快门线”。快门线接口因生产厂家不同、相机型号不同而各有差异，选购时要注意。

（1）机械快门线

机械快门线是一根柔软的中空套管，包覆钢线的“钢索式”快门线，内有细软钢丝绳配合机身快门上的螺旋孔紧密地连接，让快门线的表现更可靠。在慢速或长时间拍摄时，为避免相机震动影响清晰度，用来代替手指按动快门的一种附件。快门线都带有锁定装置，按下按钮锁定 B 门，开始曝光，再次按下锁定松开，B 门关闭，曝光结束。目前，部分数字相机沿用类似于老胶片相机的设计，可供连接机械快门线，如富士 X100T、富士 X-T10 等。

（2）电子快门线

随着数字相机的发展普及，传统机械快门线已经不能满足全面电子化数字相机的功能，快门线摆脱单一的功能朝着复杂的应用发展，随之电子快门线应运而生。现在电子快门线在可以实现长时间曝光外，还具备间隔拍摄、自动连拍、计时拍照等众多功能。

四、电子闪光灯

1. 电子闪光灯基本特性

电子闪光灯有四大基本特性。

（1）发光强度特别大

一只闪光指数为 GN22（ISO100 / m）的小型电子闪光灯，其发光强度约相当于 100 只 100 W 的钨丝灯。摄影棚使用的大功率闪光灯，其发光强度更大，其瞬间功率可达 1000W/s 以上。

（2）发光持续时间极短

电子闪光灯每次闪亮的持续时间极为短暂，究竟短暂到什么程度则随闪光灯的种类与功能的不同而变化。佳能 600EX-RT 闪光灯的持续时间约为 1 / 50 000s。大部分闪光灯持续时间都在 1 / 1000～1 / 10 000s。通常，一只闪光灯输出光量越小，闪光持续时间越短暂。闪光灯的这种特性，常被摄影师用于“凝固”高速物体的拍摄。

（3）发光色温与日光相同

电子闪光灯的发光色温约为 5500K，与标准日光色温相同，因而对于数字相机来说，彩色摄影宜选用日光白平衡模式，这样不会发生偏色现象。不同的闪光灯，闪光色温会略有上下，此外，如果闪光灯已陈旧，灯管老化，也会导致发光色温下降。

（4）发光性质为冷光

电子闪光灯不像白炽灯、碘钨灯那样发出灼热的光线，在拍摄怕热物体时具有良好优势。例如，儿童摄影、广告类冷冻食品摄影等，更是必须使用冷光照明。

2. 电子闪光灯类型

电子闪光灯根据使用环境和对象不同可分为小型便携式闪光灯和大型电子闪光灯两大类。

（1）小型便携式闪光灯

小型便携式闪光灯体积小巧，操作简便，使用灵活，常用于日常拍摄工作，如新闻摄影、家庭摄影等。

（2）大型电子闪光灯

大型电子闪光灯体积较大，操作复杂，发光功率大，不便于携带，故常用于广告摄影、婚纱摄影等大型室内摄影棚。

3. 闪光灯曝光控制

由于闪光灯是瞬间发光，不易观察其发光效果，所以要求对闪光灯的闪光指数、同步速度、光圈系数及其之间的联系要有一定的认识。

（1）闪光指数

闪光指数（GN）是衡量闪光灯功率的标准之一。它有两种作用：一是厂商提供以鉴别闪光灯功率的大小，闪光指数的数值越大，表示功率越大，闪光亮度越高。二是当采用手动方式闪光拍摄时，计算闪光灯曝光的光圈大小，公式是闪光指数=光圈值×闪光距离（以 ISO100 为基准）。例如，当闪光指数为 20（以米为单位计算），与被摄体距离 5m 时，光圈设为 F4 曝光正常。当被摄体距离改为 10m 时，此时光圈需设为 F2 才能有效曝光。

当闪光灯功率不够用时，可以使用加大光圈和增加 ISO 的方法。加大光圈可以增加进光亮，但同时景深会受到影响，所以为一般获得更大功率会使用增加 ISO 的方法。

（2）闪光同步速度

闪光同步速度是指闪光灯正好在快门完全开启的瞬间闪亮，使整幅画面受到闪光。135 数字单反相机通常闪光灯同步速度为 1／60～1／250s，相机说明书会给出标示。少数先进的数字单反相机可实现 1／1000s 以上的高速同步，但需要专用闪光灯配合。

4. 光圈与闪光指数的关系

光圈与闪光指数的关系，如公式（2-5）所示。

$$光圈F=\frac{闪光指数}{闪光灯至被摄体距离（摄距）} \quad (2\text{-}5)$$

公式说明了闪光指数与拍摄距离，以及使用多大光圈之间的关系，这是闪光灯使用时的重要规律。

例如，闪光指数为 28 的闪光灯，拍摄距离为 5m，则 F＝28 / 5＝5.6，即使用 5.6 光圈、1 / 125s 同步快门时，距离 5m 的被摄体将可得到正确曝光。在实际拍摄中，还应根据使用时感光度的不同来进行调整，以获得正确的曝光。例如，上例使用的是 IS0100，当改用 IS0200 时，感光度增加一倍，曝光量减少一档，则光圈改为 F8。

五、滤光镜

1. UV 镜

UV 镜又称为“紫外线滤镜”“去零镜”，为无色透明光学玻璃，能有效阻挡紫外线，提高远景清晰度。由于 UV 镜无色透明，大部分人把它作为镜头保护镜。UV 镜又分为单层镀膜和多层镀膜。多层镀膜可以更进一步改善透光率和成像质量。

2. 偏振镜

偏振镜又称为“偏光镜”，是目前广泛使用的滤镜，分为线型偏振镜和环型偏振镜。

偏振镜主要用途：①消除非金属（如玻璃、水面、瓷器、上光木器等）表面的反光，增强物体表面质感；②在彩色摄影中可压暗蓝天色调，突出白云，增加景物色彩饱和度；③可滤去部分雾气，提高远景清晰度。

偏振镜在使用时，须通过取景器观察并转动前镜环，直至反光减小或消失，达到最佳效果。在日光下使用时与日光光线成 90° 角效果最佳。

3. 中灰镜

中灰镜又称“灰度镜”，是一种能阻挡部分光线、减弱光照强度的灰色镜片。

中灰镜主要用于强光下的慢速摄影，以获得动感效果。

中灰镜中还有一个品种“中灰渐变镜”。它是由中灰调向无色透明逐渐过渡的一种滤镜。它主要用于风光摄影时压暗天空过于明亮的情况，平衡地面景物亮度，有效改善强烈的光比，从而得到反差适中的画面效果。

六、存储卡

数字相机的存储卡是一种影像数据存储设备。大致可以分为两种类型：一种是 CF 卡，一种是 SD 卡。

CF 卡是最早出现的存储卡类型。这种存储卡具有容量大、存储速度快等特点，但与其他种类的存储卡相比，CF 卡的体积略微偏大，这也使得当下消费类数字相机大多放弃了 CF 卡，而改用体积更为小巧的 SD 卡。

SD 卡是由日本松下公司、东芝公司和 SanDisk 公司联合开发的一种全新的存储卡设备。与 CF 卡相比，SD 卡具有体积小、数据传输速度快、性价比高等优势，被广泛应用在数字相机上。同时，SD 卡还有覆写保护开关，有效防止数据意外覆盖或删除。现在市面上的 SD 卡主要有 SDHC 和 SDXC 两种，而较新的 SDXC 卡的存储容量能够达到 32GB～2TB，远高于 SDHC 存储卡的 2～32GB，并且 SDXC 的最高传输速率可达到 300MB/s。

第五节　照相机的选择与维护

一、照相机的选择

随着时代的发展和科技的进步，以及数字相机性能的提高和价格的下降，数字相机已走入家庭、企业、影楼。随之而来的问题就是如何选择一款适合自己使用的数字相机，这涉及的因素很多，包括用途、经济条件、拍摄专业水平等因素。

1. 用途选择

相机厂商在推出一款新相机时都会给相机定位，倾向于某一用途的拍摄。主要用于丰富生活、辅助工作和传播信息的生活摄影，可以考虑购买价格较低的消费类数字照相机；主要用于满足摄影爱好者和用于摄影艺术创作的非专业摄影，可以着重考虑购买价格中等的入门级单反数字照相机；主要用于新闻摄影、广告商业摄影或人像艺术摄影的专业摄影，可以考虑购买价位较高的专业型数字单反照相机或数字后背照相机。

2. 经费预算

在选购数字照相机时，首先必须明确自己的经费预算，在预算范围内对品牌、型号、性能等方面进行横向对比与取舍。杜绝选择新款数字相机的冲动，给自己增加一定的经济风险。

3. 性能比较

1）CMOS 像素数。这是数字相机的一个最主要的技术参数，它反映相机内部的光电转换芯片 CMOS 所包含的光电单元数，也是决定数字相机的成像分辨率的关键指标，该值越大，分辨率越高，相机价格就越贵。目前大部分数字相机可以达到 2000 万像素以上。

2）CMOS 尺寸。该值是相机内部 CMOS 芯片的有效感光单元的对角线大小，数字越大越好。全画幅与 APS-C 画幅自然是数字单反相机的高档机型与中低档机型之间最大的差别。以佳能为例，全画幅相机的图像感应器大小为 36mm×24mm，而 APS-C 画幅机型采用的图像感应器大小为 22.2mm×14.8mm。具体到拍摄结果，站在同一个位置，使用完全相同的角度拍摄面前的风景，配备完全相同的镜头并将其调整在同等焦距下，全画幅能比

APS-C 画幅收入更大视野的景象。尼康把其 APS 画幅称为 DX 标准。

3）感光度。又称为 ISO 值，是衡量数字相机感光元件对于光的灵敏程度，它是与传统胶卷的感光度相对应的，也就是胶卷包装上标示的 ISO100、ISO200、ISO400 字样，其数值越大，感光度越大，越允许在光线较弱的场合拍摄。目前常见的数字相机大多可设定，自 ISO100～ISO3200，甚至是 ISO6400 不等，规格较好的相机，可设到 ISO12 800 甚至是 ISO25 600、ISO51 200 不等。有些消费类数字相机 ISO 感光度设置有限，那么该相机拍夜景可能就很难了。当然该数值越大拍摄出的照片颗粒度（噪声）也越大，成像质量越差。

二、照相机的维护和保养

数字照相机是比较精密的电子、光学、机械产品，它在使用和保存过程中需要细心保养和维护，否则轻者影响效果，重者影响寿命，所以掌握照相机的保养和维护方法是必需的。数字照相机的维护和保养应注意以下几个方面。

1. 掌握正确的操作规程

数字相机是精密的仪器，操作精细。因此，必须严格按照说明书的操作步骤进行操作，在更换电池和存储卡的时候，一定要关闭数字相机的电源开关，否则极易出现故障。在将数字照相机中的图像下载到计算机上时，需要将数字照相机与电脑用导线连接起来，在连接之前一定要关闭数字照相机，以免带电操作而损坏设备。

数字相机在掌握正确操作规程的基础上，一般来讲，在使用中应注意三忌。

1）忌高温高湿的环境。比如，不要在盛夏时节将相机长时间存放在被阳光暴晒的汽车中，数字相机在雨天使用后不要马上放入摄影包中，否则水汽会进入到镜头和设备内部，应当及时通风干燥后再存放。

2）忌灰尘颗粒的侵蚀。如果说潮湿是数字相机的头号杀手，那么灰尘就是数字相机的二号杀手。CCD 等影像传感器一旦落入灰尘，灰尘颗粒就会在今后拍摄的每一幅影像的固定位置上形成一颗颗的黑点，即使在后期可以处理掉，也是非常不方便的。

3）忌冲击震动的损伤。数字相机提高了电子化程度，由于影像传感器的成像器件直接安装在设备内部，所以对精度有更高的要求。比如，将装有数字照相机的包置于汽车或自行车的后座上，强烈的冲击和频繁的震动无疑会影响和降低数字照相机的精密度，这是非常忌讳的。

2. 影像传感器的维护

影像传感器是数字照相机成像的核心部件，对于不能够更换镜头的普通袖珍数字照相机来说，影像传感器是没有暴露在外面的，封装在数字照相机的内部，不需要对其进行刻意的维护，而对于需要经常更换镜头的数字单反照相机来说，影像传感器就位于反光镜的后面，如果有灰尘进入到机身内是非常容易落在影像传感器上的。因此，数字单反照相机在更换镜头时要将机身的镜头转接环面朝下安装，尽量避免灰尘的进入。

3. 镜头的清洁维护

数字相机，镜头往往是它们最为关键的部件之一。在日常的保养过程中应该注意以下几点。

1）拍摄后及时合上镜头盖。镜头盖是防尘最实用的工具，而及时盖好镜头盖则是保护镜头最有效的方法。此外，还可以购买一片保护镜片——UV 滤光镜，将其加在镜头上。如果发生什么意外，换掉 UV 镜即可，因为相对于昂贵的摄镜头来说，UV 镜相对要便宜很多。

2）镜头的日常清洁。在拍摄的过程中，数字相机的镜头是始终暴露在外的，因此镜头上会沾染上一些灰尘、指痕。尽管数字相机的镜头表面镀有一层非常薄的、坚硬的保护膜，但它仍然非常害怕灰尘颗粒在擦拭时可能造成的磨损和汗渍的腐蚀污染。因此，应该尽可能地少擦拭镜头。如果镜头上堆积的灰尘实在是太多了，严重影响拍摄视觉效果的话，那么可用专用镜头纸、镜头布或软毛刷，轻轻将灰尘除去，但绝对不要使用手帕、衣角去擦镜头。

3）镜头的清洁擦拭。经过一段时间的使用，镜头会变得很脏，如果有一些污渍只靠干的镜头纸或镜头笔来擦拭已经达不到要求了，这时就需要对镜头进行清洗。在清洗镜头时，先用软刷和吹气除去镜头上的浮尘颗粒，然后可以用目前市场上能够买到的一次性使用的湿润的镜头专用清洗试纸或普通擦镜纸卷成棒状，在纸上滴上一滴镜头专用的清洗液在镜头上轻轻擦拭，擦干净后再取些干净的擦镜纸，仍卷成棒状擦干净镜面即可。在擦拭的过程中注意不要过分用力挤压镜头，正确的方法是沿一个方向从镜面的中央以螺旋形逐渐向外围擦拭。

4. 存储卡的维护

数字相机使用的存储卡都很小，而且很薄，极易折断，存储卡片基上的金属触点极易被污染和划伤，所以最安全的方法就是将存储卡放入专用包装盒或照相机内。平时一定要将存储卡保存在干燥环境中，已存有图像文件的存储卡还要尽量避磁、避高温存放。

在数字照相机内拔插存储卡时，必须关闭数字照相机的电源，而且在拔插时要保持卡与插槽的平行状态，否则容易损坏数字照相机与存储卡连接的针脚。

存储卡中影像的删除最好在数字照相机上进行，尽量不要通过电脑对存储卡的影像进行删除处理，因为有的数字照相机在这种情况下会对存储卡难以识别而无法使用，这时必须将这张存储卡拿到能够识别的其他数字照相机上进行格式化后才可以继续使用。

此外，必须注意，删除存储卡上的全部影像和对存储卡做格式化是有区别的，对存储卡的损耗也是不一样的。前者是对存储卡存有影像的区域进行处理，能够删除全部的影像文件；后者则是对存储卡的全部区域进行处理，能够删除影像文件和其他各种文件形式，它对于存储卡的损耗也会更大一些。

5. LCD 的维护

数字相机的 LCD 是观看浏览照片和取景构图的显示器件，是数字照相机十分重要的部件，它不但价格昂贵，而且由于使用的频率相当高，容易受到损伤。在使用和存放时，要注意不让 LCD 表面受到挤压，更要防止失手将 LCD 碰坏或摔坏。

在使用过程中，若粘上一些不易拭去的指纹或者其他污垢，千万不要用有机溶剂去擦洗，除了用软布轻轻擦拭外，还可用专用的透明薄膜粘贴在 LCD 上，以免屏幕被刮伤而影响到图像的显示。

6. 电池的维护

数字相机买来的第一件事情就是拿出配备的电池进行充电，因为一般来说一块新的电池里面的电量很低或者没有电。在给电池最初的 3 次充电时，必须保证足够长的充电时间。一般来说，锂电池的充电时间要在 6 小时以上，镍镉、镍氢电池的充电时间则必须在 14 小时以上，这样才可以激活电池的性能，否则如果不经过足够时间的充电，电池的使用时间则会变短。一般来说，一块新的电池要经过 3～5 次充电、放电的过程，电池的续航能力才能发挥到最佳状态。

在外拍摄时，对相机电池的维护，首先，应尽量避免不必要的操作。比如，回放和观赏已经拍摄的影像，或者挑选删除已经拍摄的影像都是非常耗电的，如果存储卡有足够的容量，这个工作完全可以留待回去后再进行。其次，尽可能地少用耗电大户，如闪光灯等。最后，当电池的电量有限的时候，可以关掉 LCD，改用光学取景器取景拍摄。

另外，如果有相当长的一段时间不使用数字相机，就应该将电池从设备中取出，存放到一个干燥、阴凉的地方，避免和金属物品放在一起。平时携带电池应该单独放置在塑料袋或保护盒内，尤其不能放在衣袋、手提袋或是其他装有金属物品的容器中，更要谨防发生短路造成电池的损害。

复习思考题

1. 照相机按取景方式主要分为哪几种？
2. 什么是照相机的相对口径？
3. 什么是景深？影响景深的主要因素有哪些？
4. 照相机镜头有哪几种类型？并分析画面造型的特点。
5. 什么是色温？常见光源色温值是多少？
6. 数字照相机调整白平衡的方法有哪些？并说明其特点。
7. 选购数字照相机的主要参数有哪些？

第三章　拍摄角度与画面构成

角度，就是照相机拍摄时的“视点”，也可以说是镜头与被摄对象在实际空间中的构成，是摄影画面形成的前提。

拍摄角度总是千变万化、复杂多样的，它从人们的生活及习惯演变而来，代表了生活中人们观察一切事物的某种习惯和心理需求。对于摄影艺术而言，自然空间中一切物体瞬息万变，无论拍摄什么样的主题或是表现怎样一个被摄对象，要想获得典型瞬间，角度不可能一成不变。同一被摄对象因创作者立意构思不同，角度也会不同。所以，拍摄角度的复杂变化是摄影艺术区别于其他艺术的一个显著特征。在拍摄角度的选择上，要求尽可能完美地塑造形象、反映生活并努力体现作者的创作意图和创作个性，表达作者的思想和情感。

在实际的空间中，被摄主体的四周、上下、远近布满了拍摄点，如何找到最佳拍摄角度，总结规律和章法，是每一位摄影师必须面对的课题。这其中很重要的一条就是：摄影师必须具备独特的画面思维和造型意识，在熟练掌握摄影拍摄角度的基础上推陈出新，打破人们传统的观赏习惯，另辟蹊径，从一般中找出不一般的角度，不拘一格、不落俗套，求取符合造型特点和心理需求的新颖画面。

拍摄角度的复杂变化通常可以归纳为三个主要变化，也可以称为在空间位置上的三个坐标变化，即拍摄方向的变化、拍摄角度的变化、拍摄距离的变化。

第一节　方向变化与画面形象效果

拍摄方向是指以被摄对象为中心，在同一水平面方向上围绕被摄对象四周选择摄影点。在拍摄距离和拍摄高度不变的条件下，寻找最理想，并最能表现拍摄对象特征的角度。不同的拍摄角度可展现被摄对象不同的侧面形象，以及主体与陪体、主体与环境的不同组合关系变化。

拍摄方向通常分为：正面拍摄角度、侧面拍摄角度、斜侧拍摄角度、背面拍摄角度。

1. 正面拍摄角度

正面拍摄角度是照相机在被摄主体正面前方进行拍摄。这种结构形式能够毫无保留地再现被摄体正面的全貌或局部。

正面拍摄角度造型效果及其功用主要有以下几方面。

1）正面方向拍摄人物时，可以很好地展示人物的外部轮廓形式、细部的对称结构及面部情感的微妙变化等，有效地缩短观者和画面中人物的心理距离，使人产生参与感和亲切感。同时人物头部和前胸部位形成三角形构图给人稳定、和谐之感和对称、静态之美。

2）正面方向拍摄建筑有利于表现建筑的横线条，可以营造庄重、平稳、严肃的气氛，突出其对称的建筑风格及其建筑艺术的特点，符合中国古建筑在人们心目中的印象特征。

3）正面方向用于拍摄人物或景物的不足之处是被摄体缺乏立体感和空间透视感，若用得不当容易形成无主次之分、呆板无生气的画面效果。

2. 侧面拍摄角度

侧面拍摄角度是指照相机镜头在与被摄对象的视向成 90° 角的位置上进行拍摄。

侧面拍摄角度造型效果及其功用主要有以下几方面。

1）正侧面方向拍摄有利于表现被摄物体的运动姿态及富有变化的外延轮廓线条。多用于对话、交流、会谈、接见的场合，通过各自富有典型性和表现力的神情、动作、姿态、手势和身体线条表达出来，给观众判断、理解画面提供形象信息，并给观众留下印象及回味思考的余地。

2）正侧面方向拍摄的缺点是不利于立体感、空间感的表现。例如，正侧面方向拍摄建筑物时，建筑物外延轮廓和局部门窗排列形成的平行线条不利于表现立体感和空间深度感。

3. 斜侧面拍摄角度

斜侧面拍摄角度是介于正面角度和侧面角度之间的一种拍摄角度。斜侧角度包括前侧和后侧，是一种最常用的角度。它既有正面拍摄角度的某些优点，又有侧面拍摄角度的长处，同时又形成了自身的特点。

斜侧面拍摄角度造型效果及其功用主要有以下几方面。

1）斜侧面拍摄角度能使被摄体本身的横线条在画面中变为斜线，充分利用画面对角线结构形式使一些延伸线条在画面中保留得最长，有扩充和伸展空间的作用。同时，被摄体还形成了近大远小的对比，使画面生动、活泼，有较强的空间透视感和物体立体感。

2）拍摄人物时，斜侧面拍摄兼有正面拍摄与侧面拍摄的特征和优点，既能表现人物的内在气质、心理活动，又能刻画人物的轮廓形态及手势动作。在新闻采访、人物交谈等摄影中，斜侧面拍摄在画面构图上有利于安排主体和陪体，显示人物的方向性，并突出主次关系，最终形成合理的“过肩镜头”。

4. 背面拍摄角度

背面拍摄角度是从被摄对象正后方进行拍摄的角度。它是摄影中使用较少的一种结构形式，常给观众崭新而独特的视觉印象，能对画面产生积极的思考和联想。

背面拍摄角度造型效果及其功用主要有以下几方面。

1）背面拍摄角度是从被摄对象背面拍摄取景，此时人物背景轮廓线上升到造型的主要地位。

2）背面拍摄角度着力刻画人物的姿态轮廓，并选择提炼典型的线条结构，引导观众沿着实体的思路去思考并达到写意的效果，即画面中实体是媒介与桥梁，为了“抛砖”，目的在“引玉”，意在画面之外。

3）背面拍摄角度，画面所表现的视向与观众视向一致，能拉近观众与画面的距离，让观众走进环境，走进画面中的人物，给人以强烈的主观参与感。

4）背面拍摄角度拍摄人物，看不到人物面部特征，具有一种不确定性，在视觉心理上产生一种悬念效果。这种悬念效果能调动观众的想象，引发观众的好奇心，并通过自己的观察得出自己的结论。同时，人物的心理活动、情绪状态及性格特征可以通过人物背景、姿态动作、线条变化等充分地表露出来。

第二节　高度变化与画面形象地位

拍摄高度的变化是从生活中人的视点高度的变化演变而来的。生活中人们不时地改变视点的高度来观察景物，摄影也是一样的。摄影者根据具体内容和实际拍摄情况改变视点的高低角度，将带来不同的视觉形象和造型特征，进而产生不同的画面心理效果。

按拍摄高度的不同可以将拍摄角度分为平角度拍摄（平摄）、仰角度拍摄（仰摄）和俯角度拍摄（俯摄）3 种形式。

1. 平角度拍摄

平角度拍摄由于照相机镜头与被摄对象处于同一水平线上，这种视觉效果合乎或接近于人们平常观察事物的正常习惯，被摄对象不易变形，所得画面透视关系、结构形式、景物大小对比都和人眼看到的相似，使人感到平等、客观、自然、亲切。

平角度拍摄造型效果及其功用主要有以下几方面。

1）由于镜头处于水平高度，平拍时，在画面构成中，往往会把同一水平线上不同距离的前后景物，相对地重叠在一起，看不出景物层次的关系，所以缺乏画面空间透视效果，不利于层次感的表现。

2）不偏不倚的平角拍摄使得画面结构稳固、安定，形象主体平凡、和谐。较少有仰俯角度所形成的某些感情色彩，画面造型显得比较客观，是新闻摄影通常选用的拍摄高度。

3）在拍摄以风景为主的大场景（远景或全景）画面时，地平线通常出现在画面的二分之一处，要防止和避免地平线横贯或平分画面，否则将会破坏整个画面的和谐，显得呆板、单调且无变化。

4）平角度画面的人物形象表现忠诚，不变形，不走样，但是画面视觉呆板，缺乏生动性。

2. 仰角度拍摄

仰角度拍摄是照相机镜头低于被摄主体的水平线，从低处向上进行拍摄。仰摄带有作者强烈的主观色彩，有时也代表观众的主观视线，使画面中的被摄体有某种优越感，自然而然地给观众一种高大、向上、稳定、牢固、神圣、敬仰、胜利的感觉。

仰角度拍摄造型效果及其功用主要有以下几方面。

1）仰角拍摄使地平线处于画面下方，能净化环境和背景，达到突出画面中被摄体的目的。

2）以广角进行仰拍时，由于拍摄角度加上透视变形的双重因素，改变了人们通常观察景物的视觉透视效果，使得被摄体看起来更高大挺拔，通常用于拍摄建筑或雕像等题材，能形成雄伟及有权威性的画面氛围；而用于人像摄影时，能将娇小的人物拍出高挑的视觉效果，或是特别强调被摄者的修长腿部等，且越靠近被摄者，其效果越明显。

3）仰角拍摄使得自然界一切景物在画面上有向下压缩之感。在风景摄影中，要注意地平线上物体的疏密变化，尽量防止景物重叠或庞杂，对所表现的物体要进行选择提炼，从而突出大自然美的特征。

3. 俯角度拍摄

俯角度拍摄是照相机镜头高于被摄主体的水平线，从高处向下进行拍摄，给人以低头俯视的感觉。

俯角度拍摄造型效果及其功用主要有以下几方面。

1）俯角拍摄时，能容纳宽广的视野，轻易表现出地面景物的纵深、数量和层次感，扩大画面视觉信息的含量。

2）俯角拍摄能很好地表现某种气势、地势。规模盛大的阅兵式、整齐划一的队伍、广袤草原上的万马奔腾等，只有通过俯摄才能再现其气势。现在人们借助航拍工具进行地貌拍摄，表现了某种地势，达到了写实效果。

3）俯角拍可以渲染情绪，造成心理上的压抑感觉。根据规定情景和人物的情绪，采用俯角处理，能使地面扩大、人物变小，还可以使人物压缩变形，产生萎缩、矮低的视觉效果，造成一种情绪上的压迫感。

4）俯角度用于拍摄人物，可以美化人物面部特征。以俯角将镜头贴近人的脸部拍摄，脸型得到适当拉长和校正，在肖像摄像中经常用这种角度稍许改变人物的脸型。

第三节　距离变化与画面容量范围

拍摄距离直接影响着画面的容量，也就是说画面容量来自拍摄点与被摄体之间的实际距离变化。概括地说，选择拍摄距离就是根据创作意图选择表现主题对象，或者表现环境。改变实际距离体现在取景框里或画平面上，最重要的标志就是景别的变化，即主体在画面中所呈现出的大小范围，归纳起来不外乎远景（被摄体所处的环境）、全景（人物的全身和周围背景）、中景（人物膝部以上）、近景（人物胸部以上）、特写（人物脖颈以上）五个景别的变化。造成这些景别变化的因素除了实际的拍摄距离外，还包括镜头焦距的变化。

1. 远景

远景画面有较大的空间容量，它主要表现自然环境、某种气氛、人物周围的广阔空间、地点、自然景观或大场景的群众活动场面。

远景画面讲究“远取其势”，注重表现景物的宏大气势、地势及地理特征，力求在一个画面中尽可能多地提供景物和事件的空间、规模、气势、场面等方面的整体视觉信息。

远景画面中，人物降为次要地位，空间环境塑造上升到主要位置，画面中空白、空间、自然景观占优势，画面形象较为空灵、悠远、含蓄，能够激发人的情绪，调动人们的想象与感受力。

远景包括广大空间和多种复杂景物，每个景物在画面中所占比例较小。在结构画面时，忌讳出现以下几点：首先，色彩的“五彩缤纷”；其次，影调的斑斑点点；最后，线条的庞杂重叠。所以，摄影构图中应注意以下几点。

1）以宏大态势与规模为主的远景，更要讲究画面的“单纯”与简单。在画面中既要保证影调或色彩的整体趋势，形成基本的基调；又要寻求影调和色彩上的对比，通过对比表达画面的重点，形成观众视觉的中心。

2）从场景中大的线条走势凝练出画面的网络结构，如蜿蜒的河流、伸展的道路、长长的列队等。这些大的线条把整个画面组织起来，同时也把观众的视线组织起来。

3）掌握好光线的入射角和投射方向，充分发挥光线在远景构图中的关键作用。一般早晚光线宜于表达深远的空间透视，逆光和侧逆光的光线与远景的景别经常结合在一起使用，形成影调的深浅变化，有助于表达空间深度与空间层次，强调画面中景物的规模感和数量感，渲染画面气氛。

4）可适当考虑前景，加大画面形式上的大小、深浅、浓淡和冷暖对比。远景的画面构图一般不用前景，而注重通过深远的景物和开阔的视野将观众的视线引向远方，形成远眺和眺望的感觉，但根据画面表达的特殊性，需要适当考虑选择适合主题表达的前景，形成画面的变化。

2. 全景

全景主要以画面中主体的存在为前提，用来表现场景的全貌或人物的全身动作。采用全景景别拍摄可以使画面中容纳更多的景物，同时也能使画面看起来更具空间感。一般在拍摄大场景风光或者一些宏伟的建筑时，可以采用全景来表现这种气势。

全景可分为人物全景、物体全景和景物全景等。不管是人物，还是建筑、场景，若用全景表现，则要尽量保证主体外沿轮廓线条的完整性，同时处理好主体与周围环境的关系，使主体与环境交融组合、相得益彰。

3. 中景

画框下边卡在膝关节上下部位或场景局部的画面称为中景画面。中景在包含画面主体的同时，还加入一定的环境因素，因而具有很强的纪实性和叙事性。

人物中景要注意掌握分寸，一般不卡在膝关节部位，因为卡在关节部位是摄影构图中所忌讳的，如脖颈、肘关节、腰关节、膝关节、踝关节等。人物中景和全景相比，包容景物的范围有所缩小，环境处于次要地位，重点在于表现人物的上身动作、姿态、手势或人物间的形体线条。所以，中景画面多为叙事性的景别。

中景画面在构图中，要注意揭示人或物富有典型意义之处。比如，记录一个事件，就要舍其全貌，重其要害，展示事件的特殊性和典型性。如果表现一个人，画面应该以人物为主，以环境背景为辅，同时舍弃人物没有表现力和不重要的部分，把观众的注意力吸引到人物典型的动作、姿态、手势或人与人的交流上来。把中景画面与全景和近景画面的不同之处拍摄出来。

4. 近景

近景是表现人物胸部以上的神情态势或者景物局部细节特征的画面，是一种淡化环境空间，强调拍摄主体的景别。画论上常说“远取其势，近取其神”。与中景相比较，近景把观众的注意力由人物动作、姿态、手势上逐渐引导到人物的头、肩膀、胳膊、胸部以上的神情表现上来。

“神”主要指人物内在的情感变化，常常是透过人物脸部体现出来的。“态”主要指人物进入画面的肩膀、胳膊、手和前胸部位。在人像摄影中，常用的景别就是近景，“近取其神”，通过神态的处理来刻画人物性格，帮助人们更准确地理解画面，并使画面形象语言更为充实。正如法国雕塑家罗丹曾说，“性格就是外部真实所表现于内在的真实，就是人的面目、姿态和动作……所表现的灵魂、感情和思想”。

5. 特写

特写是突出地强调人或物的一“点”，即局部细节，通过一点（人物的脸部表情、物体的细部影纹和层次）窥视人的内心或物的本质。特写是面向观众打开一扇通往人物内心世界的窗户。它犹如文学艺术作品中细节描写一样，重在“点”上刻画和描写，利用可视形象形成丰富的视觉语言来展示内容。特写画面形象专一、集中和凝练，具有很强的表现力，容易给观众造成强烈的视觉冲击力，产生特殊的艺术感染力，让观众在观赏中留下回味与思考。

利用长焦距镜头或短焦距镜头靠近拍摄，都能获得特写画面。它的取景范围，如以人物站立姿态为例，常常是人的脖颈以上部位，把人物从繁杂的背景中分离出来，通过人物的眉宇、神情、视线、动作表现其神态和性格等，常常给观众以“体察入微”的感觉，就像人物的内心独白，它能告诉观众某些非语言所能表达的东西，“一个微小的动作可以表达一种深厚的感情，心灵的悲剧可以从一皱眉之间表达出来”。优秀的特写镜头作用于观众的视觉时，仿佛空间就不存在了，超乎空间之外，这是特写给人的心理效果。“优秀的特写都是富于抒情味的，它们作用于我们的心灵，而不是我们的眼睛。”特写是观众与画面形象间心灵交往、互通联系的窗口和纽带。

第四章　摄 影 构 图

直观、可感的视觉画面是摄影的“成果形式”，其内在的造型元素作为画面的 DNA 实现了一种形式的结构和形式的表达及其特有的语言形式和语义表达。摄影画面的表现元素是多种多样的，摄影的造型手段是丰富多彩的，在实际拍摄中，为获得最佳的画面，就必须对取景画面及各类造型元素间的关系加以整体的统筹安排和考虑，而不能顾此失彼。运用摄影的技术优势和表现特长获得既有独特形式又能表现主题的摄影画面，是每一位摄影师必须面对的课题。

第一节　取 景 画 面

一、取景画框

取景画框即数字相机上通过目镜来监视图像的部分，它利用镜头的拍摄范围制造了一个“围栏”，一个被黑暗围绕着的明亮矩形，如图 4-1 所示。在实际拍摄中，大都以这样的四方矩形作为视觉传达的空间，在无缝的现实世界中有选择性地收纳一部分视觉材料，同时排斥掉另一些，将一幅画面从外部的环境中隔离开来。

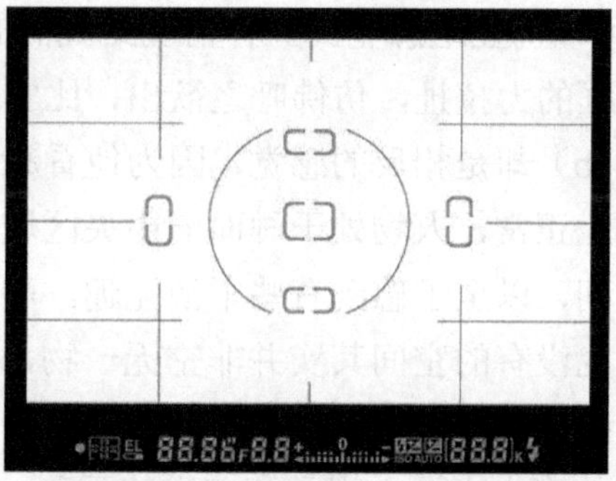

图 4-1　相机取景画框

在矩形画面传播信息的过程中，人们逐渐发现这个画面中隐藏着秘密的秩序，摄影艺术家们自觉不自觉地运用了某些方法，使得画面更加有效地传递了他们想要表达的思想，以至于观众为之触动而难以忘却。

二、画框的磁力——隐藏的力量

取景器四边的重要意义在于，它的存在决定了我们工作的范围，在四边以内是我们可以操作和创造的视觉世界，四边之外则是那个被认为是真实的世界。画面中不仅包含视觉元素的大小、形状、明暗区别和色彩关系，更重要的是隐含了构成画面外观的结构元素。除了可视元素之外，那些“不可见”的方面会在作品中发挥重要的影响。一旦我们确认了画面中某个物体的存在，我们同时也就肯定了物体与画框平面的空间关系。

如图 4-2 的事例，我们可以看到四边对画面内空间的作用。如图 4-2（a）所示，在一个四边矩形里，仿佛什么也没有，如果不是四条黑边的存在，这个空间会轻易地消失于书本纸张的白色中。

如图 4-2（b）所示，如果我们在其中加入一个实心圆，会有什么变化？当实心圆在画面上所占面积、空间有限的时候，它则反过来被空间驾驭，看起来略显被动；如果靠近画面下边框的话，甚至有被挤出画面的危险，而上方大量的空间对它产生很大的压力。

如图 4-2（c）所示，如果圆变得更大又更靠近一侧的边缘呢？现在圆控制了半个画面，在画面中地位非常稳固。但由于圆靠近左侧画框，被其左侧的拉力拉扯，这种即将出画的倾向使画面失去平衡感。

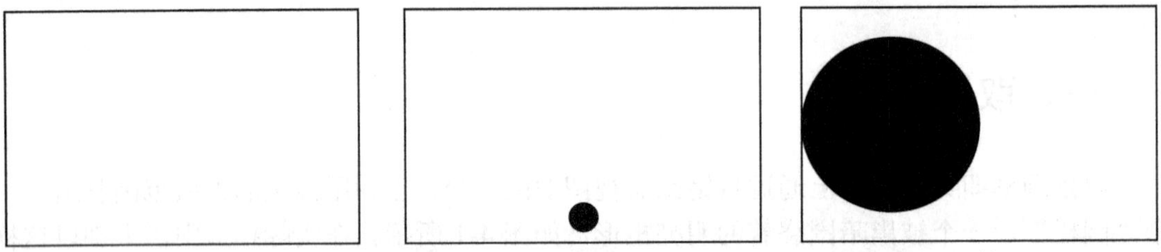

(a)　(b)　(c)

图 4-2　物体与画框平面的空间关系

如图 4-3 的事例，我们可以明显地感觉到三种情况给我们的感受是完全不同的。图 4-3（c）中，人物的脸被左侧画框的力拉扯，仿佛呼之欲出，比实际感觉更加突兀，让人产生压迫感或紧张感；而图 4-3（b）却是相反的感觉，因为他看起来如此微小而让人升起一丝怜悯之情；图 4-3（a）又如此正常，人物处于画面的中央区域，所占面积多于空间，他显得比较稳定，仿佛统领着空间，以至于感到有些平淡无趣。可实际上这三张照片中的人物完全是一样的。视觉上什么也没有的空间其实并非空无一物，我们被诸多力量左右而不自如。画面的边界就是答案，画面的边界会产生强烈的吸引其附近物体的力，这种力并非物理力，并不能测量而得，它的产生来源于视觉和知觉的互动，即为画框的磁力作用。

(a)　(b)　(c)

图 4-3　人物与画框平面的空间关系

所谓画框的磁力，就是指画面的边框就像磁铁一样，具有一种吸引它们近处物体的倾向。画框的磁力可以强烈到与我们对地心引力的自然反应相抵消的程度。越靠近边界的圆越感觉是被边界吸住的，我们甚至感觉需要用很大的力才可以抗拒四边框的吸引力而让它重新回到中央。还有一种默认的力，是时时影响我们却非常容易被忽视的，那就是重力。画面中的一切元素都会受重力的拉扯影响，具有下坠的倾向。如图 4-4（a）中无视正常的向下的地心引力，黑色圆盘像是被粘在了顶边。如图 4-4（b）尽管在圆盘和顶边之间有一段空间，画框顶边的强大拉力还是将圆盘保持在上端。地心引力只有在我们将圆盘移离顶边及其磁力吸引相当一段距离后才开始起作用，如图 4-4（c）所示。

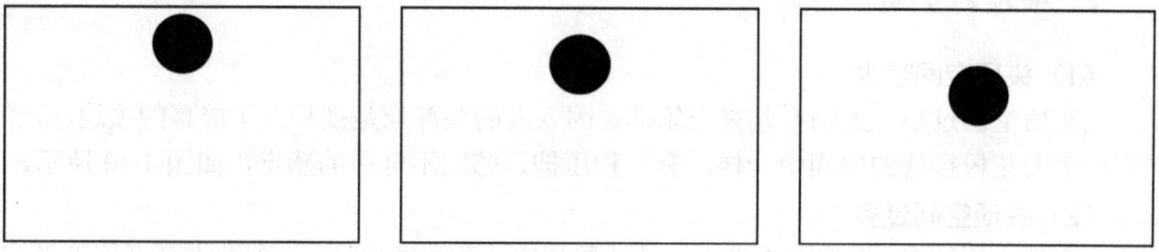

(a)　　(b)　　(c)

图 4-4　画框的磁力：顶边

屏幕的侧边也会产生强大的拉力。如图 4-5 所示，圆盘并不像可能预期的那样受到地心引力的向下拉扯。相反地，它们被画框侧边的磁力所吸引。如图 4-6 所示，由于屏幕角落组合了两条边的磁力，它们尤其具有磁性并产生强大拉力。很显然，画面构图应该避免将主要线条直接引向屏幕角落。

圆盘最稳定的位置是屏幕中心。这里是距离各边的磁力拉扯及其自然力最远，然而也是力量最弱的地方，各种自然力在这里平均分配，如图 4-7 所示。

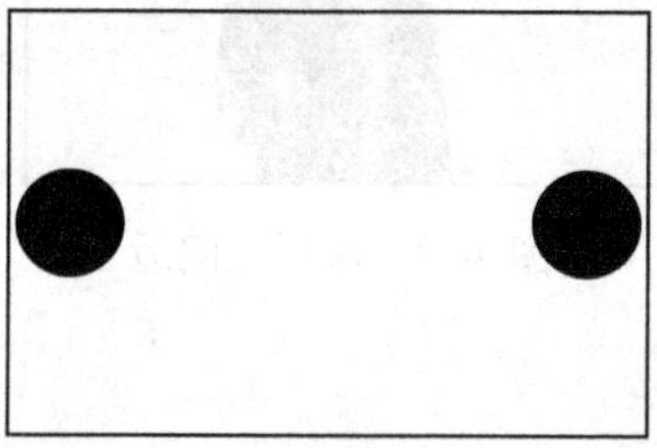

图 4-5　画框磁力：侧边

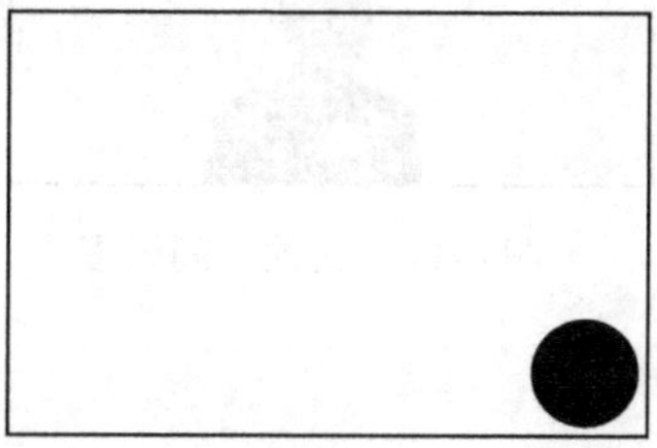

图 4-6　画框磁力：角落

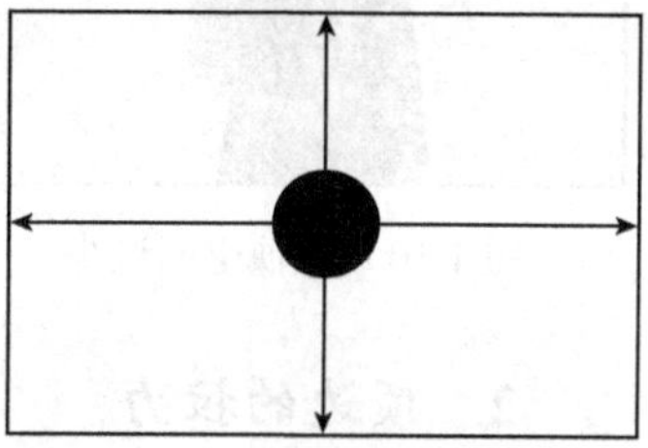

图 4-7　中心物体：平均拉力

如果圆盘很大并且挤压在屏幕内，它便处于所有四条边的磁力中，我们感觉到它好像因为膨胀要冲破画框的限制一般。当然，屏幕边沿的磁力并不是我们感觉圆盘巨大的唯一原因，同样圆盘也占据了相当大的屏幕区域，如图 4-8 所示。相反地，当圆盘被置于画面区域的中心并且远离屏幕边沿时，它便不再处于磁力的拉扯当中，而围绕物体的“沉重”空间将它“压迫”，使它显得比实际更小，如图 4-9 所示。

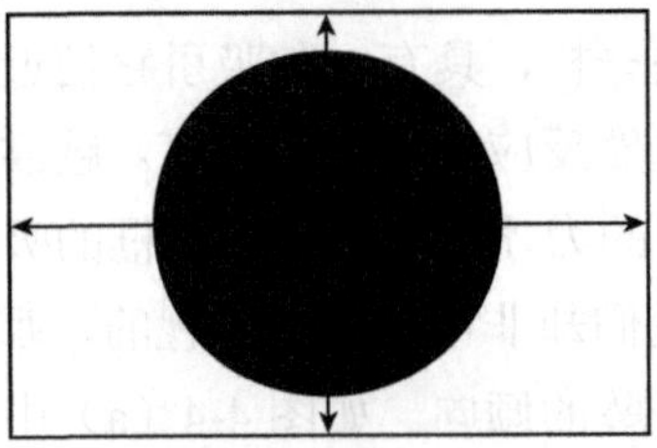

图 4-8　大圆盘：膨胀

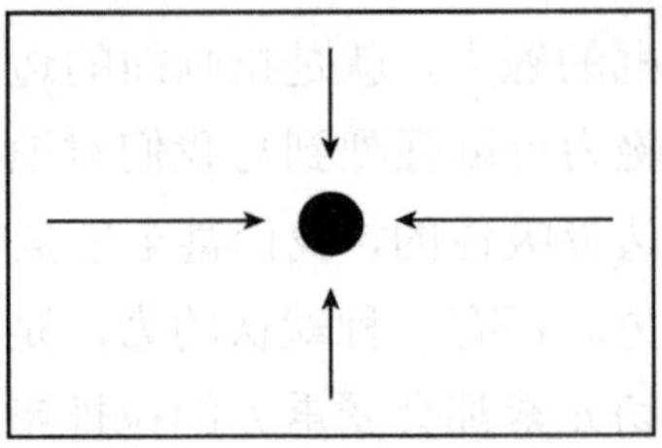

图 4-9　小圆盘：压缩

下面我们通过事例看一下拍摄取景中如何应用这些规律。

1. 头顶的空间

（1）头顶空间过少

当头顶空间过小，人物看起来很笨拙。因为人的头部像是被粘在了屏幕的顶边。正如粘在一个天花板极低的房间中一样，有一种压抑、憋闷不舒服的感觉，如图 4-10 所示。

（2）头顶空间过多

当头顶空间过多，由于地心引力拉扯和屏幕底边磁力的组合，头部被推至画框下半部，整个画面看起来底部过于沉重，有向画面外滑出的倾向，如图 4-11 所示。

（3）头顶空间适当

为了抵消屏幕顶边的拉力，必须留出足够的“呼吸空间”或头顶空间。在头顶及屏幕顶边留出正好足够的空间来中和顶边的磁力拉扯和地心的引力，但并非全部消除屏幕顶边的磁力拉扯，如图 4-12 所示。

图 4-10　头顶空间过少

图 4-11　头顶空间过多

图 4-12　头顶空间适当

2. 顶边的拉力

然而，画有法而画无定法，我们不能将留出头顶空间视为义务。在某些特殊情况下，我们可以合理地利用画框顶边磁力的拉扯来为画面主题服务，这在早期绘画大师们的作品中就早有应用。例如，1475 年，意大利文艺复兴时期画家安托内罗 •达 •梅西那的作品《苦难》中，他将画面中的人物，尤其是耶稣，置于绘画顶边极近的位置，将头顶空间减至最少，画面顶边磁力产生的拉扯作用，使主体显得更加高悬，强化了被吊在十字架上的强烈痛苦，如图 4-13 所示。

图 4-13 《苦难》
安托内罗·达·梅西那于 1475 年绘

在摄影创作中，我们同样也可以在二维平面上通过留出少于正常的头顶空间来强调某人高空作业的不稳定。这种头顶空间的缺乏会将人粘在顶边，比起给出正常的头顶空间，使人看起来似乎愈加地悬于空中，凸显出高度感，如图 4-14 所示。

图 4-14 缺乏头顶空间的强化作用

3. 侧边的拉力

由于画框侧边的磁力拉扯，远景镜头中具有正常距离的物体经常在比较紧凑一些的镜头中看起来距离过远。如图 4-15 所示，在你所见到的这一采访的全景镜头中，主持人和嘉宾看起来距离彼此较近而适当。但将镜头一旦推近来摄取更近的景别，如图 4-16 所示，侧边的磁力强化了分离，画面中两个人之间的距离看起来过远，人物被拉开了，似乎被分别粘在画面的左边和右边，强调了画面中空荡的中心部分。

图 4-15　屏幕内的自然力——全景镜头中的正常距离

图 4-16　屏幕内的自然力——中景镜头中的边沿拉力

当你想要强调物体的宽度，如一部大型轿车的宽度时，屏幕侧边的拉力成了有价值的图形成分。画面左右两边的拉力似乎将汽车横向拉伸，如图 4-17 所示。

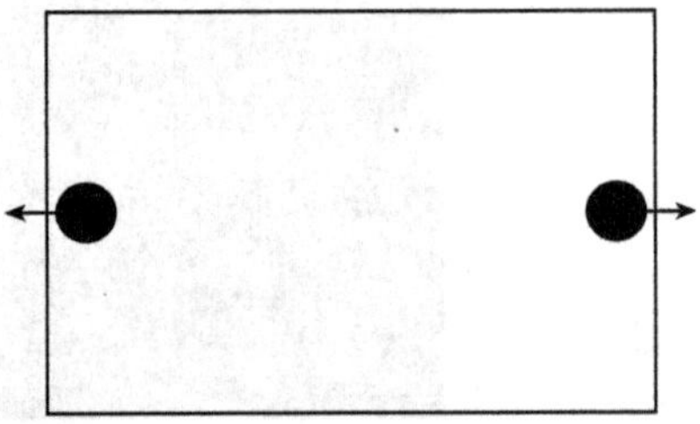

图 4-17　侧边的积极拉力

4. 整个边框的拉力

如果圆挤入画框，所有四边都产生拉力。当你以这种方式拍摄头部特写时，由于画框的磁力拉扯，头显得大得不正常，好像要冲破屏幕一样，如图 4-18 所示。很显然，不应该以这种方式进行头部拍摄。但可以使用同样的取景技巧使某物体的巨大外形戏剧化，如这个巨大的闪光灯，如图 4-19 所示。

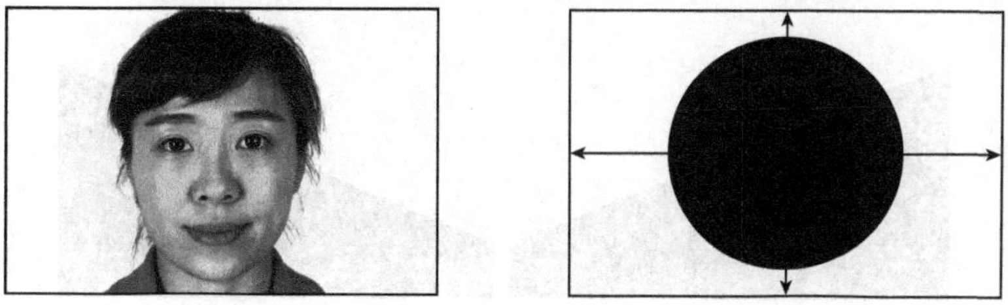

(a) (b)

图 4-18 所有屏幕边沿的消极拉力

图 4-19 所有屏幕边沿的积极拉力

三、画框的不对称

人们观察一个事物时通常是从左向右、由上往下看的。我们的目光游离于摄影画面上的顺序开始于左边和上部而最后停留在右边和下部，由起初时的轻快感转变为后来稳定的注视。不难发现，画面的左部和上部明显轻于右边和下部，因为后者被投入了比前者更长时间的关注而使观众感受了更强的视觉能量，从而产生主观判断上的差别。虽然这种停留时间通常是无法仔细感知和计算的。

所以，我们对处于画面左右两侧的物体施以不一样的注意力，很大程度上就来源于我们观察事物的方式。我们将这种奇特的感知习惯带入到摄影画面中，并将其考虑为一种建构画面的自然力。由于画面两个侧边在结构上看起来不均等，我们称其为画框不对称。

1. 上、下对角线

我们会自然地认为，图 4-20（a）是上坡，图 4-20（b）是下坡；图 4-21（a）是下坡，而图 4-21（b）是上坡。这说明我们的知觉是不公正的，我们的知觉习惯会自然地让我们以从左至右的顺序去看物体。

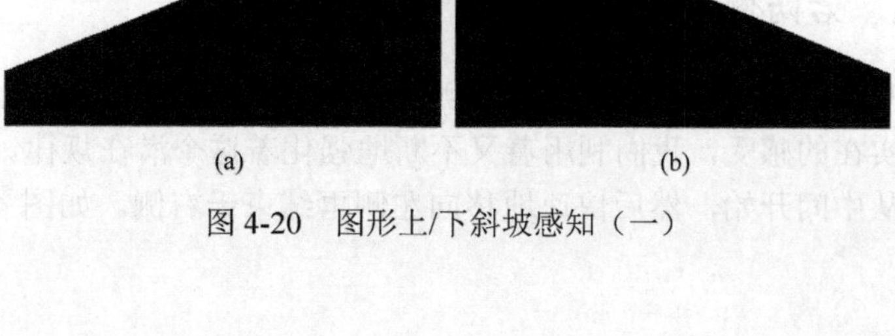

(a) (b)

图 4-20 图形上/下斜坡感知（一）

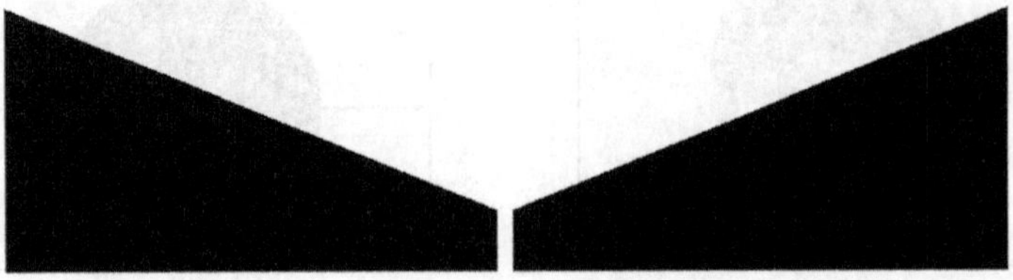

(a)　　(b)

图 4-21　图形上/下斜坡感知（二）

这时如果在斜线上加上一辆汽车，想要表现车上坡很轻松，应该让车从左向右开行。这样，向上的对角线帮助将车拉向坡顶，如图 4-22 所示。相反，从右向左爬坡的卡车不得不克服图形向上对角线的阻力，于是强调了卡车的力量，显得比从左向右开行需要更多的动力和努力，因为它不得不克服图形向下倾斜的自然流动，如图 4-23 所示。

图 4-22　由向上对角线协助的上坡运动

图 4-23　被向下对角线阻碍的上坡运动

2. 画面左、右两侧不对称

我们倾向于对屏幕右侧的物体施加比左侧更多的注意。尽管这并非一个绝对的结论，但在生活中却是实在的感受，我们利用着又不断地强化着这个潜在规律。正如我们在看摄影画面时更愿意从中间开始，然后快速地移向左侧再结束于右侧。如图 4-24 和图 4-25 所示，多数人更加注意右边的人，觉得是左边的人去接近右边的人，而右边的人对此做出反应。在摄影实践中，如果可以选择，应该将更为重要的事件置于屏幕右侧。例如，在新闻摄影中，认为嘉宾比主持人更重要，应将嘉宾置于屏幕右侧，主持人置于屏幕左侧。然而，明星主持人通常占据更显著的屏幕右侧位置。所以，“右边重要”的原则是有效的，人物或事件在画面左侧或右侧完全取决于摄影师更重视什么信息。如图 4-24 和图 4-25 所示的场景中，哪个人会获得更多的注意？当两个人交换位置后，我们又将焦点聚于右侧的人。我们倾向于将其视为左侧的人向右侧的人接近，而非右侧的人向左侧接近。

图 4-24 画面不对称的重点

图 4-25 重点转移

四、图形质量

画面内物体都具有一定的图形质量，它们不但受边界力的影响，而且图形之间也会相互吸引。决定其影响力大小的就是画面影像中的图形质量（物体的视觉质量）。通常，画面中图形面积越大、体积越大、明暗对比越强、色彩饱和度越高的物体相比面积较小、体积较小、明暗对比较弱、色彩较灰暗的物体的图形质量更大。图形质量越大，图形重量越大。也就是说，图像在屏幕中显得越“重”，视觉上越显著，如图 4-26 和图 4-27 所示。

图 4-26 小的图形质量

图 4-27 大的图形质量

电影《孔雀》中的两个镜头，可以对比看出画面图形质量和影片的叙事关系。如图 4-28 所示，剧中姐姐试图参军的努力失败，一个梦想破灭的情景，渺小的人物站在画面中心，巨大的空白空间的对比和画面上方的深色块的压力使本来面积不大的人物更显无助。如图 4-29 所示，是姐姐青春时期的高潮戏，象征青春与理想的浅色降落伞在昏暗的画面中骤然绽放，最终充满整个画面，其张力受图形与画框互动的影响而扩张到画面之外，显得格外地耀眼、醒目。

图 4-28　画面图形质量小

图 4-29　画面图形质量大

图形质量之间相互吸引。两个质量不同的物体在一起时，质量小的图形会被质量大的吸引。质量大的图形比质量小的更加稳定，显得不易移动；质量小的图形的灵活性、生动性更加明显，显得更容易移动。同时，两个面积、体积差异很大的图形并置在一起时，大的会显得比实际更大，而小的显得更小，如图 4-30 所示。

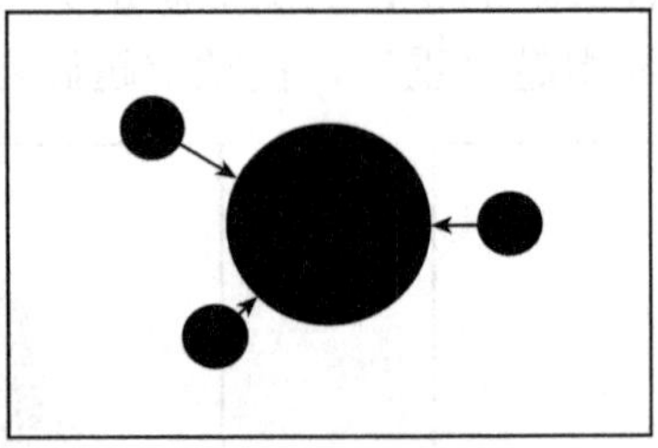

图 4-30　质量吸引

第二节　画面构图的要素

“构图”一词是英语 composition 的译音，为造型艺术的术语。它的含义是：把各部分组成、结合、配置并加以整理，以表现一个艺术性较高的画面。在《辞海》中，构图是艺术家为了表现作品的主题思想和美感效果，在一定的空间里，安排和处理人、物的关系和位置，把个别或局部的形象组成艺术的整体。在中国传统绘画中构图则称为“章法”或“布局”。这个术语中包含着一个基本而概括的意义，那就是把构成整体的诸多部分统一起来，在有限的平面上对所要表现的形象进行组织，形成画面的特定结构，借以实现摄影者的表现意图。总之，构图就是指如何把人、景、物安排在画面当中以获得最佳布局的方法，是把形象结合起来的方法，是揭示形象的全部手段的总和。

所以，摄影画面中除了要有可见的视觉形象之外，还必须充分照顾到画面内视觉形象的布局及变化。摄影师不仅要机械简单地记录镜头前的自然景物，还应该依据内容和主题的需要对画面中的视觉形象加以艺术化的安排和配置，从而使画面的形式结构能够更好地为主题思想服务，能够明确、凝练地传达一定的信息，引起观者的关注和思考，生发艺术的美感。那么，当我们在二维的摄影画面上再现和表现现实生活的三维空间和立体物象时，应该理解和处理好画面中各视觉形象之间的相互关系。一般说来，我们把摄影画面的结构“分解”成这几种要素：主体、陪体、前景、背景。构图是否成功，取决于各要素之间的相互关系处理是否得当。下面就对画面的结构“分而剖之”，对主体、陪体、前景、背景逐一加以分析。

一、视觉的趣味点——主体

主体是体现作品主题思想的主要物像或作品的主要表现对象。摄影创作的首要环节就是要根据摄影者的创作意图准确选择主体。同时，能否正确地选择与表现主体，对于揭示作品的主题思想和摄影者的创作意图起着重要的作用。主体选择得准确，很容易做到作品主题突出；不能准确地选择主体或很好地表现主体，就很容易犯无主体或主题思想不明确的错误。因此，在选择与表现主体的过程中要注意发挥其作用。

1. 主体在画面中的作用

1）从主题表现的角度来看，主体是画面的内容中心。无论采取直接表现主题的手法，还是间接表现主题的手法，都要力求做到主体明确，使其成为画面的内容中心，并使主题表现有明确的依托，起到点题和统领画面的作用。

2）从构图的角度来看，主体是画面的结构中心。要以主体为结构中心，把主体置于画面的重要位置，并以主体为中心为观众选择一种最佳的观察、了解主体的角度。在构图的过程中，务必做到主体突出，达到画面造型的目的，使主体成为观众的视觉中心和画面的结构中心。

3）从观众的视角心理来看，主体是画面的趣味中心。观众观察、了解画面都是从画面的结构主体开始的，同时主体也是观众最为感兴趣的地方。因此，在选择和表现主体的过程中，一定要注意通过主体构建观众的视觉趣味中心，使主体起到引导观众了解画面、认识画面的作用。

一幅画面中主体、构图、观众的视觉心理三方面不能截然分开，但又要有所侧重。一幅画面失去了主体，就谈不上主题思想的表现，也就失去了画面意义，使人们不能理解作者的创作意图。

2. 主体的表现形式

通常将画面主体的表现形式分为以下两种。

（1）直接表现

直接表现将画面中的主体以引人注目、一目了然的结构形式直接突出地呈现在观众面前，使观众的视线能首先捕捉到主体。在构图中将主体处理为面积最大、位置最突出、光线照明最佳，以及线条的走向、影调的处理都给予足够的保障，给人醒目突出的视觉效果。

（2）间接表现

间接表现，相比直接表现要含蓄，主体在画面中的位置、地位、面积并不明显，侧重于用各种方式方法引出主体，丰富人们的联想，让人有回味的余地。例如，用环境的陪衬、气氛的烘托、线条的引导、影调的深浅、虚实的变化、光线的渲染、动静的对比等有效的方法，使观众的视线最终落在主体身上。

二、与主体构成特定情节的对象——陪体

陪体是在画面中陪衬、渲染、突出主体，并同主体构成特定情节的被摄对象。陪体在画面中的说明性很强，能够帮助观众了解成像时的现场情况，也使观众更容易理解画面中主体的神情、动作的内在含义。

1. 陪体在画面中的作用

1）陪体能帮助主体说明内容，烘托陪衬主体，让观众正确理解主题思想，防止画面产生歧义。比如，新闻摄影中，新闻现场的地域标记、环境特征作为陪体出现在画面中，可以帮助说明主体所处的环境和时间，使图片报道更加完整和真实，信息量更大。

2）陪体可以与主体形成对比，并起到装饰、美化画面的作用。陪体有时位于主体之前，既是画面陪体又是前景，既强调画面的空间透视又交代主体同陪体的情节关系，起到了双重的作用。

3）陪体能点明主体的职业特征，让观众正确理解主体的“所作所为”。工人操作机器、驾驶员驾驶汽车、演奏家弹奏钢琴，除主体之外，机器、方向盘、钢琴在画面中所提供的准确信息，能够让观众迅速读懂画面。

2. 陪体的间接表现

陪体的处理也有直接表现和间接表现之分，以上三种作用通常是针对陪体的直接表现而言的，也就是说陪体直接出现在画面当中，围绕主体，与主体“相伴而行”，帮助主体阐明内容，加深观众对画面的理解，使画面语言更为生动。

陪体的间接表现即指陪体不直接出现在画面上，在观众欣赏画面时，出现在观众的想象中。这种处理方法富有隐喻的意味，在画面上往往需要巧妙地安排好引导想象的“媒介物”，通过媒介物的作用来启示想象的陪体，调动观众的想象力，让观众加入到这种想象的艺术再创作中。

所谓媒介物是指在画面中起提示、引导或暗示作用的某种物体，启发人们的联想，并限定观众想象的范围。图 4-31 采用了间接处理陪体的方法，画面主体是窗外的孩子们，陪体没有直接出现在画面上，而是通过画面中的媒介物窗花和大红喜字诱发了人们的联想，孩子们通过窗户在看新娘，陪体即新娘的外貌、神态，只能留给观众去想象了。

图 4-31 《瞧新娘》

所以，艺术贵在调动人们的想象。想象是“在原有感情形象的基础上创造出新形象的心理过程”。对于摄影画面来讲，画框中原有物体的表现是有限的，但艺术的联想是无限的，精华在画面之中，品味却在画面之外，做到“象外有象”，“使之与画外之画相关联，气势相承接，自能得气趣于画外矣”。摄影画面创作的最后完成应在观众的想象之中。

3. 运用陪体的注意事项

1）做到陪体与主体紧密相关。选择陪体时，一定要选择与主体关系最为密切的物体做陪体，使陪体能够真正对主体起到陪衬与说明的作用。例如，要表现一位教育工作者，就可以选择讲台上他手中的粉笔、面前的讲义作为陪体。一方面，可以清楚地表明他作为一名教育工作者的身份；另一方面，还可以陪衬主体，强化他作为一名教育工作者“三尺讲台，四季耕耘”的无私奉献精神。

2）做到陪体简洁，一目了然。选择陪体时，注意不要使陪体过于繁杂，做到简洁明了，让人一看便知，并且能够通过典型的陪体更为方便地找到主体形象。同时，陪体过于繁杂，会造成画面结构混乱，主陪不分。这样陪体不但起不到深化主题的作用，还会造成观众视觉上的错位。

3）做到陪体不应和主体同一颜色、同一影调、同一形状，而应有所区别，同时主、陪体间线条朝向应该保持一致。

4）做到陪体能够拓展画面空间，增加画面信息量。选择陪体时，不要总是把陪体定位在画幅框内，要善于想象，有意识地选择一些画面外部的物体作陪体，这样不但可以引发观众产生丰富的联想，还可以有效地拓展画面的内外空间，增加画面的信息量。例如，要表现一位绿茵场上正在强行突破的足球运动员，我们只需在画面上清晰地表现出他与对方防守队员对抗的动作，以及冲锋向前的神态，有意识地把足球放在画面外，观众不但会明白画面交代的内容，更会对处在画面外的足球产生更加丰富的联想。

三、突破二维空间限制的标志——前景

位于主体之前，靠镜头最近的景物为画面的前景。前景作为主题内容表现的一部分，直接作用于人的眼帘，由于光线和空气中介质的存在，因此前景在色调上比后面景物要深、要浓重。又由于空间透视及镜头的作用，因此前景的成像要比后面的景物大，容易夺人眼目。运用前景来陪衬、烘托主体，可以使主题思想的表达更加完美深刻。

1. 前景在画面构图造型中的作用

1）前景可衬托、烘托主体，规范读者的思路，使主题内容的表达更为完美深刻、准确透彻。

2）突破二维空间的限制，表现空间感和透视感。摄影艺术属于平面艺术，在二维平面上表现具有三维立体空间的现实生活和物质世界，需要创作者充分利用镜头前与主体有关联的一些景物（物体）作为画面前景，与画面远处的其他景物（物体）形成视觉上的深浅、大小、冷暖、浓淡对比以再现空间，给观众以生活的真实。也可以说，画面中有了这种对比，就有了空间，就有了透视。失去了这种对比，就失去了空间，失去了透视。

3）渲染现场气氛，赋予时间特性、季节观念和地方色彩。前景有时像文学作品的开场白，它能够交代事物发生在什么时间、什么季节，以及在怎样一个地理环境之中。例如，用四月的嫩柳、五月的鲜花、十月的红叶或南方的油棕树、北方的雾凇等作为前景，就可展示季节观念和地方色彩。

4）前景与主体形成画面表现形式上的对比，可以加强画面视觉语言的表现力，为更深刻地表达作品的主题思想，传达其深远意境和抒发创作者的情感提供可靠的依据，提升视觉语言的哲理性和说服力。画面内容的对比主要通过形状、影调、表面结构质地、事物的状态等方面形成画面中大与小、高与低、正与斜、长与短、曲与直、明与暗、深与浅、粗与细、刚与柔、新与旧、动与静、疏与密、聚与散、多与少等对比。

5）富有装饰作用的前景可以美化和装饰画面。根据人们的心理特点，选择富有装饰性的前景，如门窗、拱门、厅阁、有规律排列的树木等，使画面显得完整统一、美观和谐，具有一种镶嵌感。在生活中，有时透过一扇门、一扇窗，无意当中会发现一幅很美的画面，可是脱离开这扇门与窗后，你会感到若有所失。这就是前景在此发挥的作用。

拍摄一幅照片，前景的这种表现形式已被摄影者广泛采用，利用这种装饰性框架式前景有其优点。

1）使画面有一种稳定、完整、和谐的感觉。这种画面形式适合表现静态、圆满、统一、美感等效果。

2）给观众以身临其境的感觉。这种框架式前景的运用，似乎让每一位观众透过一扇门窗、一个书架的间隙、一个拱门观看外面的景物，把观众带到此时、此地、此景、此境中来了。

3）框架的作用，可以把观众的注意力吸引到画面主体身上。正如生活中绘画的装裱、屏幕四周的框架、窗格中的窗花等，其框架产生的作用显而易见。

4）框架在画面中可以产生一种强烈的远近距离感。它充分利用了摄影上暗与亮这一深度上的象征，使近大远小这一透视效果更加明显。

5）可以利用画面中的这个“取景框”，按照主体的要求“剪裁”大自然。把需要的景物和不需要的景物用框架分割开来，并突出主要的东西，使之独立完整，同时遮挡不需要的、妨碍主体表现的部分，达到和谐完满。另外，可利用框架式前景弥补天空、地面造成的没有必要的空白，还可以利用这种前景均衡画面。

2. 选择和利用前景应注意的问题

1）选择和利用前景要有目的性，“有意所为”。始终要以主体为视觉重点，利于主体的表现，同主体配合得当。它的出现同主体及内容在内涵上要有联系、有对比，帮助观众了解主体，加深印象。

2）前景线条结构要与主体相呼应，方向要尽量一致，形式要尽量完美，起到美化画面的作用，不能让观众感觉到是多余的，是画面的额外负担。

3）前景的运用要注意整个画面的完整，不可破坏和分割画面。前景色调深、成像大，很容易夺走人们的视线。因此，不要为了前景而前景，否则就会设置人为的视觉障碍，影响视线的正常通过，从而影响画面主题思想的正确表达。

四、画面构成的基础——背景

位于主体之后渲染、衬托主体的景物称为背景。它是组成画面语言的一个基础因素，在画面中的地位是不容忽视与低估的，它在内容上表现为点明主体事物所处的客观环境、地理位置及时代气氛；在表现形式上则体现为利用色调和空间来衬托主体展现环境。任何摄影作品在交代一个事物、刻画一个人物时，都要借助环境来烘托、陪衬和描写。著名电影理论家贝拉·巴拉兹曾经说过，环境和背景“其生动程度并不亚于人物的面孔”，“人物的表情不仅仅流露在脸上，而且还在家具、树木或云彩的形象里反映出来”。可以说，画面中的背景无论在其表现形式上，还是在体现主题思想上都能起到举足轻重的作用，对一幅画面的成败影响很大。

1. 背景在画面中的作用

1）展示环境特征、特点，交代环境与被摄人物的关系。利用环境形成的丰富的画面语言说明主题内容，使主体得到最佳衬托与表现。

2）背景可交代时代气息，给人以明显的时代感。画面中时间的展示与主体的表现互为衬托，通过背景的视觉形象让观众读出时间、季节和时代气息，使表现的主题内容与时代同步。

3）背景能很好地体现画面中人物的职业特征。在画面造型中，环境是人的真实写照，塑造好了环境实际上等于塑造好了人物，环境与人物的表现具有同等重要的意义。

4）在新闻摄影中，环境能直接影响新闻主题的价值。表现好新闻事件本身固然重要，但新闻事发场所和环境对提升新闻价值也有重要作用，同一个新闻主题或事件在不同的环境地点发生，其影响力和价值会有很大不同。

2. 突出主体的背景处理

突出主体的背景处理主要有两种手段：一是使背景简洁；二是使背景与主体有鲜明的影调及色调的对比。

1）使背景简洁。背景简洁必然使主体更为突出，背景杂乱必然分散观众对主体的注意力。使背景简洁的构图方法，一是通过改变拍摄角度，避开主体周围一些杂乱线条；二是通过虚实结合的手法使背景虚化；三是选用合适的逆光或侧逆光突出主体、压低环境和背景的影调，让杂乱的物体和线条显现不出层次；四是利用合适的环境条件柔化环境和背景；五是利用“运动”产生虚、实变化，强化画面效果。

2）使背景与主体有鲜明的影调及色调的对比。背景与主体的影调相近或相同时，会使背景和主体混为一体，从而减弱主体的显要性。所以，当构图时要注意到主体同背景要有区别，尽量将主体从背景中分离出来，即亮的主体应衬托在暗的背景上，暗的主体应衬托在亮的背景上。这样所得的画面才会有空间感和深度感。

3. 丰富主体内涵的背景处理

1）选择具有地方特征、季节特征的景物做背景，用以交代主体所处何时、何地、何事。例如，某时特有的花草树木、某地特有的建筑及某事特有的会标、标语、广告等景物。这样的背景不仅是画面形式的背景，也是画面主题内容的背景，能起到丰富主体内涵的作用。

2）背景形成的视觉语言比较含蓄、间接，创作者精心选择具有对比、比喻、比拟意义的景物作背景，包括与主体在形式上、内容上形成对比、比喻、比拟等。这样的背景是用鲜明、生动的形象来揭示主体的含义，深化主题，启发观众的想象。

第三节　摄影构图的要求

一、突出主体

所谓“突出”就是要做到醒目。所谓“主体”就是主要表现对象或者主题思想的主要体现者。在进行摄影构图时，由于画面容量有限，不可能表现过多的内容，因此摄影前一定要有明确的拍摄意图，用光、色调、背景等方面都要从突出主体的角度出发，绝不可喧宾夺主。如何突出主体，可采用以下几种方法。

1. 运用光线来突出主体

无论是运用自然光，还是人工光，被摄体置于不同的光线下，都会产生不同的效果。在光线的集中照射下，主体物就会比较突出，引人注目，其余部分只能起到陪衬作用。

2. 运用色调来突出主体

使用不同色调的光线搭配进行拍摄，也可起到突出主体的作用。例如，在主要拍摄物上使用比较强的暖色调光，而在其他部分使用冷色调光，就会使主体的色调鲜明突出，使背景和其他部分的色调明显地区分开来。

3. 运用景深来突出主体

众所周知，短景深可以造成远景模糊、近景清晰的透视效果。拍摄时，为了做到突出主体，可充分运用景深，使主体清晰，而背景变得模糊。

4. 运用陪衬来突出主体

陪衬物和背景有助于衬托主体，在陪衬体的衬托下，主体会显得丰满、突出，但注意不要让陪衬压倒主体，造成宾主不分，甚至喧宾夺主。

二、布局适中

要做到拍摄画面富于变化，必须做到拍摄物在构图中的布局适中，否则就会产生构图呆板、头重脚轻、左右倾斜等不稳定状态。一幅构图适中的照片会给人协调、稳定的感觉。一般要注意两点：第一，画面中物体的布局要均衡，不能在画面的一方内容太多，而另一方放空，这样会使画面重心不稳，单调乏味。第二，要注意在构图时利用空白和补白的手法处理画面，景物过多、画面过密容易给人过分拥挤、闭塞的感觉。因此，需要利用空白以均衡画面，但画面空间太多、内容过疏，又会产生松散、空荡的感觉，这就需要利用补白的手法来填空，使画面趋于均衡。常用的补白手法有利用景物的投影和变换拍摄角度等。

三、构图完整

摄影作品通过静止的画面来表现一定的内容。所谓完整，并非指拍摄对象要完整无缺，而是指拍摄者通过一定的构图，使画面能够完整地表达作者的拍摄意图，充分揭示被摄对象的本质，从而使人们能够较全面地理解照片的主题思想。要做到这一点，就要求摄影创作者在构思、取景、用光上下工夫。另外，在表现形式上也要注意，因为形式是为内容服务的，有完整的内容，而无完整的形式，那么内容的完整性也就不能保证。要做到这一点，就要正确完整地处理主体在画面上的具体形象。

四、对比照应

对比的方法可以说是所有艺术作品中一种比较常用的方法。“对比”可以使画面构图获得较强的感染力。比如，影调浓淡的对比、影像前后虚实的对比，以及各种景物的位置、大小和人物性格等方面的对比，都可以使照片内容产生丰富的表现力。红花配绿叶才能显得花更红、更鲜艳夺目，周围的低矮才能显出高层楼房的高大。在摄影构图中，只有通过这些对比的手法，才能使画面形式更加生动，也更具有艺术表现力。

照应是形成画面结构和谐的重要手法。性质相同而外形相似的物体，在画面上反复出现，互相补充，便会给构图带来一定的节奏感。大量相同的物体经过精心构思、合理安排，便可以组成富有装饰味的画面。比如，将打麦场上密密麻麻的麦袋或将工厂即将出厂的汽车等，在画面上排列得整整齐齐，使景物前后照应，以表现丰富的成果，这就是一种比较简单的照应方法。其实，比较好的照应手法是在不同的事物中，通过对应物的相互照应，使画面构图形成一个和谐的整体。这种照应效果可以从影调、形体、动向、内容的联系等方面取得。比如，拍摄山峰时，前面的山峰通过与后面遥远的山峰和山峰间的云雾、青松、怪石等的相互照应，给人以气势磅礴的感觉。

五、心理趋合

在画面构图中心理趋合的含义是指利用人们的想象力去填充实际在画面中并没有见到的空间。摄影画面是有限的，在突出表现主体的细部特征或思想感情时，往往采用视距近的画面，因此不能在画面中完整地展现出被摄体，恰当地利用人们日常生活的经验，使被摄体在画面中取舍得当，会产生画面向外扩展的效果，让画面中未被展现的被摄体的其他部分出现在观众的想象之中。“开放性构图”也是基于这个道理形成的。这就是我们在画面中利用心理趋合反应的积极意义。例如，摄影构图中人的视线前方和头顶上方都应留有一定空白，这也属于心理趋合反应的要求，因为人们生活的环境中总是有一定的空间在头的上方和脸的前方。

除了心理趋合的积极意义外，我们在画面构图中还应注意它的消极作用。例如，在拍摄中要注意拍摄角度与背景的选择，否则画面中的主体与某些背景物体的组合会使观众产生错误的联系和概念，形成不恰当的联想，分散观众的注意力。另外，拍摄人物时要特别注意画面边缘不能与自然切割线相重合。自然切割线是指通过人物颈部、肘部、膝部、腰部、脚踝等的水平线，要调整构图，使这些切割线落在画面内或画面外，以免使观众出现不好的感觉。

摄影画面中的心理趋合因素表现丰富，所以在考虑表现方式时，一定要注意构图的心理趋合。

第四节　摄影构图的形式

一、构图形式的含义及类型

“形式”一词有两层含义，一是指形状或构成形状的要素，如绘画的点、线、面；二是指样式或形态，如建筑上的罗马风格、哥特式风格，绘画中的三角形构图、对角线构图等。在这里所言的形式主要是指后者。

具体来说，构图的形式是指画面内各个要素间有机地、整体地组织与排列的方式，通过不同的排列组合使画面具有某种特定的形式感，如三角形、对角线、垂直线或水平线等构图形式。

构图的目的之一就是在画面内创造形式感。因为具有形式感的画面能够带给观者艺术上的愉悦，即美感。进一步说，有形式感的画面才可能传达出某种具体的内涵与表情，而无形式感的画面，只能带来混乱的、没有章法的感受，不可能传达出明确的含义，更谈不上美感。

构图形式类型分为两大类：①以线条为主的类型，如水平线构图、垂直线构图、对角线构图、S 形构图、X 形构图等；②以形状为主的类型，如三角形构图、框架式构图、圆形构图等。

二、构图形式分析

构图形式是摄影师构思立意的直接体现，一幅优秀的摄影作品，不仅要有深刻的主题思想和内容，同时还应具备与内容相一致的优美形式和协调的构图。下面我们简略分析一些常见的摄影构图形式。

1. 黄金分割法构图

黄金分割又叫黄金律，即把一条线段分为两段，使其中一段与全长的比值等于另一段与这一段的比值，为 0.618。黄金分割在西方历史上被认为是最神圣、最美妙的构图原则，被广泛运用于绘画、雕塑、建筑艺术之中。将黄金分割借鉴到摄影画面构图中，也具有一定的美学价值。比如，按照黄金分割来安排主体的位置，根据黄金分割率来分配画面空间，按黄金律来安排画面中地平线的位置等，都能够给人一种悦目的视觉效果。

如图 4-32 所示，按照黄金分割的推导，将正方形底边 *A* 分成二等份，取其中点 *X*，并以 *X* 为圆心，线段 *XY* 为半径向右侧作圆弧，圆弧与正方形底边延长线的交点为 *Z* 点，这样将正方形延伸为一个比例为 5∶8 的矩形，*A* 线段和 *B* 线段的结合点为 *Y′* 点，这个点就是通常所说的黄金分割点。*A*∶*C* = *B*∶*A* = 5∶8。而我们拍照用的 35mm 胶片及数字全画幅相机传感器幅面的比例正好非常接近 5∶8 的比例，即 24∶36 = 5∶7.5。

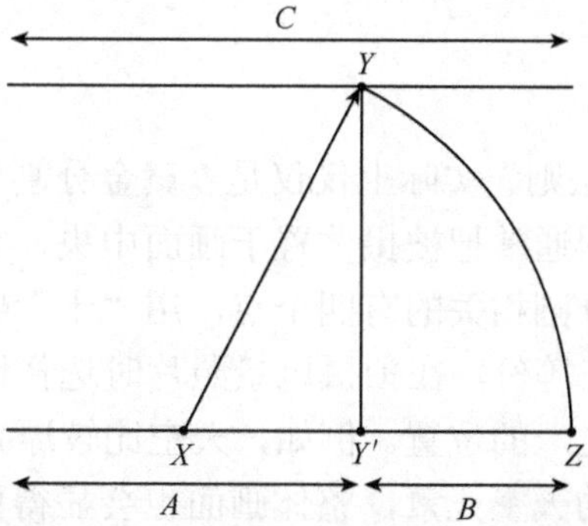

图 4-32　黄金分割比例

如图 4-33 所示，通过上述推导，由黄金分割比例 5:8 得到了一个被认为很完美的长方形。连接该长方形左上角和右下角，得出一条对角线，然后再从右上角向黄金分割点 Y' 点画一条斜线，对角线和斜线的交叉点就是我们通常说的摄影构图黄金点。用这个方法变换角度，就可以在这个长方形中找到上、下、左、右四个黄金点，如图 4-34 所示。

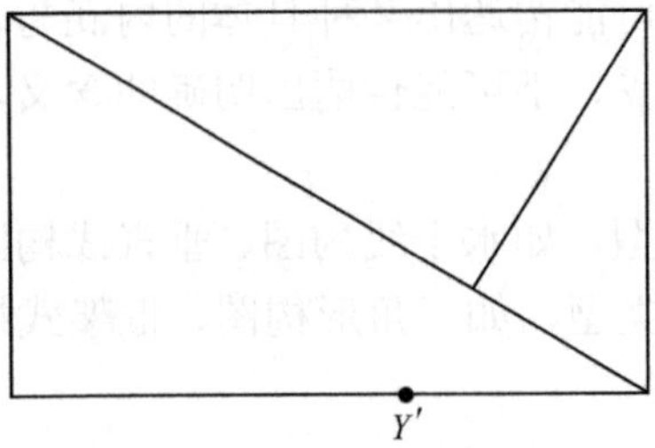

图 4-33　摄影构图黄金点

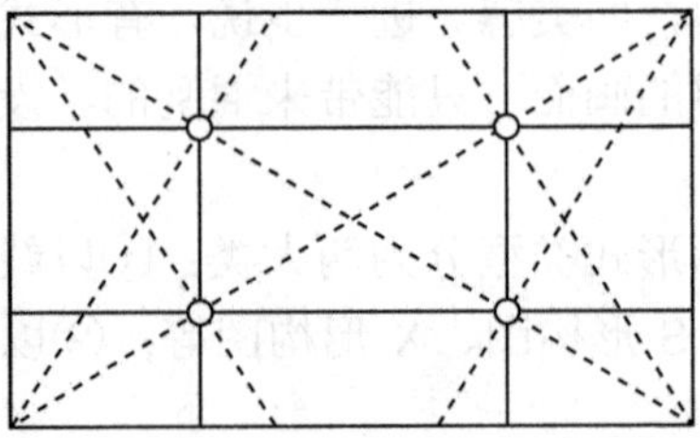

图 4-34　摄影画面上、下、左、右四个黄金点

用西方人的解释，这四个点叫做黄金点，用我们中国老祖先的方法解释，这个长方形分割成九等份，称为九宫格，如图 4-35 所示。根据经验，当我们要拍摄一朵花、一只鸟、一栋民居或者一个物体时，将主体景物安排在四个黄金点附近（右上方的交叉点最为理想，其次为右下方的交叉点），即可得到一张看起来比较舒服、和谐的照片。这就是黄金分割理论在摄影中运用的奥妙，但也不是一成不变的。确定好主体的位置后，还应注意安排必要的空间，考虑主体与陪体之间的呼应，充分表达主题的思想内容。这样的构图形式较为符合人们的视觉习惯，也能更好地发挥主体景物在画面上的组织作用，有利于周围景物间的协调和联系，容易引起美感，产生较好的视觉效果，使主体景物更加鲜明、突出。

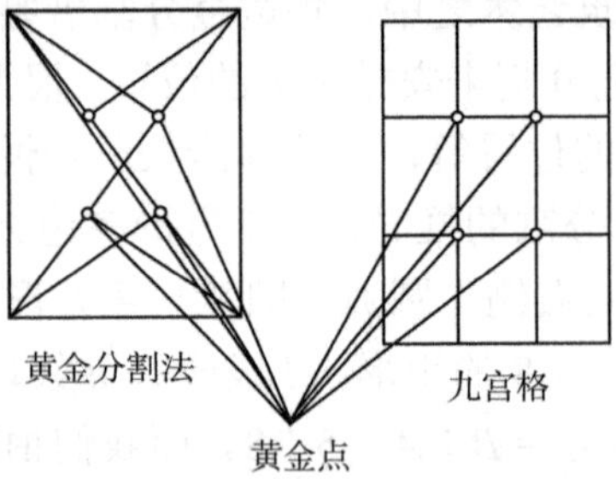

图 4-35　九宫格构图

2. 三分法构图

如图 4-36 所示，“三分法则”实际上仅仅是“黄金分割”的简化版，其基本目的就是避免对称式构图，对称式构图通常把被摄体置于画面中央，容易产生平稳或呆板的感觉，令人生厌。可以看到与黄金分割相关的有四个点，用“十”字线标示。水平连接四个点，把画面按上、中、下分割为三等份，在拍摄风景照片时选择地平线、水平线，最好将它放于画面上半部或下半部三分之一的位置。例如，天空比较漂亮的话可以将地平线放在下三分之一的位置而保留大部分的天空元素，整体画面也会显得更为融洽。

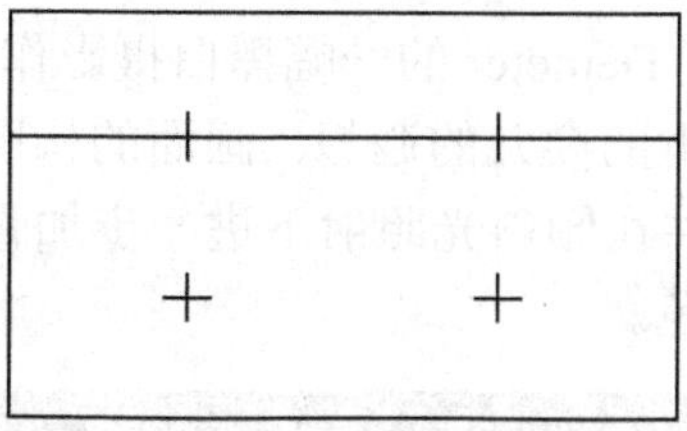

图 4-36 三分法构图

3. 水平线构图

画面内各种造型要素，凡是以水平方向排列组合的形式均为水平线构图。水平线构图具有平静、安宁、舒适、稳定等特点。常用于表现平静如镜的湖面、微波荡漾的水面、一望无际的平川、广阔平坦的原野、辽阔无垠的草原等，所以水平线构图是风光摄影中经常用到的构图形式。

4. 对角线构图

对角线构图又称为斜线构图，是由画面上的物体按照对角线方向组合排列成的整体形式。这种构图极富动感和方向感，同时也会让画面富有戏剧性。如果对角线由左下方向右上方延伸，会被看成是积极的，而相反的方向则被看成是消极的，也称为“反对角线”。如图 4-37 所示，画家鲁本斯的油画《被缚的普罗米修斯》就是一幅典型的反对角线的构图。在该画面内，画家将普罗米修斯安排成反对角线仰倒的姿态，而神鹰的两翼也成反对角线伸展，整幅画面给人一种动荡、痛苦、挣扎的悲剧气氛。

图 4-37 《被缚的普罗米修斯》

鲁本斯于 1611 年绘

相反，匈牙利摄影师Balla Demeter的一幅黑白摄影作品，如图4-38所示，表现了一位斜躺在床上的孕妇对将要出世的婴儿的遐想。画面的构图为对角线（与《被缚的普罗米修斯》相反的对角线）形式，并在倾斜光照射下进一步加强了构图的对角线特征，展现出了一种充满希望的、温馨的景色。

图4-38 《等待》
Balla Demeter于1964年摄

5. 垂直线构图

画面上被摄主体景物分布在垂直线上的组合形式均为垂直线构图。高大的建筑或树木，甚至站立的人都可以创造出垂直线构图。垂直线构图具有坚定、有力、崇高和富有生命力的特征。常用于表现万木争荣的森林大树、险峻的山石、飞泻的瀑布、高耸的摩天大楼，以及由竖直线组成的其他画面，充分显示景物的高大和深度。

是否采用垂直线构图形式，首先取决于被摄体是否具有垂直线条形式；其次是否能够在丰富的，甚至是杂乱的对象中进行取舍。如图4-39所示，美国摄影大师安塞尔·亚当斯的《白杨树》就是一幅很有意味的垂直线构图的范例。他以近景的一组白杨为中心，以稍远的一些白杨为背景，并通过光线的变化压暗背景的白杨，来突出中心。另外，他还有意在取景时"剪裁"掉白杨树冠来加强树干的直线条的特征。整幅画面的形式语言简洁、鲜明，显露出白杨树的无限生机。

图4-39 《白杨树》
安塞尔·亚当斯于1953年摄

6. 曲线式构图

曲线构图又称为S形构图，指画面中景物呈S

形曲线的构图形式。在现实生活中，纯粹的直线（水平线、垂直线、斜线）固然常见，但柔和优美的曲线也俯拾皆是，如人体的曲线、蜿蜒的河流、弯曲的小路、起伏的沙丘等，具有延长、变化和优美的特点，不仅给观众的视觉以一种韵律感、流动感，产生优美、雅致、协调的感觉，显得轻松活泼，还能够有效地表现被摄对象的空间和深度，把分散的景物串连成一个有机的整体。此外，圆形线条也是S形线条的一种，其构图形式具有圆满、平衡、完整等特点。

7. 三角形构图

三角形构图通常是以三个相同性质的物、人或景构成画面的三角形整体。三条边由不同方向的直线合拢组成不同形式的三角形，产生不同的趋势和变化，给人以不同的感受。三角形构图根据具体形状与空间位置的不同，可分为三种类型：正三角形、倒三角形和倾斜三角形。

正三角形在所有的几何形中最具稳定性，它的底边被人联想到“基础”，两个倾斜的边向上汇聚为一点，因此这种构图具有稳定和崇高的基本特征。在表现“稳定”“稳重”“深沉”“具有重量感”等主题时，正三角形构图是非常适合的。正三角形构图在肖像绘画和肖像摄影中最为常见，如图4-40和图4-41所示，达·芬奇的油画《蒙娜丽莎》和拉斐尔的油画《披纱巾的少女》，这些作品以人物的外在轮廓构成三角形状。如图4-42所示，阿诺德·纽曼的肖像摄影《作曲家斯特拉文斯基》，三角形构图运用得更为巧妙，琴盖的三角形、人物的三角形，实的三角形、虚的三角形，大的三角形与小的三角形，它们相互呼应、相互对照，极富有趣味。

图4-40　《蒙娜丽莎》

达·芬奇于文艺复兴时期绘

图4-41　《披纱巾的少女》

拉斐尔于16世纪绘

图 4-42　《作曲家斯特拉文斯基》
阿诺德 · 纽曼于 1946 年摄

倒三角形的构图就与正三角形构图效果相反，它给人一种不稳定的感觉。另外，等边三角形与倾斜三角形构图除稳定感外，给人的感受也不尽相同，等边三角形会产生呆板、无变化的感觉，而倾斜三角形由于其中一侧边长于另一侧边，构图会产生自然灵动的感觉。典型的倾斜三角形构图范例是泰奥多尔 · 席里柯的油画《梅杜萨之筏》，如图 4-43 所示，该画面中人物和筏子上的帆组成了两个鲜明的倾斜三角形，有力地表现了落难者在挣扎中相对的稳定感，同时又时刻受到覆灭的威胁，存在着严重的危机感。

图 4-43　《梅杜萨之筏》
泰奥多尔 · 席里柯于 1819 年摄

8. 放射式构图

放射式构图法是以主体为核心，景物呈向四周扩散放射的构图形式，可使人的注意力集中到被摄主体，又有开阔、舒展、扩散的作用。常用于需要突出主体而场面又复杂的场合，也适用于使人物或景物在较复杂的情况下产生特殊的效果等。

9. 框架式构图

框架式构图是指利用具有框架形状的物体将主体框在里面，以达到突出中心、增加画面的纵向深度和装饰画面的表现效果。框架构图最突出的特征是整个画面具有独特的完整感。框架构图在具体的操作上是多种多样的，枝杈、花朵、门廊、窗户或洞穴等都可以用作前景的框架，要注意选择巧妙、得当。如图 4-44 所示，法国摄影师马克·吕布于 1965 年拍摄的北京琉璃厂地区。该图片是框架式构图的经典之作，摄影师巧妙地利用了房屋的窗框，将街道上的人物进行了不同的划分，既各自独立又互相关联地服务于主题。

图 4-44 《镜头下的北京》

马克·吕布于 1965 年摄

10. 对称式构图

对称式构图，是指在画面正中垂直线两侧或正中水平线上下，对等或大致对等的构图形式。这种构图布局均衡、结构规矩，给人平衡、平稳、庄重的感觉。

在现实生活和周围环境中，往往有很多情景和物体本身是左右对称的，如中国式的古建筑、器皿用具、举重运动员举重等。拍摄此类物象时，应从其正面居中取景拍摄，即可形成左右对称的画面布局。平静的湖面、光洁的镜面等上的物体倚托光泽面的反映，都可形成有虚有实的上下对称的画面，被摄体都会产生明晰的倒影。把实体连同倒影一起摄入画面，就成为上下对等的对称布局。

三、构图方式

在摄影实践中，由于照相机取景器的造型和人们的视觉习惯，我们习惯于把照片拍成横向的，但我们发现有些场景横向构图效果并不是很理想，因此在拍摄每张照片之前，应先根据拍摄主体的表达需要选择横拍（横向构图）还是竖拍（垂直构图）的方式。

1. 横向构图

横向构图是摄影中采用率最高的构图方式，因为几乎所有相机的基本把持姿势都是方便横向拍摄的。这是由于人的双眼看到的影像也是横向的，所以横向构图的照片看起来特别自然；同时人们经常看到的影视画面也是横向构图，因此用横向构图总是比较符合人们的视觉习惯。此外，横向构图的照片一般都能表现出安静、平衡、松弛的感觉，是较为常用的构图方式。

2. 垂直构图

垂直构图的照片能够表达出紧迫感及张力，照片中出现一些垂直线条，将更能强化这种感觉。例如，一条窄巷如果以横向构图方式进行拍摄，就很难表现出巷子这种窄的感觉；而如果用垂直构图方式拍摄，即可增强巷子狭窄和深邃的感觉。如果拍摄垂直的景物如建筑物、人物等，垂直构图也是最容易增强照片效果的表现方式。

第五节　摄影构图的留白

留白，就是画面中除了实体对象以外起衬托实体作用的其他部分。留白不是单一地指天空，只要是在画面中色调相近、影调单一，且从属于衬托画面实体形象的部分，都可以称为画面留白，如天空、地面、水面、森林、草地、墙壁等。有时，留白也可以是实体，但在画面中已失去了其实体的本来意义，只是用以衬托主体，起陪体、前景等留白的作用。

画面的留白不是空虚，而是一种追求、一种意境。比如，绘画需要留白。艺术大师往往都是留白的大师，方寸之地亦显天地之宽。如图 4-45 所示，南宋马远的《寒江独钓图》，只见一幅画中，一叶扁舟，一位渔翁在垂钓，整幅画中没有一丝水，而让人感到烟波浩渺，满幅皆水。予人以想象之余地，澄澈空灵，韵味绵长，如此以无胜有的留白艺术，具有很高的审美价值，正所谓“此处无物胜有物”。

图 4-45　《寒江独钓图》

马远于南宋时期绘

又如，齐白石画《蛙声十里出山泉》，如图 4-46 所示，只用了少许的线条画水波，用浓墨点出数十条游动的小蝌蚪，却让人看到了河塘山泉，闻到了水的清香，听到了蛙声一片，意在画中却又未了，有些景物看似不在画中，却又在画中。这种意境的留白，有着意想不到的妙处，正所谓“处处留白处处有意”。所以，优秀的画家落笔总是很慎重，所谓“惜墨如金”，留一些空白，画面简洁却又生动有致，给人以更多的想象。画面太满，密不透风，除了给人一种逼仄和沉闷的感觉外，往往还少了让人想象的余地。

图 4-46 《蛙声十里出山泉》齐白石于 1951 年绘

推而广之，书法上的布白、音乐中的休止符、文字上的言外之意、佛祖的拈花微笑等，皆是大意境下的留白艺术。正所谓“此时无声胜有声”，“不着一字，尽得风流”。留白是一种艺术，也是一种智慧，更是一种境界。摄影构图中同样也需要留白，这种计白当黑的趣意在摄影构图中是非常重要的。留白太多会显得松散，失去视觉的冲击力；留白面积太少则显得画面太满，也就失去了观者对画面以外境界的想象空间。聚散有序是留白所要注意的重点问题，恰当的留白在起到突出主体作用的同时，也可以引发观者无限遐想的空间。留白具有以下功能和作用。

1. 衬托主体

画面留白具有衬托主体的功能，在画面主体四周留有一定的空白，如天空、草地、湖水等，形成一种单一色调，能使主体醒目、突出。生活中当人漫步于辽阔广袤的草原或观赏浩瀚无际的大海，或登高远眺连绵起伏的峰峦时，人在这样的空间中显得特别突出、鲜明。反之，置身于一片杂乱无章的物体之间，如车水马龙、海边浴场和球场的看台上，观者就会视觉疲劳，很难从中获得美的感受。因此，画面中主体是否突出，空白可以起到重要作用，可以说，空白在画面中突出主体是其第一需要。

2. 造成动势

画面空白具有在视觉和心理上造成动势的功能。给运动的或具有方向感的对象（动体运动方向的前方、人物视线的前方）在画面上留有一定的空间，使运动中的物体有伸展的余地，使观众心理上更加通畅，加深对物体运动的感受，也使画面更加舒展、美观。一般来说，其“前方”空间宜大于“后方”空间。由于观众在欣赏照片时的视线会下意识地随动体运动方向和人物视线方向而移动，如果动体前方和视线前方没有一定的空间，存在障碍物或贴近画面边框，不仅会削弱动感，还会使画面显得沉闷、压抑，使读者产生运动对象被画面边框阻挡或跑出画框之外的紧张感，图像的美学价值大打折扣，严重地影响摄影作品的主题表现。

因此，在摄影构图时，对运动中的动物、奔驰的汽车等运动对象，前面要做适当的留白处理，这样才能使它们有进一步向前的游移空间，使读者加深对物体运动的感受，契合人们欣赏运动景物的心理要求。

3. 刻画意境，渲染气氛

“空白”之处虽无具体形象，但是运用得当能使“此处无声胜有声”，恰当的空白能激起观众更多的想象余地，去领悟作品的意境。画论中有“无画处皆成妙境”之说。艺术贵在言外，使人思而得之。画面的空白也有此功效。正所谓“画留三分空，生气随之发”。留取得当的空白，就会使画面生动活泼、空灵俊秀。空白之处洋溢着作者的感情、观众的思绪，使作品的艺术境界得到升华。同时，画面上的空白与实物所占的面积大小，还要合乎一定的比例关系。一般来说，画面中空白占的面积大时，画面显得比较空，重在写意。空白在画面中占的面积较小时，主题显得比较重，重在写实。空白占有的比例不同，会使画面的意义产生变化，一般情况下应避免空白与实体在画面中面积相等或对称。

综上所述，留白是摄影的艺术技巧，也是摄影的高度境界表达。在风光摄影中，它是船周围的水，是山峰高处的天，是山腰上的雾，是一抹沙丘、一丛芦苇四下里的虚空。留白看似是画面的设计，其实是作者胸怀中的天地，可见作者独到的功力。摄影师应该提升到艺术的高度来看待留白，通过视觉上的手段，通过留白让摄影画面带给人心理上的审美效果。正所谓“疏可走马，密不透风”，在画面疏密的布局上走点极端，以强化观者的某种感受，创造自己的风格。空白的留舍及空白处与实处的比例变化，的确是一项画面布局的创造性的重要手段。

4. 注重对照呼应

在摄影画面中，两个景物之间往往有一定距离才容易构成呼应关系。空白正是画面上各个对象之间构成呼应关系的重要纽带。不同的空间安排，能体现风格各异的呼应关系。如果两个对象紧挨在一起，必然弱化其呼应关系。

在现实生活中，一切景物因所处位置、线条伸展方向、光线照射方位等因素的影响，都会显出一定的方向性。仔细观察景物之间的相向、相背等关系特点，合理地安排空白距离，以表现其应有的呼应关系。

第六节　摄影构图的表现观念

一、形式与内容的和谐统一

摄影作品的内容与形式，虽然在理论上是可以区分的，但在实际运用中是相辅相成、不可分割的。两者之间仍有主次之分，这就是内容决定形式，内容起主导作用；形式从属于内容，并为内容服务。同时，形式又具有相对独立性，对内容具有反作用。

1. 内容决定形式

作为视觉艺术，在构图上都是以一定的形式来揭示一定的内容。比如，拍摄高耸的铁塔，一定会采用竖幅画面。铁塔是主题，也是内容，竖画面是最适于表现高大内容的形式。当你要表现行进中的汽车时，这时自然要选择斜线构图，让主体汽车分布在倾斜的地平线上，只有这样才能强化出汽车运动的感觉。这就是内容决定形式，内容起主导作用。运用什么形式，总要从内容的需要出发，而不顾内容的需要，一味追求自己喜欢或不符合内容表达的形式，只能削弱主题内容的表达。

2. 形式的相对独立性

形式是人类在改造世界的过程中，归纳、提炼出来的受一定内容所制约的形式美的规律，如整齐一律、均衡对称这些规律就具有独立的审美价值。再如，直线与生活中的力度相联系，曲线、圆形与流动、柔软相联系。这些艺术形式一旦形成后，便产生了特有的规律，形成了一系列的形式美法则。

内容决定形式，形式受内容制约，但形式对内容的服从不是消极被动的，而是积极主动的。当形式适合内容时，就能充分表达内容；当形式不适合内容时，就会损害内容。为此，摄影创作从一定意义上说，是摄影家对艺术形式的探索与创造，摄影艺术作品也往往借助其独特的艺术形式而被人接受并流传久远。

3. 内容与形式的统一

形式的相对独立性和创新，是为了贴切地表现内容。当艺术形式恰到好处地表达内容时，接受者看到的只是感人的艺术形象及所传达的意境，这就是人们常说的“好的形式看不见”。好比我们平时看到一幅感人的作品，一时竟说不出它为什么好和好在哪里。因此，完美的构图形式是“天衣无缝”地融合在内容中，人们已经感觉不到它的存在。

摄影构图是以各种生动的具有美感的构图形式来表现、揭示各种内容的。在摄影的取景和构图上，一定要注意形式和内容的统一。首先应该考虑的是内容，然后才是选择适合其内容的不同形式。防止脱离具体内容而去单纯地追求某些表现形式的做法。一些不考虑内容需要，而单纯追求所谓的线条、色调、影调表现形式的做法，必然会对摄影艺术的提高造成一定的影响。

在摄影师构图的思维过程中，许多摄影现场和需要拍摄的内容并不是事先准备好的，而是需要摄影者从自然存在的混乱事物之中找出秩序，把大量散乱的构图因素组织成为一个理想的整体。它需要摄影师在内容与形式两个方面做出努力：不仅要有独到的思想见解、丰富的生活经验，而且要有卓越的表现技巧和娴熟的操作技能，并能依据艺术创作的规律去发现、去创造。只有这样，才能创造出具有巨大艺术感染力的摄影作品来。因此，这就要求摄影创作者积极主动地运用各种构图因素，以各种生动具体的构图形式来揭示各种内容。

二、摄影构图的艺术性

有人说，摄影有两大学问，即艺术性学问和技术性学问。技术性学问是指它有一定客观的、具体的规律需要遵循，找到其规律，就必须按照此规律办事，违反了就会失败。例如，照相机的操作程序、光学成像原理、照片的印放等，它们的技术性规律是不容违反的，否则就会失败。

而摄影的艺术性则不然，它告诉人们，艺术无一定的规律，它本身不存在必须怎么做、违反了就必然失败的具体规律、规则。我们只要留心一下就会发现，有许多成功的摄影作品恰恰在于反所谓“构图规律”之道而行之的，这才取得了独具一格、耐人寻味、富有表现力的艺术效果。这就说明，在学习一些摄影构图的所谓规律、规则时，这些规律、规则是针对一般情况而言的，虽没有形成非常严格的规则，但它是学好摄影的基础。正如美国摄影构图学大师本·克莱门茨所说：“构图方法和构图语言并没有什么神秘之处，也没有什么条文可以遵守。要理解构图，参与构图实践，就必须对几千年来艺术领域里人所共知、行之有效的那些普遍原则所理解。”这也正是我国东晋画家顾恺之所著的《画论》中所提到的“画有法而无定法”的理论在摄影构图法则上的体验。我们一定要遵循构图法的基本准则，但又不能拘泥死理、生搬硬套，要灵活应用，才能创作出佳作来。

自然界虽然很美，但是这些美，并不是人人都能用同样的模式去捕捉它。照片的本身也不能自动成为一幅艺术品，因为艺术是具有高度个性的东西，与摄影者本身的直接感觉有着密切的联系。就像操作照相机一样，照相机作为一种工具，它可以帮助摄影家创造出某一特定的艺术品，但是放在一般人手里，无论此人技术如何高超，知识多么渊博，还是创造不出艺术品来。因此，可以说摄影作品是一把能够反映操作思想和艺术水准高低的标尺。

摄影作品艺术性的高低，又靠什么去体现呢？只有靠具体的构图。构图的艺术价值不仅在于它从自然存在的混乱事物之中找出秩序，把大量散乱的构图要素组成一个可以理解的整体。更为重要的是，它能够通过不同的构图处理手法，使作品表现出来的气氛有时是平静的，有时是有力的，有时是活跃的，有时是喜悦的、悲伤的，给人以兴奋、崇敬、畏惧、惊异和同情的艺术感受。因此，我们说摄影构图是一门艺术。

第五章 摄 影 用 光

光是摄影的灵魂和支柱，摄影是用光的艺术，光在摄影中起着决定性的作用，是摄影造型最基本的元素。摄影用光是调整画面结构的重要手段，这是由数字相机感光元件的感光性决定的，没有光线，胶片和数字感光元件就没有充足的感光，就不会产生影像。摄影使用的感光胶片或感光元件必须通过光线才能发挥其应有的作用。光线在摄影中不仅用来照明被摄体，它还传递着被摄体的信息，起着桥梁和媒介的作用。光是摄影的灵魂，正确认识光线，摸透光的变化规律，了解它所带来的艺术效果，并在摄影艺术创作中充分运用，才能做到惜光如金、用光如神。

第一节 光在摄影中的作用

一、突出物体的立体感

体积是由面和线构成的。因此，正确再现面和线的空间结构是再现立体感的关键。

线条透视规律是再现线条空间结构的规律。在摄影中拍摄点的选择，以及距离、高度、方向的确定和镜头焦距的使用都直接影响着物体内部线条透视效果。为了获得强烈的立体感，必须使各个面之间具有最大的差别。

光线是表现物体立体感的主要手段。它能形成物体的立体结构，在物体表面产生受光面、阴影面和投影。一旦物体表面具备了以上光影条件，那么物体立体感的表现就寻找到了一种最佳的光线形成条件。但是，光线并不是在任何条件下都能使物体获得强烈的立体感。在顺光和逆光状态下物体缺乏立体感。只有在侧光、斜侧光照明条件下，立体感才最强。

另外，选用侧光或侧逆光，虽然物体立体感效果明显，但是要根据拍摄内容和不同想法来确定光线的强弱、反差的大小。一般选用强光照明能使物体明暗反差大，面与面间衔接清楚、棱角分明，视觉上有一定的力度，物体立体感强。但强光照明由于亮暗反差大，相机自身宽容度有限，不能像人眼那样去分辨物体亮部和暗部的层次，影响亮暗两部分的层次和质感的正确记录。弱光同强光恰恰相反，画面中物体有细致的过渡层次，亮暗渐变效果明显，光线柔和。相机能全面正确地记录暗部与亮部的层次质感。弱光的不足主要是物体表面亮暗反差小，立体感弱。

俄国著名画家和教育家契斯恰阔夫说过，一个圆球在一束光线照射下，会形成一系列由亮到暗连续变化的调子，圆球上每一点亮度各不相同，球体上只有一点是最亮的和最暗的。如果素描画能画到这种程度，那么球体的立体感会很强。摄影如果同样运用光线使球体形成如此丰富的调子变化，那么它的立体感也一定会很强。

除了明暗调子之外，色调也是塑造立体感的手段。利用色温的差异或色光的寒暖可以加大各个面的差别，从而增强立体感。

二、体现画面空间感

空间感是一幅优秀摄影作品的基本先决条件，也就是要在二维的画面中表现出三维的自然空间。光线是摄影画面中体现空间感的重要手段。一方面，涉及我们在取景时对光线因素的考虑；另一方面，可以利用补光手段改善画面的空间感。

1. 取景时要透光

有经验的摄影师在取景时，会刻意地在画面中保留一点天空或在没有天空的画面中保留一些光照的氛围。例如，在人像摄影时寻找人物背后斑驳的光影；在拍摄有水景的场景时保留水面反射的天空光，或者巧妙地利用地面积水形成的高光。这些都是有利于增加画面空间感的有效方法。

2. 利用空气透视

空气中存在的水汽、烟雾、尘埃等空气介质使光线产生折射。因此，近距离的景物影调深、轮廓清晰、反差大；远距离的景物影调明亮、轮廓模糊、反差小。这种近处清晰、远处模糊的空气透视现象，给拍摄的画面提供了深度空间感。在拍摄的具有空气透视感的画面中，如果暗含有明显的线条透视，那么画面的立体造型效果会更突出。有必要时还可以选用广角镜头，逼近主体，使之在清晰度、色彩明亮度和饱和度方面都高于陪体，使空间感毕现。

3. 利用逆光补光

在通常情况下，如果景物前后没有足够的空间距离形成空气透视，可以利用人工光源进行逆光位的补光，远景被光线照亮、影调浅，前景得不到光线照射、影调深，从而分清前后景距离。同时，逆光下景物边缘形成一圈明亮的轮廓光效果，使人物与背景环境分离，成为表达景物轮廓形态、区别景物界限的有效手段，使画面产生空间距离感。

4. 运用修饰光

这里的修饰光，也叫做效果光，是为了增加画面的空间感，运用人工光源对景物环境的补光。比如，可以对小范围景物提亮，造成一种近暗远亮、梯次变化的光线效果，增加景物的层次变化，达到增加空间感的目的。有时，也会利用人工光源制造光影氛围，这样做往往需要人工烟雾的配合，而且要求有较大功率的闪光灯。

5. 运用影子

在画面中体现空间感，还有一个重要的因素就是光影，即影子。影子是与光线并存的，许多摄影师在找不到合适的媒介时借助影子能使画面具有空间感。比如，在具有美感肌理的墙面前拍摄人像，树木枝叶的影子会丰富画面，也会形成意向中的空间，使理论上应该发堵的画面，变得有空间感。

三、再现物体表面质感

对物体质感的判断，是通过人的视觉、触觉、嗅觉、听觉、味觉各种感官来实现的。摄影画面并不能完全再现出人的各种感受，我们只能通过眼睛来判断物体的表面材料、结构性质或质地。也就是说，感受物体外部结构特点的任务，全部落在了眼睛上，这就给画面再现物体表面质感提出了更高的要求——怎样表现好质感，怎样让人们通过真实准确的画面形象的质感特征来理解画面的主题思想、了解不同对象的不同物质属性。

眼睛只能看到物体的表面状态，看不到物体的内部，所以摄影师是通过表面的营造来表现质地感觉的。物体表面的特征主要是由色彩和表面结构决定的。这一切与光线的处理分不开。

1. 正确再现物体表面结构

根据不同物体的不同外表属性，可把生活中各种不同物体的表面结构按常规分为以下几种形式：粗糙的表面结构、光滑的表面结构和透明物体的表面结构。

（1）粗糙表面结构的再现

这类物体表面结构凸凹不平，在不同方向的直射光照射下呈现出不同形态。如图 5-1 所示，垂直的直射光照明时，表面凸起部分与凹下部分都得到均匀照度，因此不能再现物体表面的起伏不平状态，失去了应有的质感。在散射光照明下，“波峰”“波谷”都获得均匀照度，同样不能再现出粗糙表面特征。只有在斜侧光照明下，凸起与凹下部分得到不同的照度，才能较好地再现粗糙表面的起伏感。

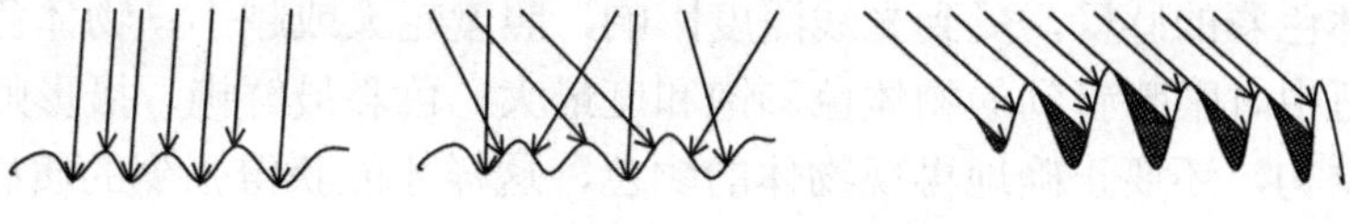

图 5-1　再现粗糙物体表面结构

粗糙表面根据程度可分为粗糙与比较粗糙两类。比较粗糙表面起伏较小，不易察觉。对这类表面照明时不宜使用强光照明，光线太强能淹没细小的表面反差，失去起伏的质感。同时曝光要准确，曝光过度与不足同样也能淹没细小的反差。

粗糙表面的造型，对人像摄影具有非常重要的意义。人的年龄特征主要体现在皮肤的皱纹上，皱纹的深浅主要体现在用光处理上，正面平光（顺光）处理能“填平”皱纹，使人物显得年轻，而侧光照明能加强皱纹的强度，使人物显得年老。

（2）光滑表面结构的再现

光滑表面如镜面玻璃、金属饰品和瓷器等。这类物体的反射能力很强，如果用直射灯光拍摄，反射的光会很强，而且光路单一，拍出的照片容易产生局部的强烈反光，看上去就像曝光过度。拍摄这类物品的时候，建议采用柔和的散射光线，或者采用间接光源，也就是经过反射的光线。比如，灯光照在反光板或者其他具有普通反光能力的物体上，再用这种反射出来的光来照所拍物品，这样能够得到柔和的照明效果。

（3）透明物体表面结构的再现

例如，玻璃器皿、水晶、透明塑料等制品。拍摄这类物品，为了表现出物品清澈透明的质感，建议采用侧逆光或底光照明，让观众在画面上看到光线穿过透明体，同时由于物体本身的折射作用，又形成许多亮度不均的亮斑。除有侧后方的主光照明外，还要有正面的辅助光用来再现物体正面质感。整体光线布置趋于柔和，光源不宜过多，防止产生过多斑点。背景光线不宜太亮，避免物体同背景色调重叠。

2. 正确再现物体色彩

色彩是物质的属性，是质地的特征，质地不同，色彩表象不同。未成熟的橘子是绿色，味道是酸的；成熟的橘子是橙色，吃起来是甜的；新鲜的肉是红色的，变质的肉则是灰青色的……色彩是表达质感的重要手段。

超市买肉，看到的肉那么新鲜，红是红，白是白。可是买回家在自然光下观看时，就发现不是那么新鲜了，红的不红，白的不白，闻一下味道也不对。这是为什么？回到超市肉案前再看时，原来是一束红光投在肉上，把变质的肉映得红红的，像鲜肉一样。商人用光的方法来增强被摄体的质地。

因此，物体表面的色彩再现和表面结构与光线性质有关。光滑的表面在反射角上能看到光源的影像，因此物体表面的色彩受光源色影响。例如，水面的色彩常常是蓝色的，这是天空蓝色的反射。油漆的桌面常常能反射出窗子的亮斑，这是由于窗子与人眼正好处在反射角（入射角等于反射角）上，亮斑掩盖了桌面色彩。虽然失去了物体色彩的表现，但是这种反射光正是这种光滑表面画质的特征。粗糙表面的色彩受光源影响较小，容易再现出物体的色彩特征。

视觉对物体色彩的感受，受到光线照度影响，照度越大或越小，物体色彩饱和度都降低，只有照度适中时眼睛看到的物体色彩饱和度最大，色彩最鲜艳。摄影师不仅要真实地再现物质表面结构，还要正确地再现物体的颜色，这样才能获得强烈的质感表现。

四、营造画面特定气氛

所谓画面气氛指画面整体形象给人的一种精神上的强烈感觉，是给观者的一种情绪反应。画面气氛是观者理解画面内容的重要条件。光线对画面气氛的营造起重要作用。相同的场景，不同的光线照明条件下可以形成不同的气氛。这种特定的气氛可影响人的心理情绪。白天、黑夜、晴天、阴天、黎明、黄昏等不同时段和气候，具有不同的光线性质，表现出来的气氛也不同，不同的光线气氛可以给人以不同的心理感受，甚至影响人的情绪。白天的阳光使人心情开阔；阴天的旷野、乌云滚动的天空会使人感到凄凉；天光的黑夜使人恐怖；皎洁的明月又会使人心旷神怡；灯光辉煌的大厅会使人胸怀开阔；农舍的油灯使人感到孤寂……这些都是用光渲染气氛、烘托人物情绪的心理依据。

第二节 摄影用光的基本因素

摄影用光的六大基本因素是光度、光质、光型、光位、光比和光色。掌握这六种因素是摄影用光的基本功。

一、光度

摄影中的光度是指物体的表面受光源的照射所呈现出的亮度。光度与光源种类、性质及发光强度、照射距离和被摄体表面的物理特性对光线反射能力的大小密切相关。

摄影所用光源无外乎两种，其一是自然光源，即由太阳的照射而获得；其二是人造光源，即各种摄影所用灯光。太阳光的强度为恒值，但照度多变，它随四季、天气状况、时辰、海拔高度、地理纬度、地理经度的变化而发生改变。而人造光源一旦设定，其强度不会改变，但与距离远近关系密切，即距离越近，照度越强；距离越远，照度越弱。

二、光质

光质是指拍摄所用光线的软硬性质，可分为硬质光和软质光。

硬质光即强烈的直射光，其方向性强，光照强度高，可使被摄体的受光面与背光面产生较大反差，还会留下明显投影，有助于表现受光面的细节及质感，造成有力度的、鲜活的视觉艺术效果。例如，晴天的阳光，以及人工聚光灯、回光灯的灯光等。软质光也叫柔光、散射光，是一种漫散射性质的光，光线柔和，没有明确的方向性，照射强度均匀，被摄体受光面与背光面的明暗反差较小，没有显著的影子，影调平柔，影像略显平庸，被摄体的立体感和质感表达较弱，如大雾中的阳光、阴天的光线、带有柔光箱的影室闪光灯等。

三、光型

光型指所用光线的类型，从摄影用光的造型效果来看，光型大致可以分为五类。

1. 主光

主光是塑造环境和刻画人物的主要光线，也是画面中较明亮的光线，最容易引起人们的注意。主光决定环境光效的特征、光影结构和人物形体的塑造，是画面造型、构图的重要因素。

主光必须有光源依据，其直接来自环境中的主要光源。主光产生的影子，是画面中唯一允许存在的影子。主光是摄影师和照明人员处理光线时首先考虑的光线。确定了主光，也就确定了画面的光效和气氛。

2. 副光

副光也叫辅助光，是主光所未照到的背光面的光线。它决定景物阴影部分的质感和层次的表现，帮助主光塑造形体。

副光一般用散射光照明，不能在物体上形成影子，副光形成的影子在画面中是“非法”的，会造成光的失真。副光的强度低于主光，不能破坏主光的光效。副光与主光形成的亮度比值叫光比，光比是决定画面影调性质和光效气氛的重要因素。

副光要保持阴影的光效。传统的副光一般都来自照相机方向。自然光效法的副光是以环境反射光作为布光依据的。在自然环境里，如果阳光做主光，那么天空光和地面环境反射光则是副光的依据；在室内，墙壁、家具等环境反射光是副光的依据。副光可以有色度，它由环境色彩所决定。

3. 环境光

照明主体周围环境的光线叫环境光。它是一个统称，同样包括环境主光、副光、修饰光和效果光。环境光由光源性质、方向、时间概念、建筑结构、门窗多少，以及戏剧气氛等因素决定。它是摄影光效中的主要体现部分，它决定画面影调、色调和环境气氛的构成，起到烘托主体、不使主体淹没在背景之中的作用；表现事件发生的时间、地点、季节；营造环境光线效果，如阴、晴、日、夜、黄昏、黎明等，以及营造环境气氛等。

4. 修饰光

主要是对被摄对象某些局部细节进行光的加工和润色，使造型、影调层次、色彩等更加完美。

修饰光种类有很多，如轮廓光、服装光、眼神光，以及局部环境道具光等。一般情况下，修饰光不需要光源依据，不需要方向性，更不能产生影子，不能让观众察觉到。修饰光不能破坏光效的完整性和真实感。

5. 效果光

泛指特殊的光线效果，在摄影艺术中有两类，某些光源的效果光和情绪气氛效果光。

（1）光源效果光

环境中往往同时存在几种光源，除做主光使用的主要光源外，其他光源光的再现都属于效果光范畴。特别是一些特殊的光源效果，如烛光、台灯光、小油灯、手电光、闪电光、开灯关灯等光效，以及行驶的车灯光、霓虹灯光、火光、水面反射光……效果光也指自然界特定时空中的光线效果，如特殊的时间光效：夜景、日出、日落、黄昏等效果光线；特定空间的光效：昏暗的山洞、阴暗的牢房等光线效果。效果运用得好，可以创造出更为生动、自然、真实的画面造型，增强造型的表现力，创造特定的艺术气氛。

（2）情绪效果光

为了获取戏剧效果使用的各种特殊光线处理都是情绪效果光。例如，电视台的节目晚会，用彩色灯光造成各种运动、制造的各种节奏，以及人像摄影中，为表现少女的眼神把眼睛照亮的光线效果，都是为了增加画面形象的真实感和戏剧表现上的某种效果和气氛。

四、光位

光位是指光源所在的位置，不同的光位决定不同的光线投射角度，即光线角度或照明角度，并形成不同的明暗效果。如图 5-2 所示，常见的光位有顺光、前侧光、侧光、侧逆光、逆光、顶光与脚光等。

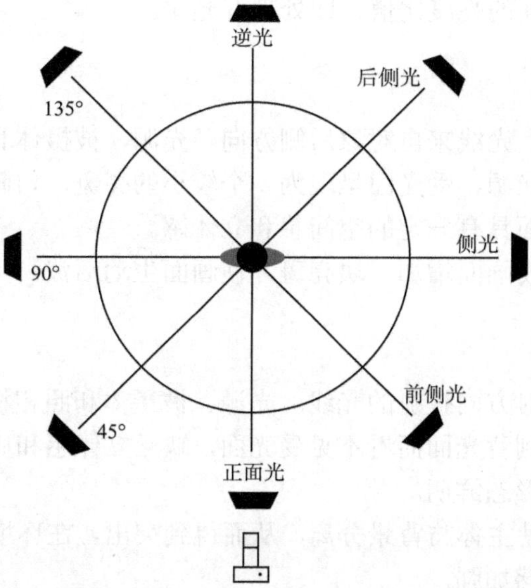

图 5-2 光位效果图

1. 顺光

顺光又叫正面光、平光。光源从照相机方向照明物体，因此在物体上只能看到受光面，而看不到背光面。物体投影被自身遮挡，影调层次平淡；画面色调、影调主要由物体自身的色彩和明暗层次所决定。因此，景物色调的选择，明暗的配置十分重要。正面光冲淡物体的褶皱，不能表现出物体表面凹凸不平的结构，也不利于拍摄多层景物和大气透视效果，景物空间感不强，画面显得平淡，没有起伏，所以有时又叫做平光。

正面光多用在高调画面的光线处理中。在主、副光处理中，较暗的正面光主要做副光使用。

2. 前侧光

前侧光又叫斜侧光。光源、被摄体和照相机在水平面上约成 45° 角时叫前侧光。被摄体具有较大的受光面和较小的背光面，既能看清全貌又具有一定的立体感，有显著的明暗差别，能较好地表现质感和形态感。前侧光是摄影艺术中运用较多的光线。

3. 侧光

光源、被摄体和照相机在水平面上成 90° 角时叫侧光。在侧光照明下，被摄体受光面、背光面各占一半，投影在一侧。虽然物体看不清全貌，但亮面、次亮面、暗面、次暗面和明暗交界线等五种影调显著，层次丰富，立体感较强。如果被摄体是粗糙的表面，在侧光下可获得鲜明的质感。有时它能夸大表面粗糙不平的结构，达到强烈的造型效果。

侧光做修饰光使用时，能突出对象局部细节和形态，如修饰服装的光线等。侧光的运用要注意受光面和背光面的亮度比值，即处理好光比。

4. 侧逆光

侧逆光又叫后侧光，光线来自对象后侧方向。光源、被摄体和照相机约成 135° 水平角。被摄体大部分背向光源，受光面呈现为一个较小的亮斑，勾画出对象的轮廓和形态，使之与背景分离，使画面具有一定的空间感和立体感。

侧逆光在造型上能使画面增加一块亮斑，使画面生动活泼。

5. 逆光

逆光是从照相机相对方向投射的光线。光源、被摄体和照相机约成 180° 水平角。物体在逆光条件下只能看到背光面而看不见受光面，缺乏立体感和质感表现，但物体具有明亮的轮廓光照明，轮廓形态鲜明。

在造型中，逆光能使主体与背景分离，从而得到突出。在环境造型上逆光能加强大气透视效果，使画面空间感加强。

6. 顶光

来自被摄体顶部的光线，当光源的高度超过 60° 以上时，就成了顶光效果。顶光下的环境，水平面照度较大，垂直面照度较小，反差较大，缺乏中间过渡层次。照明人物时头顶、眉弓骨、鼻梁、颚骨、上颧骨等部分明亮，而眼窝、鼻下、两颊处等部分较暗，形成“骷髅”形象，丑化人物。顶光是反常的光线，但在自然光效中，合理处理光比，不一定形成反常效果，也可表现出自然光的真实感觉。

7. 脚光

来自被摄体下方的光线，光源低于视平线。光影结构与顶光相反，同样是反常光线，在光线处理中，脚光丑化人物形象，用来刻画带有特殊情绪的人物形象，如反派人物的光线造型。在自然光效中，还可用来表示光源效果光，如地灯、台灯、蜡烛、油灯、篝火光效等。

五、光比

光是满足摄影曝光的基本条件，也是实现画面造型的重要手法。被摄主体在光源的照明下会分布出五大调子和三大面。当不同角度、不同数量的光源照明时，调子分布比例也会有所不同，更重要的是照片亮暗面反差变化明显，呈现出各异的视觉效果。摄影师为更好地控制画面反差，引入了光比的概念。

光比指被摄场景的暗部和亮部的受光比例，是摄影用光的重要参数。光比大，反差就大，画面视觉张力强，有利于表现“硬”的效果；光比小，反差就小，画面柔和平缓，有利于表现“柔”的效果。在摄影中一般根据拍摄对象的情况和摄影师的拍摄意图来控制光比。例如，拍老年人常用大光比，拍摄儿童常用小光比。高反差显得刚强有力，低反差显得柔媚。人像摄影中，反差能很好地表现人物的性格。风光摄影、产品摄影中高反差质感坚硬，低反差则客观平淡。很多摄影人所说的硬调即高反差，软调即低反差。

1. 影响光比的因素

1）光位的影响：被摄对象在顺光照明下光比小，在前侧光、正侧光照明下光比适中，在逆光、侧逆光照明下光比大。

2）光质的影响：直射光照明下光比大，散射光照明下光比小。

3）气候的影响：晴天光比大，阴天、雨天、雪天光比小。

4）季节的影响：夏季直射阳光的光比大，冬季直射阳光的光比小。

5）灯具发光功率大小的影响：照明灯的发光功率大，光比大；照明灯的发光功率小，光比小；

6）光源距离的影响：被摄对象距光源的距离近，光比大；被摄对象距光源的距离远，光比小。

7）不同灯具的影响：被摄对象在聚光灯的照明下光比大；在普通灯或散射光灯的照明下光比小。

2. 光比测量

光比测量可使用外置测光表以入射式测光分别测量亮部和暗部，比较光圈值即能算出光比。例如，亮部的测光表读数为F11，暗部读数为F8，两次测量快门与感光度不变，则光比为1:2；亮面读数F11，暗部读数F5.6，光比为1:4。规律为$1:2^2$（光圈级差）。超过一级光圈不足两级光圈一般定义为1:3。这是人像摄影中最常用的照明光比。

使用相机的点测光功能反射式测光也能测量并计算光比。测量亮暗部后，做光圈级差计算，方法如上，但要注意白加黑减。

3. 光比的控制

风光摄影的光比控制只能等待时间或等待天气，调整拍摄角度也能改变光比大小。而在人像摄影中光比的控制多采取人工干预，户外人像摄影，可通过反光板缩小光比，也可通过黑色吸光板增大光比。影棚摄影中的光比就更容易控制，主光和辅光的发光功率、光源与被摄体的距离都能起到控制作用。

六、光色

光色指“光的颜色”或“光色成分”，通常把光色称为“色温”。光色无论在表达上还是技术上都是重要的，光色决定了光的冷暖感，能引起观众许多情感上的联想。

无论是自然光还是人工光，它们的色温并不是绝对不变的，相反，由于受到自然规律和人工因素的影响，光源色温有时会发生变化。影响色温的因素如下。

1）大自然天体运动规律影响自然光的色温。由于地球的自转运动，自然光在一天的时间内不断处于变化中，早、午、晚、日出和日落时它们的色温是不相同的。一般来说，色温呈这样一种有节奏的变化：日出时<早晨<中午，中午时>傍晚>日落时分，日出时>日落时分。

2）大自然的气候变化。气候变化包括晴、阴、昙、晦等。一般来说阴天的色温比晴天要高，多云的蓝天的色温也比日光要高，但是到夜里时，由于自然光已很弱，有时甚至暗到伸手不见五指，此时也就没有色温了。

3）在人工光的照明情况下，电压的变化使光源的色温变化，电压偏高，光源的色温也偏高，电压偏低，光源的色温也偏低。

4）在人工光源前加上透明的色纸后，光源原有的光谱成分改变了，使透射的光色温发生变化。如果加上暖色的透明灯光纸，则光源的色温偏低，光源偏暖色；如果加上冷色的透明灯光纸，则光源色温偏高，光源偏浅蓝色。

第三节　自然光在摄影中的运用

大自然为摄影提供了自然、真实、广袤的四维空间。四维空间常指空间与时间，空间是三维的，而时间则是一维的，在不断地运动与流逝。自然光照明就是在这样一种特殊情况下进行的。自然光照明受客观条件限制很大，许多因素不以人的意志为转移，一年有四季，天气有阴晴，地球的自转使光源始终不能停留在相对空间的某一点上，这些客观的变化规律，直接给自然光照明带来了复杂的影响。因此，自然光照明必然按照自然界的变化规律来选择适当的时间、创造适当的条件，为表现主题内容服务，这是自然光照明的一个特征。

一、自然光照明的特点

1. 光线规律性变化

地球自身规律的运转，致使一切照明条件发生规律性的变化。光线的入射角和景物的光影随时间的推移而发生规律性、周期性的变化，光线入射角由小即平行照射逐渐变大，当达到垂直地面照射时，光线入射角又逐渐变小，最后又恢复到景物或物体的另一侧平行照射，物体的投影由长变短、由短变长，光线的色温有规律性地变化，入射角小或平行照射时，长波光增多，色温偏低；入射角逐渐变大时，色温也随之升高，然后逐渐回落降低。照明强度也有由弱变强、由强变弱的过程与规律。

2. 在时间“流动”中选择最佳光效

摄影艺术创作的主题来自生活，这种创作活动以生活为基础，是对生活的高度凝练、概括、提纯。镜头要表现的生活、事件、人物是与真实的环境、时间、空间紧密联系在一起的。也就是说，任何事情的发生和发展都同具体的时间、空间相联系，时间是“流动”的，光也在时刻变化，符合拍摄要求的照明时间可能很短，也许一天中只有一个瞬间最为合适，效果最为理想，自然光照明这种强烈的时间性给创作者的工作带来很大的限制。

3. 照度上的统一性

外景照明在一个相对的时间范畴内，光源所给予场景和物体的点与面、近处与远处的照明亮度基本一致，且面积之大、范围之广、照度之高是人工光照明所不及的。这种面积、范围、照度上的统一性对于外景自然光照明来讲有利有弊。利在于光源的普通照射能较全面地反映场景及物体的特征、外貌，同时能够满足摄影技术对光线亮度的要求；弊在于光线的“一视同仁”“千篇一律”，不能突出主要场景及主要对象，景物在画面表达上具有同等地位。

二、自然光的形态

自然界的阳光有三种形态：直射的阳光、散射的天空光和环境反射光。

1. 直射的阳光

在自然界，景物的受光面直接被来自太阳的光线所照射，该光称为直射的阳光。直射的阳光是自然界最强的光线。从宏观上看，太阳是宇宙中的点状光源，从一点向四面八方辐射光线。点状光源，物体的照度与距离平方成反比。由于太阳距离地球较远，所以照射到地球表面的阳光性质改变，呈平行光束。平行光使景物各部分普遍地、均匀地被照亮，不受光源距离影响。

直射阳光照射到物体上能形成明显的受光面和背光面，形成清晰锐利的实影。直射阳光如果没有大气层变化的影响，光照度和色温是很稳定的。直射阳光照度很强，在夏日中午照度大约为 180 000Lx，色温为 5600K。

2. 散射的天空光

天空光是一种很特殊的光源。准确地说天空光不应该称为光源，它是由于太阳光经过大气层时大气中的空气分子、尘埃和水蒸气漫反射形成的。所以，散射状态的天空光可以看成是太阳光的间接照明。

大气中尘埃和水蒸气的水珠非常细小，并对光谱中的短波光部分影响较大，所以天空是蓝色的，天空散射光也是蓝色的，色温较高，为13 000～19 000K。

3. 环境反射光

阳光直射在景物上，一部分被物体吸收转化为其他能量，另一部分被物体表面反射回空间，又照亮其他景物，形成了环境反射状态的光线，叫环境反射光。

环境反射光的强度是由物体表面反射率决定的。反光率较大的明亮表面反射光较强，如沙滩、黄土地、雪地等环境里的反射光。

环境反射光具有色彩特征，其色度是随反射面的色彩而变化的。在沙漠、黄土地等环境里环境反射光呈黄色，在绿草地上环境反射光则呈绿色，在红墙前环境反射光呈红色，雪山上环境反射光呈白色……

环境反射光的性质又是多种多样的。在红砖墙、黄土地等环境里，环境反射光呈散射状的光线；而在海边、湖面等，环境反射光呈直射光性质；在太阳伞、凉棚、树荫下，环境反射光又呈半透射光状态。

环境反射光的方向是由反射物体表面位置决定的，可以是地面的脚光，也可以是墙面的侧光或者来自天空方向的垂直光线。环境反射光与直射的太阳光相比较弱，所以只能在景物的背光面和阴影中见到。

三、自然光的变化规律

一天之中，从黎明到黄昏，由于地球不停地转动，有时对着太阳，有时背着太阳，所以阳光照射到大地上的角度在时刻变化着，这种变化不仅影响光线的强弱，也影响拍摄效果。因此，要运用好自然光，首先要了解自然光的规律，掌握各种光线的特点。

如图5-3所示，白天的光线大致有以下4种形态，其光线特征各不相同。

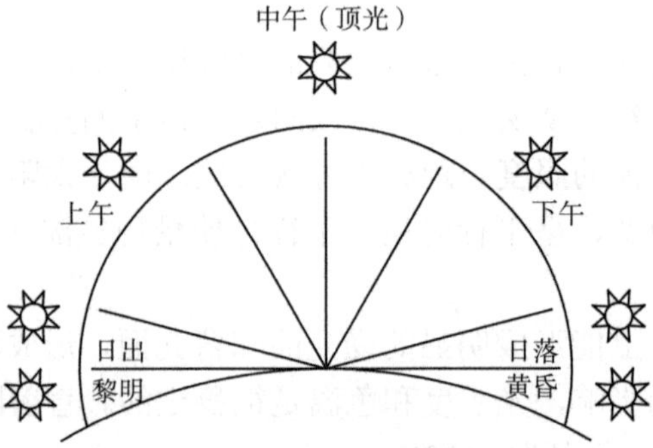

图5-3　一日之内太阳光的变化情况

1. 晨昏散射光

晨昏散射光是指太阳将要升出地面或刚刚落山时，在天空中泛射出来的一种光线。这时，在日出或日落的方向，靠近地平线的天空较为明亮，大地上的景物，在微弱的天空光照射下，显得很暗，一切处于朦胧状态，物体的细部层次很难被表现出来，景物只能看到概貌。适合于拍摄剪影效果或运用人工光补亮地面景物，可以拍出背景层次细腻而丰富的夜景效果。

2. 日出日落光

当太阳从东方地平线上升起，到离开地面 15° 角之内的时间属于日出时刻；当太阳西落，从地面 15° 角降到地平线以下的时间称为日落时刻。日出日落两个时期的阳光效果基本上相似，因此拍摄技术手段也基本相似。

这段时间阳光位置较低，景物面向阳光的垂直面被阳光直接照射，亮度较高，而水平面受光较少，因此较暗，景物被阳光照射得不均匀，地面上有一个长长的物体影子。这个时段阳光穿透大气层行程较长，被扩散的光线较多，造成光线较弱而柔和。直射的阳光色温较低，而天空散射光色温较高，形成日出日落时刻光线的特点：光线较弱，受光面较暖，背光面较寒，画面色彩多变化，寒暖对比鲜明，景物色彩丰富。此时是拍摄彩色片的黄金时刻，被国外一些大师称为“黄金小时”。

日出日落时，地面温度变化较大，空气中潮湿的水蒸气较多，景物中往往形成晨雾和暮霭，覆盖在地面上，远远望去犹如披上一层浮动的白纱，加强了景物的大气透视现象，这在逆光中尤为显著。

日出日落时刻的差异在于色彩感受的不同。日落时刻，大气层充满了更多的尘埃和水蒸气，空气密度加大，对太阳光的折射和反射更加强烈，所以日落时刻直射阳光色温较低，景物色彩偏暖。特别是大地被阳光照射一整天，地面温度较高，这种暖的感觉更加强烈。日出时刻则相反，经过夜的安静，大气中的尘埃多半降落到地面上，空气比较清新，因此阳光的色温比日落时高，从画面上来看，景物的色彩也不像日落时刻那么“暖”。所以在摄影创作中，日落时刻画面较暖，日出时刻画面较寒，这是二者在处理上的唯一差别。

这两段时间，光线由暗到亮（日出）或由亮到暗（日落）的变化很快，色温从低色温到高色温（日出）或由高色温到低色温（日落）的变化也很快。拍摄时必须抓紧时间，并注意随着光线色温的变化随时调整白平衡。一般日出、日落气氛的镜头都在这一时间段中拍摄。

3. 倾斜光

倾斜光是指太阳与地面的角度从 15° ～60° 的一种斜射光线。在这段时间内，光线穿透大气层的行程较小，变化缓慢，被大气扩散的光线远小于日出日落时刻，因此直射阳光色温较高，大约在 5600k。

太阳的位置不是太高也不是太低，景物中水平面与垂直面照度比较均匀，能较好地表现物体线条和立体形态。同时，地面和物体的反射光与天空的散射光互相交织，组成又明亮又柔和的辅助光，照亮了景物的背光面，使景物获得了适当的反差，此时不仅对景物有较好的表现，而且对人物的近景肖像也有较好的造型效果。照明人物的主光高度在 60° 范围之内，对人物面孔有良好的表现力，不会歪曲人物形象。因此，在外景拍摄中常常把这段时间作为主要拍摄期或叫做正常照明时刻。

斜倾光，占中午和下午很长一段时间，持续的时间较长，是比较稳定的一种光线，是自然光拍摄中最理想的光线。

4. 午间顶光

太阳由上午 60° 角延续到下午 60° 角的时刻，叫做午间顶光。这时太阳近似垂直照射地面景物，景物的水平面较亮，垂直面较暗，使被摄体垂直面与天空形成强烈的反差。

传统的照明方法认为，这时的光效不利于拍摄。此时人物处于顶光照明，眼窝、鼻下、颧骨下、下巴下阴影浓重，形似“骷髅”，歪曲形象。一般情况下，这时不宜拍摄人物近景镜头。但是在冬季，中午太阳光较低，只要选择的角度适当，也可以拍摄。中午时刻适宜拍摄全景镜头，人物占画面位置较少，主要是景物。

四、影响自然光的因素

影响自然光的因素主要是大气层状态，即大气层的密度和厚度。

1. 大气层的密度

所谓大气层的密度是指天空的浑浊度，即空气中水蒸气和尘埃等微小杂质的数量。杂质多，密度大，对阳光影响也较大。云彩即水蒸气存在的表现，云层越厚，密度越大，直接影响着自然光的亮度和色温。

2. 大气层的厚度

这里所说的大气层的厚度是指阳光照射地面时穿越大气层的行程距离。如图 5-4 所示，中午时刻阳光穿越大气层的行程最短，所以中午时刻阳光最强，受大气层的影响最小。

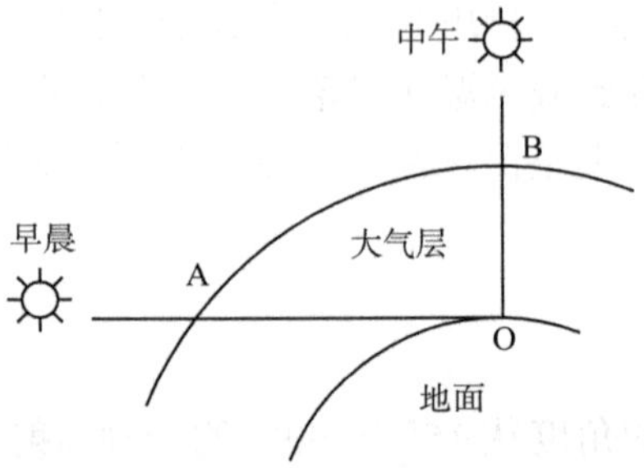

图 5-4　大气层的厚度对自然光的影响

第四节　人工光在摄影中的运用

如果说自然光是摄影用光极为重要的一翼，那么人工光就是摄影用光不可或缺的另一翼。现代科技的飞速发展使得各种电子照明装备日渐完善起来，为我们在摄影过程中运用人工光带来了更为便利的条件。对人工光进行设计，同样需要我们不断积累经验。

一、人工照明设备的照射特性

照明设备的照射特性可分为定向照明、散射照明和介乎两者之间的照明。定向照明的光是集中投射的，可产生很强的高光区和轮廓分明的阴影区。相比之下散射光则柔和一些，它产生的高光区的亮度稍暗，阴影区的轮廓也不太清晰。下面就探讨一下如何用不同类型的摄影室灯具制造不同的照明效果。

1. 聚光灯

聚光灯就是指能将光线汇聚起来的灯具。在摄影中，聚光灯投射出高度定向性光束，主要用来照明局部或者为被摄体打轮廓光。它可产生很亮的高光区和线条鲜明、影调深暗的阴影区，营造出动人的戏剧性效果。但在多数情况下，人们总是综合运用柔光箱和聚光灯，这样既可保证整体布光柔和，又能使强光区轮廓鲜明、清晰而明亮。

2. 柔光箱

柔光箱是一种漫射型光源。使用柔光箱打出来的光线均匀柔和，色彩饱和度好。柔光箱多由反光材料附加柔光布等组成，使其发光面更大更均匀、光线更柔美、色彩更鲜艳。柔光箱的种类很多，分为矩形柔光箱、八角形柔光箱、条形柔光箱和立柱形柔光箱等，虽形状各异，但打出的效果是相近的，都是艳丽柔和的色彩。

这种光特别适合室内拍人像艺术照片和静物，有利于表现人的皮肤质感和色彩，使肤质表现得非常细腻。光照面积大，且不会在人物后形成生硬的黑影，看上去柔和舒服，是影棚常用的造型灯光。

二、人工光的布光方法——三点布光

三点布光是摄影布光最基本的布光类型，也是摄影创作者常用的布光方法。三点布光以表现物像三维空间为目的，通常采用主光、辅助光、轮廓光三种基本光位进行布光。如图 5-5 所示，主光 A、副光 B、逆光 C，三个灯位形成一个三角形，称为三角光照明，也叫三点布光。

采用三点布光的方法能使被摄主体局部范围达到足够的画面亮度，形成较好的画面基调及丰富的画面层次和空间感，可真实地体现物像质量感和色彩美，从而达到摄影创作的整体造型。

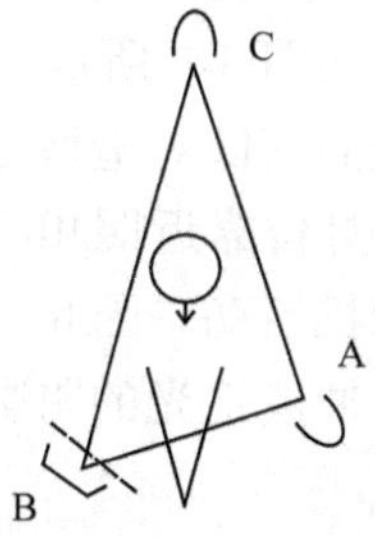

图 5-5　三点布光光位图

1. 主光

主光是三点布光中占支配地位的光，用来照明物体或主体的主要部分，多采用直射的聚光灯照明。如图 5-6 所示，主光位于主体人物侧前方，在人物与照相机水平面偏侧角度呈 30°～60°角空间范围内，一般以 45°角为宜。主光水平位置是由主持人脸型决定的。

脸胖而宽的人，主光水平偏侧角度适合大些，这样脸上背光面大些（暗面多些），显得清瘦。脸窄而长的人相反，角度适合小些，靠近照相机位置，使脸部受光面大些（亮面多些），会使瘦型脸略显胖些、饱满些。

如图 5-7 所示，主光高度的范围在人物视线以上 30°～50° 范围内变化，一般以 45° 为宜，因为在这样的高度上人脸不易产生阴影。主光高度主要由人物脸型决定，中国人的脸型主要有两种：南方人的“鼓型”脸和北方人的“平型”脸。鼓型脸面部起伏较大，眼窝较深，主光不宜过高，否则会加大面部的起伏状态。相反，北方人的平型脸则需要主光高些，可以改善较平的面部形态。

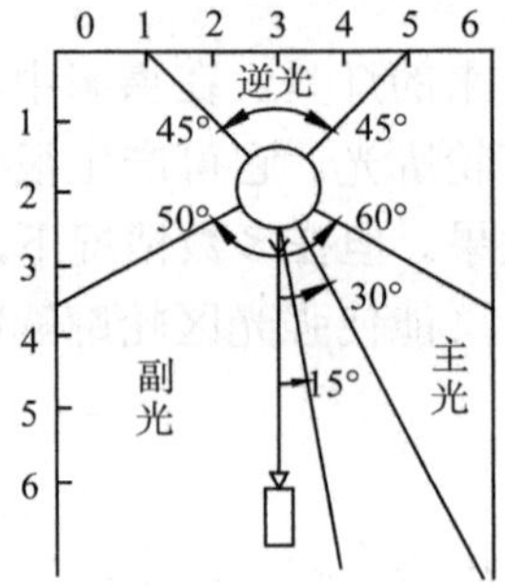

图 5-6　三点布光水平偏侧角度分布图

2. 副光

副光是针对主光形成的暗部，作为照明而用，以表现主体人物暗部的细节。副光一般采用顺光光位，多为柔和的散射光照明，在人物脸上不会留下阴影。如图 5-6 所示，副光的位置与主光相反，一般位于从主光一侧 15° 角到另一侧 50° 角范围内。副光在水平面上的位置很重要，同样决定于人物脸部的造型，脸型较短而宽的人，副光尽量靠近照相机，甚至可以放在主光的同一侧，加大主光和副光的光比。这样可使胖型脸显得瘦长些。相反，对瘦长形脸，副光的水平角度可以大些，以使脸型显得胖些。

如图 5-7 所示，副光的高度低于主光，高于照相机，高度范围为视线以上 15°～30°。副光的高低对造型影响较大。灯位高，眼窝、颧骨、下巴等处容易出现阴影，破坏副光作用。灯位靠近照相机镜头，虽然脸上没有阴影，但脸型过于平板，而且灯具在地面上妨碍照相机活动。因此，通常都设在照相机后上方顶棚位置上。这样既能表现出面部的起伏结构，冲淡主光的阴影，自身又不会产生阴影。

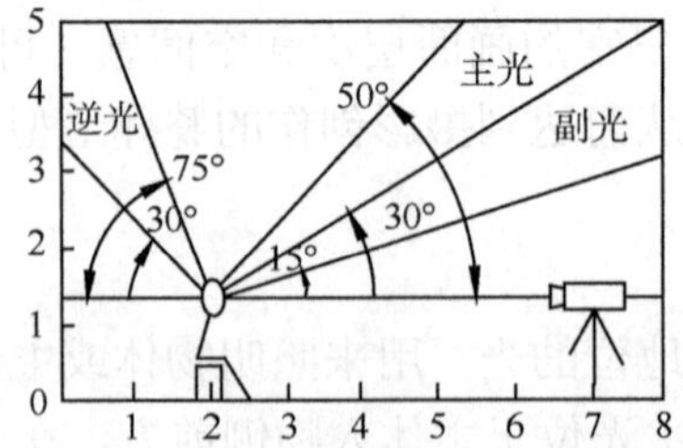

图 5-7　三点布光垂直高度分布图

3. 轮廓光

如图 5-6 所示，轮廓光是主体人物后方，对着照相机方向照射的光线，是逆光效果。轮廓光多采用聚光灯来勾画被摄对象轮廓。角度一般位于主体人物后方两侧 45° 角范围内。轮廓光可以用一盏灯照明，也可用两盏灯照明。这样可以使人物肩部和头部轮廓形态得到较好的表现。两盏灯分别靠近侧逆光位，原则上以光线不投射到人物侧面脸部为限。不要将耳朵的影子投射到脸上。

如图 5-7 所示，轮廓光的高度居于主体人物后方垂直面 30° ～75° 角范围内。轮廓光尽量靠近顶光位置，但要避免形成“顶光”效果，同时也要防止逆光导致照相机镜头产生眩光破坏画面效果。

轮廓光可以采用有色光照明。如果背景是冷色调，则采用暖色轮廓光。这样可以使主体得到突出，还可以丰富画面色彩。现在有的人像摄影中，主体人物的轮廓光采用两种色光照明，一边是金黄（或蓝）色，另一边是白光照明，这样更能增加人物的色彩变化，使之生动美丽。

人物的轮廓光实质上是人物头发的修饰光。主要是在头发上产生一些亮斑，使头发有层次的感觉。因此，逆光不能明亮耀眼，以出现层次为佳。为了增加头发层次感，化妆时头发不宜平整光滑，对于平整的头发，逆光只能是一道“亮条”。头发越弯曲蓬松越好，女性最好烫发，使之蓬松弯曲，男性可用粗齿梳子，使齿痕明显。这些都有利于头发层次的表现。

第五节　色彩的感情倾向与画面表现

现实生活是五颜六色的，当我们拿起照相机面对这多姿多彩的大千世界的时候，我们发现色彩所渲染的美丽和神奇是如此令人着迷，色彩所塑造的形象和画面是那样引人入胜。

色彩作为一种基本的画面造型手段，在摄影画面中发挥着重要的作用。诸如怎样获取完美的画面色彩构图，如何利用节目的色彩基调来烘托气氛、突出主题，以及怎样运用色彩的感情倾向来更好地塑造人物形象、传达思想感情等问题，这是我们研究摄影技术和摄影艺术的重要课题。

一、色彩概说

我们在生活中，无时无刻不与色彩发生着密切的联系。色彩的自然属性成为生活中客观对象的表象和标记之一，如我们的头发是黑色的、皮肤是黄色的、树叶是绿色的、天空是蓝色的等。当色彩进入到人类社会，还被打上了时代、阶级、宗教、伦理等烙印，产生一种约定俗成的社会力量。比如，中国封建社会中明黄色是帝王的“专用色”，平民百姓只能“望而生畏”，就是十分生动的例证。

特别是人类在漫长的生产实践和社会生活中，对色彩积累了某种相应的印象，产生了一定的感情，诸如火红的篝火带来光明和温暖，让人舒适、振奋；而蓝天下广漠的积雪却意味着寒冷和严冬的降临。久而久之，依附于客观事物之上的色彩不仅吸引了人们生理上的注意和反应，还形成了人们心理上的惯性联想和感情倾向。在复杂的世界和纷繁的色彩中，人们逐渐产生了对色彩刺激的生理及心理感觉关系和较为稳定的情绪反馈机制。而这正是我们在摄影画面造型中调动和运用色彩的关键和门径。简而言之，也就是要在画面造型中利用人们对色彩的感情倾向实现对色彩的感情运用。

在人们对色彩的认识和感觉中，很基本的一点就是“冷”“暖”的色彩感觉。红、绿、蓝三原色，在人的视觉反应和心理联想上分别诱发了暖调、中间调、冷调的感觉。形象地说，红色总是与人们印象中的朝阳、火焰、热血等相联系，它是温暖的；蓝色常会令人联想到月夜、寒天、冰湖等，它是清冷的；而绿色是生命之色，它是协调的，既不偏暖也不偏冷，从中我们可以了解到色彩冷暖感觉差异的基本情况。利用人们普遍的色彩冷暖感觉，以提炼环境色彩、设计服装色彩、构建色彩基调等，可以说不仅是非常有效的，而且也是十分必要的。根据主题和内容的需要来选择不同感觉的色彩，并通过这些不同色彩的关系与组合寻求色彩感情表达上的规律，这绝非摄影师的“分外事”。

闻一多先生曾在一首名为《色彩》的白话诗中这样写道：“……绿给了我以发展，红给了我以热情，黄教我以忠义，蓝教我以高洁，粉红赐我以希望，灰白赠我以悲哀，再完成这帧彩图，黑还要加我以死……从此以后，我便溺爱于我的生命，因为我爱它的色彩。”诗人以丰富的联想形象地总结出颜色的感情色彩，但对于摄影师来说，这还不够，因为他们还要用照相机把这种感情色彩在画面中提炼和表现出来。

二、色彩的感情倾向

色彩和情绪不可分割地联结在一起，人们会在接触具体的色彩时激发联想、想象和情绪，这本不是颜色本身的含义，而是人们主观上积极、能动地进行审美活动的产物，它是向更高级的感情和更深入的想象跃进的触媒。而这一点，正是摄影师创造性地运用色彩的“契机”，是进入色彩造型天地的大门钥匙。

1. 红色

在各种色彩中红色的波长是最长的，因此它能给人的视觉以强刺激。红色往往给人一种活跃的、蓬勃的生命感和热烈、奔放的温暖感。我们常说“万绿丛中一点红”，正反映出红色在画面的色彩构图中可以起到举足轻重的作用。有时候，女主人公的一条红纱巾，甚至一段红头绳，都可以引发观众的注意，成为画面的视觉重心和重要的情节因素。此外，红色常与革命联系在一起，红旗、红星、红袖标等，已成为革命的象征。在中国人的视觉习惯中，红色还是吉庆、祥瑞的标志，逢年过节贴的门联窗花、婚庆盛宴鸣放的鞭炮和红“囍”标贴等，非常富有中华民族的民俗风情，在摄影画面中往往构成具有典型意义的视觉形象。

2. 绿色

绿色总是与萌芽的生命、春天的万物等密不可分，它给人带来宁静、舒适和充满希望的视觉感受，而且绿色是最适于人眼的一种颜色，在伏案苦读一段时间后，眺望窗外的绿树就能使疲劳的双眼得到极好的休息。绿色是一种象征生命和希望的亮色，在画面色彩构图中，它犹如茫茫沙漠中的绿洲，令人振奋，引人注目。我们常常以绿色的植物来营造环境、点染画面。此外，绿色还是人类和平的标识色，正如绿色的橄榄枝象征着和平一样。

3. 蓝色

蓝色在众多色光中波长最短，作为冷色的基础色，它容易使人产生寒冷、凄清、冷静、辽阔、忧郁等联想。浩瀚的海洋、静谧的蓝夜，总会在视觉的色彩冲击下引发人们的情绪感应。比如，我们通常以蓝调来表现夜景，原因就在于这种冷色调的感觉是符合人们与白昼相比的心理感受的。蓝色在电视画面中作为蓝天、大海等广褒景观的抽象色彩，也能使人平静下来，仿佛要进入到凝神遐思的氛围中去。在英语的词汇中，“蓝”和“忧郁”是同一个词，蓝调音乐即是一种调子缓慢沉郁的爵士乐。可见，以蓝色为主能形成画面中沉静、抑郁，甚或忧伤的感情基调。

4. 黄色

黄色在所有的色彩中是明度最高的，因此它在交通标识中发挥了极为重要的作用。我国小学生戴的“安全帽”（穿行马路时提醒司机视觉注意用）就是黄色的。黄色是生活中的常见色，如黄土、黄金、金黄的谷穗等。一方面黄色给人一种明快、轻松的视觉刺激，同时它也意味着收获、富足和成熟，给人以喜悦感和充实感。当画面中的景物是一片金黄时，观众马上就会联想到秋天和秋收。封建社会的中国皇家，则把黄色视为至尊至贵，只准贵族享用，而现在平民百姓也能自由地穿黄着绿了。黄色的服装在视觉上是轻盈的、醒目的。中国人的肤色属于黄种人的色泽，也许还在某种程度上加强了我们对黄色的感情，黄色不仅是明亮夺目的，而且还象征着柔和、温馨和幸福。

5. 黑色

在影视作品中，黑色往往与这样一些形象联系在一起：法西斯、阴谋家、黑手党、黑夜、葬礼、魔鬼等。确实如此，黑色总是给人一种恐怖、不安或是悲哀、绝望之感，令人产生沉重感、庄严感和负重感。在电视节目的色彩设计中，以上这些感情倾向是用黑色作为基本出发点的。另外，黑色在画面中会产生超越其他色彩的重量感和封闭感，如同样大小的两个茶杯，涂成黑色的看起来会比涂成白色的重一些；而身着黑衣的人往往在感觉上不易交流和接近。但是，黑色也可在特定情境中表现出神秘、典雅、高贵的氛围或气氛。

6. 白色

白色是原色等比相加所形成的。因此，可以说白色是包容一切色彩的最丰富、最充实的颜色了。当我们看到白色时会感到平静、安稳和满足，无怪乎世界上大多数房屋的室内墙壁要涂成白色。从视觉直感来说，白色是纯洁无瑕的，由此所引发的感情倾向最明显的是纯洁、神圣和高尚等。在生活中，提起白色我们很快就能联想到“白衣天使”，说到某人心地纯善也往往形容为“就像白纸一张”，从中对白色的一般感情色彩可窥一斑。当然，在特定的情境之下，白色也能使人产生冷漠、苍白、哀悼等特殊感受，如中国人过去披麻戴孝就是一身白色。

需要指出的是，以上所提到的色彩感情倾向，并非精密严整、一成不变的，这些理论的总结和归纳只是建立在最普遍、最一般的视觉规律上。当我们用照相机进行画面的色彩构图时，还必须结合具体的生活场景、表现对象及主题内容来区别对待、随机应变。比如，黑色是死亡之色、恐怖之色。但是，在另一些场合下，也可能显示出庄重、高雅和脱俗之感；再比如，纯正、明艳的红色能够表现出激情、热烈和活跃，但晦暗和深调的红色也能使人产生压抑、悲愁之情。因此，色彩的感情运用必须与时代特征、民族习惯、特定环境和典型物象等结合起来，才能达到预期的目的。对色彩的感情倾向而言，抽象的、理性的规范并无实际意义，倒是那些在画面中负载不同色彩的人物、景物更有现实的价值。总之，当我们对所拍摄的内容和对象进行色彩设计，或是在生活实景中选择、提炼和表现色彩时，不可死板地套用某种规律和格式，而应该根据主题和内容的需要选择感情特征明确、相互关系鲜明的色彩，进行恰当、灵活、巧妙的匹配、组合和运用。

三、色彩的画面表现

摄影画面中形象和色彩总是密不可分的。线条、形状等组成画面形象的造型构架，产生丰富多变的构图样式和视觉形象，色彩牢牢地附着于这些框架、样式和形象之上，在画面的情感表达上显示出强烈的冲击力和影响力。

色彩的选择、提炼、组合与配置都是十分重要的。无论是纪实摄影还是艺术摄影，都必须要有色彩构成意识和色彩表现意识，对取景器内容纳的形象和色彩加以选择、调整和组合，才能形成和谐的色彩美感，才能产生摄影画面的色彩美。

因此，在姹紫嫣红的大千世界和眼花缭乱的多彩生活里，凝练画面形象，构建起色彩表现的新秩序，在色彩的组合与关系中实现色彩的情感表达和运用。

1. 色彩基调的形成

在摄影画面的创作过程中，根据主题内容的表达都有一个与之相对应的情绪基调或情感倾向，最终落实到色彩基调上，使色彩的运用与作品的主题、情境及氛围等结合起来，如清新的、浪漫的、沉闷的，给观众以鲜明的视觉印象和强烈的感染。

色彩基调，指在摄影画面中占主导地位的某种色彩。色彩基调是表现主题情绪的色彩手段和色彩倾向。要求五颜六色的不同色彩在画面的构成中形成统一、和谐的某一种色彩倾向，这种色彩倾向便是整个画面色彩的主基调或色调。在一定的色彩基调的统筹之下，观众能够更好地感受到作品主题的情绪特征和基调氛围。

2. 画面的色彩构成

画面色彩构成是指根据主题和表现内容的需要，对画面内可视对象进行恰当的配置和布局，以使各种色彩形成一种既有对比变化，又统一协调的整体关系。

画面色彩构成是在色彩基调的统筹之下，对那些各具特征的色彩进行选择、提炼及组合，依靠不同色彩的相互关系、相互映衬表现出色彩的美感和意蕴。例如，一位身穿红色连衣裙的少女，让她站在一面红墙之下，主体人物就会被红色的背景所“淹没”。如果让她站在白色或米黄色的墙壁前，那么少女的形象就会显得格外醒目和突出，她的红裙也会在浅色背景色的映衬下显得分外明艳和悦目。

画面的色彩构成过程中，要善于调动和运用各种色彩的感情特征，并巧妙灵活地利用拍摄角度、光线、镜头的造型手段，通过提炼和发现自然界和生活中色彩的美感，运用画面中色块的面积差别，不同色相间的关系、明度和饱和度的对比等，建立起色彩构成的规律和秩序，以形成画面框架内各种色彩的和谐配置。

（1）色彩的选择

摄影画面色彩的选择必须处理好主体与陪体、前景与背景的关系，即处理好主体色与陪体色及背景色的映衬对比关系。主次之间有对比呼应，画面的色彩构成和造型表现才会有视觉冲击力和艺术表现力。

主体色和陪体色及背景色的对比关系可以分为强对比关系和弱对比关系。强对比关系主要指各原色间的对比，或者是互补色之间的对比，这种对比关系有着强烈的视觉力度和对比效果。互补色是指相加后产生白光的两种色光互为补色，如蓝光加黄光后形成白光，蓝、黄两色即互为补色。蓝和黄的对比，就是一种强对比关系。再如，三原色中的红与绿、蓝与绿也是强对比关系。

弱对比关系则主要是指色谱上相邻色之间的对比，以及色彩与黑、灰、白的对比等，这种对比关系比较含蓄淡雅，视觉感受不像强对比关系那么强烈。比如，在红、橙、黄、绿、青、蓝、紫的连续色谱上，任何两种邻近的颜色的对比都属于弱对比关系，而黑、白、灰均属消色，与各种色彩的对比都是弱对比关系。不同的是，白色与色彩的对比显得活泼轻盈，黑色与色彩的对比显得庄重凝重，灰则界于黑、白之间。

在画面色彩的选择上应根据需要和现实的可能性，尽量使主体色和陪体色、背景色形成某种对比关系。在现实生活里五颜六色的实景中拍摄时，会有多种多样的对比关系等着我们去提炼和选择、去组织和表现，诸如蓝天白云、黄山碧树、青山绿水等，无一不展现着自然造化的神秘，构成了画面色彩表现的天然宝库。只有在色彩构成上经过大量的选择和锻炼，才能不断提高我们的色彩构图能力和构图意识，成为善于观察、发现和提取色彩的行家里手。

（2）色彩的布局

画面色彩的布局是指根据表现的内容、画面层次的主次关系及情绪气氛等需要，把选择入画的色彩分以适当的面积，排放在合理的位置上，发挥出其特征与性能。不同的色彩组合起来后在塑造形象、烘托主体、渲染气氛等方面有不同的作用。

色彩布局的关键就是如何处理好整体与局部的关系。一般来说，在画面的整体色彩构成中还必须有重点色彩、基底色彩和过渡色彩，做到整体中包含局部、局部里容纳细节。重点色彩即主体形象的色彩、重要情节的色彩等，是画面色彩的“重音”和视觉的中心；基底色彩是指背景色、环境色等，起到“衬底”的作用；而过渡色彩是指重点色彩和基底色彩之间的连接部分，起联结和过渡的作用，主要由陪体来体现。比如，在一幅远景画面中表现大草原上的牧羊人，蔚蓝的天空和绿色的草场提供了大块色的基底色彩，暗褐色的蒙古包和雪白的羊群构成了画面中过渡的色彩，画面的主体——牧羊人则是色彩构成的重点色彩和视觉的中心。

现实生活中的色彩是千变万化的，我们拍摄或设计某个画面的用色时一定要力求简洁明快。画面的色彩布局首先要保证重点色彩在面积和位置上的核心地位；同时，为了使重点色彩得到更为突出鲜明的表现，还应配置一些基底色彩，通过重点色彩和基底色彩的对比来强化、映衬重点色彩。此外，要想保证整个画面色彩的统一和协调，还需要适当的过渡色彩，使画面的色彩构图浑然一体。

摄影师在进行画面表现时，必须牢牢树立摄影画面造型的色彩表现观念，在允许对被摄对象进行人为色彩设计时（如人像摄影、静物摄影等），要运用所学知识创造出最能反映内容和主题的色彩构成形式，通过画面形象的色彩构成和色彩关系更好地表述主题、传递思想感情。当对被摄对象的色彩设计受到限定时（如纪实摄影、风光摄影等），也应该调动造型表现的一切积极因素，如拍摄角度、景别、光线等，提炼、组合和表现出符合观众视觉规律和画面主题内容要求的色彩新秩序和色彩新关系，并将其渗透到画面形象和形式中，从而提高我们的画面造型表现水平和构图质量。

复习思考题

1. 摄影用光的基本光位有哪些？请分析各种光型的造型特点。
2. 以三点布光为例，分析说明布光在摄影创作中的作用。

第六章 摄影曝光

高质量的影像需要以准确的曝光为前提。曝光不仅是摄影最基本、最重要的技术因素，更是摄影创作中较为复杂的艺术因素。学会摄影曝光或许不需要半小时，但要真正掌握摄影曝光艺术还需要经过长期不懈的努力。

第一节 曝光的基本概念

一、摄影曝光

摄影作品的成功与否，是由多方面因素决定的，其中曝光是最基本也是最重要的因素。调好光圈与快门速度，按下快门钮，在快门开启的瞬间，光线通过光圈的光孔使感光元件感光形成影像，这就是摄影曝光。未经曝光，感光元件无法记录被摄体的影像；曝光正确，才有可能取得理想的影像效果；曝光不正确，无论采用什么技术措施进行补救，仍会在不同程度上损害影像的质量，或者说无法取得理想的影像效果。

二、曝光量

曝光量是指感光元件达到正确曝光所需要光线的数量。曝光量（H）的大小取决于感光元件接受被摄体表面反射光照度（E）与曝光时间（t）的乘积，如计算公式（6-1）所示。

$$H = E \cdot t \tag{6-1}$$

曝光量的计算以勒克斯司·秒（Lx·s）为单位。

在拍摄时，曝光量的多少是通过调节光圈和快门速度来实现的。在正常的光线条件下，把光圈开得越大，快门速度放得越慢，感光元件曝光也就越多；反过来说，光圈收得越小，快门速度放得越快，感光元件曝光也就越少。有时为了增加感光元件曝光，我们可以既开大光圈，又放慢快门速度，也可以只开大光圈，或只放慢快门速度。反过来也一样，为了减少感光元件曝光，可以既收小光圈，又提高快门速度，也可以只收小光圈或只提高快门速度。光圈与快门速度的组合及其相互变化规律在拍摄过程中的具体应用，还要根据被摄对象的具体情况来决定。

三、曝光值

曝光值（Exposure Value，EV），是曝光量的一种表达方式。它表达了光圈和快门的互易计算方法。例如，EV=13，代表了 1/30s、F16；1/15s、F22；1/125s、F8…等一系列曝光量相同的光圈、快门组合。

EV 最直接的反映是光圈大小和快门速度的组合。其关系式如公式（6-2）所示。

$$曝光值（EV）=光圈指数+快门指数 \tag{6-2}$$

常见曝光组合所对应的 EV 如表 6-1 所示。如感光度为 ISO100，用 F11 的光圈和 1/125s 的快门时间组合，曝光量正好时，其 EV 就是 14。当 EV 不变时，可以使用不同的光圈和快门时间进行组合。比如，EV14 可以是 F8 和 1/250s，也可以是 F16 和 1/60s。只要 EV 相同，无论快门速度和光圈如何组合，曝光量都不变。

表 6-1　常见曝光组合所对应的 EV

光圈（F）	曝光值（EV）	快门时间/s	光圈（F）	曝光值（EV）	快门时间/s
1	0	1	16	8	1/250
1.4	1	1/2	22	9	1/500
2	2	1/4	32	10	1/1 000
2.8	3	1/8	45	11	1/2 000
4	4	1/15	64	12	1/4 000
5.6	5	1/30	90	13	1/8 000
8	6	1/60	128	14	1/16 000
11	7	1/125	180	15	1/32 000

例如，通过测光系统测得实际 EV 为 15，可以选择快门时间 1/30s（EV 为 5）加上光圈为 F32（EV10），或者使用快门 1/125s（EV 为 7）加上光圈为 F16（EV 为 8），同样可以达到相同的曝光效果。可以根据实际情况合理运用。

曝光量是不同快门和光圈的组合，其所达到的曝光量是相同的，只是它们所适合的拍摄环境及拍摄出的效果不同而已。

四、准确曝光

摄影者都想在自己的作品中表现出被摄对象真实的面貌，把被摄体的质感、清晰度、影纹和色调描绘得很好，在摄影技艺方面除对焦准确外，还必须曝光准确。只有准确曝光，才能把被摄体各部分的影纹和层次都表现出来。准确曝光的画面效果，应该在正确表现明亮、中间、阴暗这三部分的影调基础上，还要表现出亮中有亮、暗中有暗。不仅要在中间影调中表现出各种不同影调的影纹，也要在明亮部分和阴暗部分中表现出各种细微的影纹，使我们能够清楚地看到被摄体的亮部、中间部和暗部所有的影调和线条，这才是真正掌握了准确曝光。由此看来，准确曝光是摄影者首要解决和掌握的问题。

五、正确曝光

准确曝光是一个客观方面的概念，它是按景物中 18%反射率的中灰亮度调节曝光，能最大限度地获取丰富的影调层次。然而，在不少情况下，摄影创作者往往会有意识地多曝光（曝光过度）或少曝光（曝光不足）来达到自己的表现意图。这些为达到自己的表现意图而在准确曝光的基础上曝光过度或曝光不足就是正确曝光。也就是说，正确曝光是一个主观方面的概念。

曝光过度指由于光圈开得过大、感光元件的感光度太高或曝光时间过长所造成的影像细节损失，高光部分溢出，失去景物亮部的影纹和层次，后期制作无法修复。

曝光不足指摄影过程中，因对被摄体亮度估计不足，使感光元件上感受到的光的亮度不够所造成的画面暗淡，失去景物暗部的影纹和层次。

六、曝光补偿

曝光补偿是指为了让拍摄者对数字照相机自动确定的曝光量进行修正、调整，从而达到按照自己的主观意愿、反映自己的创作思想、主体表现恰当的曝光效果。现在数字相机曝光补偿调节范围一般在±2.0 内，分别用（+2、+1、0、–1、–2）EV 5 个等级表示，“+”表示在测光所定曝光量的基础上增加曝光，“–”表示减少曝光。

相机的自动测光系统是以 18%中灰色为基准来测定曝光值的，而在拍摄纯白色和纯黑色的景物时，相机往往都会将其认定为 18%中灰色进行测光。拍摄画面中如果白色太多，进光量会高于测光标准值，所以相机便被误导，以为光线很强而缩小光圈，拍摄出来的影像反而出现曝光不足的现象，白色的部分变得不够白，因此必须使用曝光补偿功能，即将曝光量往上加 1 或 2 级，从而获得色调准确的影像。反之，在拍摄画面大部分是黑色的情况下就需要把曝光量降低 1 或 2 级，以保证色彩的准确还原。所以，调整曝光补偿实际上就是手动调整数字照片的曝光量，即所谓“白加黑减”的原则。曝光补偿应遵循以下调节原则：对于想使照片更为明亮一些，或者白色、高亮度多的对象则增加曝光补偿；对于想使照片更为灰暗一些，或者光线过暗、黑色太多的对象则减少补偿。必须要提醒摄影者的是，用曝光补偿拍摄完照片后，不要忘记将补偿值“回零”，否则在拍摄环境改变后，继续拍摄照片不是曝光过度就是曝光不足。

第二节　正确的曝光选择

正确曝光和准确曝光不是同一个概念。正确曝光含有准确曝光和拍摄时艺术构思需要的不准确曝光两个方面。例如，为了使被摄体在感光元件上获得丰富的影纹层次，色彩真实还原，而采用准确曝光，这种曝光量控制，可以称为正确曝光。但有时为了取得某种特定的艺术效果而有意识地曝光过度或曝光不足，这种有意而为的曝光不准确，也可以说是正确曝光。

一、曝光的技术标准

一张照片如果影调丰富、层次分明、质感较强、清晰度高，景物中较亮和较暗部分的影纹都能分辨，这就是曝光准确的照片。一般都用这个标准来衡量曝光准确与否，这是技术标准。

从技术标准出发，严重曝光过度和曝光不足的照片能够用肉眼轻易辨别，曝光过度则会导致景物的亮部死白一块，没有层次；曝光不足则使景物的暗部漆黑一片，同样也没有层次。然而，有时受环境光的影响，我们的判断会出现失误，判断一张照片是否准确曝光最直观、最有效的方法就是去观察数字相机上面的“直方图”和“高光警示”。

如图6-1所示，摄影中的直方图又称为柱状图，它用来揭示照片中每一个亮度级别下像素出现的数量。直方图可以看做一个坐标，分为横轴和纵轴，波动的区域是峰值。横轴表示的是照片的亮度分布，从左向右大致分为暗调、阴影、中间调、亮调和高光几个区域。纵轴则表示在每种亮度下的像素分布。我们通过观察在不同亮度级别下像素数量的多少，就可以判断出一张照片的曝光是否正常。

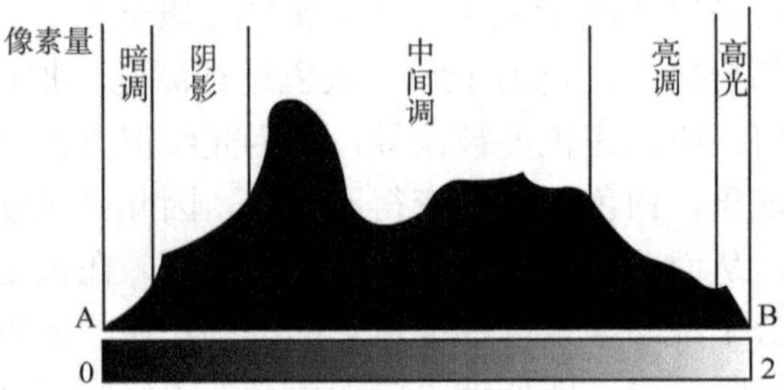

图6-1　直方图

如图6-2所示，通常我们说一幅照片当高光区域大量溢出时，那么这张照片就过曝了。相反，当暗调区域大量溢出时这张照片就欠曝了，再通俗点说，我们经常将其归纳为“左欠右曝”。

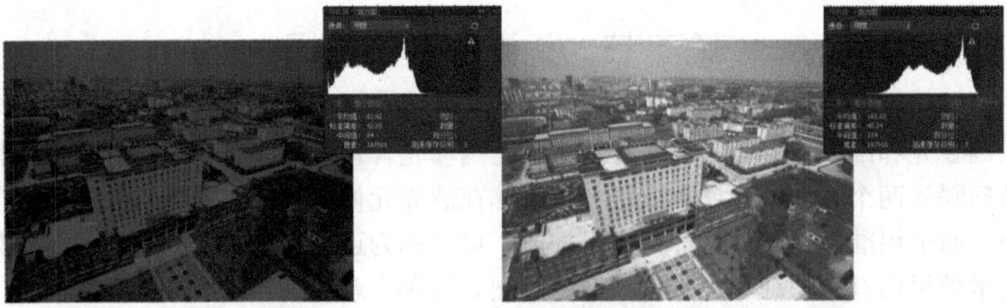

图6-2　照片曝光“左欠右曝”情况

相机的菜单栏里还可以设置高光警示功能，在拍摄过程中，相机显示屏有时会出现高光区域闪烁，那说明这幅照片曝光过度了，被摄主体部分很可能会失去细节层次，要获得曝光过度区域更多的细节，可以将曝光补偿向负方向调整。通常我们要求画面的高光闪烁点不要覆盖整张图片的10%，尽量保留被摄主体的细节层次。

二、曝光的艺术标准

在拍摄实践中，大多数情况下我们都能够做到准确曝光，获得一幅技术质量完美的照片，但是做到这一点，只是完成了技术标准上的要求，有时还必须根据艺术表现上的需要调整曝光量。这种经过调整的曝光，从技术角度来说可能是不准确的，但从艺术创作要求上来说又是完全必要的。也就是说，摄影曝光仅仅用技术标准来衡量是不够的，还必须要有一个艺术标准。这就是看它能否表达作者的创作思想、意图和情感，能否渲染环境气氛、产生意境，能否有较强的感染力。

因此，曝光应该是技术和艺术的结合，二者不应偏废。假如你不理解、没有掌握曝光的有关知识，尽管在艺术上有一些美好的想法，也会因为技术上的不足而无法实现。相反，如果你仅仅局限在技术方面，尽管可以使影像曝光准确，却在艺术表现上没有特色，不能增强其艺术的感染力。所以，作为一个摄影者，必须熟知曝光技术，灵活控制曝光量，使它们更好地为摄影艺术创作服务。

第三节 影响曝光调节的因素

一、影响曝光调节的客观因素

1. 光线强弱的影响

用于摄影的照明光源虽然只有自然光和人造光两大类，但是在具体拍摄时，这两类照明光线的强弱却是经常变化的。对自然光来说，一年之中的不同季节、一天之中的不同时间、天气情况、地理纬度、海拔高度等因素都明显改变着自然光的强弱。对人造光来说，也存在光源多少、功率大小和光源至被摄体距离的变化等。

摄影曝光时，不仅要注意光源本身的强弱，更要留意被摄体的受光情况，因为使感光元件感光的是被摄体的反射光而不是光源本身。例如，在直射阳光下，被摄体分别处于正面受光、侧面受光、背面受光时的曝光调节就明显不同。对人造光源来说，除了这种光线角度的影响外，还要特别注意被摄体至光源的距离对曝光调节的影响。

光线强弱的这些变化，要求相应地调整曝光组合，因为不管在多强或多弱的光线下拍摄，感光元件要求得到的曝光量都是相对稳定的。

2. 感光度的影响

ISO感光度原本指的是胶片的银盐密度单位。数字相机出现后，人们就将这种计量单位直接移植了过来，成为数字相机感光元件的感光能力的标定单位。

与传统相机不同的是，数字相机的ISO感光度是可以调节的，通常ISO感光度的表示方法是ISO1OO、IS0200、IS0400、IS0800等。提升一档ISO感光度，就相当于曝光能力增加了一档。感光度高，感光元件对光线的敏感度大，只需要较小的曝光量就能满足曝光的需要；感光度低，感光元件对光线的敏感度小，需要较多的曝光量才能满足曝光的需要。需要注意的是，提高ISO感光度将会使拍摄画面的质量降低，ISO感光度越高，画面质量下降得越严重。

3. 光圈、快门和测光系统的影响

“工欲善其事，必先利其器。”器材性能的准确性是影响摄影效果的潜在因素，往往容易被忽略，以致出了问题也不知原因何在。光圈与快门速度的准确性，以及相机测光系统的准确性是直接影响曝光效果的潜在因素。因此，注意检查相机上这三者的性能，对于取得准确曝光是十分必要的。

二、影响曝光调节的主观因素

1. 表现意图

所谓“表现意图”，是指摄影创作者希望取得的影调、色调与色彩效果。针对表现意图谈论曝光时，有两个较为重要且容易混淆的概念，即“准确曝光”与“正确曝光”。

准确曝光是一个客观方面的概念，它是按景物中18%反射率的中灰亮度调节曝光的，能最大限度地获取丰富的影调层次。摄影曝光在许多情况下，是以再现景物的丰富影调为目的的，这时准确曝光就是正确曝光。

然而，在不少情况下，摄影创作者往往会有意识地多曝光或少曝光来达到自己的表现意图。如果想充分表现景物的亮部细节时，就需要在准确曝光的基础上减少一些曝光；如果想充分表现景物的暗部细节时，又需要比准确曝光增加一些曝光。这些为达到自己的表现意图而在准确曝光的基础上曝光过度或不足就是正确曝光。也就是说，正确曝光是一个主观方面的概念。例如，我们要表现暖意浓浓的晚霞，如果采用准确曝光，画面就不会偏暖，晚霞的暖意就得不到很好的表现；如果采用正确曝光，就会加用红色滤色镜等有意识地使画面偏暖，晚霞的暖意就会得到更有力的表现。当然，正确曝光调节仍然要以准确曝光为基础，否则摄影者的创作意图也很难实现。

综上所述，曝光调节是以正确曝光为目的的，而正确曝光既可以是准确曝光，也可以在此基础上增、减曝光。也就是说，正确曝光是一个主观方面的概念。它对曝光的要求会随着拍摄者的表现意图而变化。这是考虑曝光调节时首先应该明确的一个问题。

2. 实际需要的准确性

实际需要的准确性与曝光调节也有关联，这种需要主要针对实际用途而言。不同的用途对曝光准确性的要求也不同。例如，要求逼真地再现景物色彩和质感的产品广告摄影，对曝光准确性的要求是明显不同的；拍摄后把照片放大成6in存入相册与放大成20in以供

展览，对曝光准确性的要求也不一样。

所以，充分考虑以上这些影响曝光调节的主客观因素，会有助于摄影者在创作实践中提高曝光的准确性。

第四节 自动曝光

一、自动曝光的定义

自动曝光在数字相机中广泛应用。它是数字相机内的测光系统根据光线的强弱自动调整曝光组合，使感光元件在不同的光照条件下获得准确曝光。然而，在场景反差很大的时候会出现误差，如舞台的场景。数字照相机的自动曝光功能有多种模式：全自动程序式曝光、光圈优先曝光和快门优先曝光，但无论选用哪种自动曝光模式，数字照相机的自动曝光系统都能依据被摄体的亮度综合感光度、光圈大小和快门速度这三个变量，确定曝光组合。

二、自动曝光的模式

1. 光圈优先自动曝光

光圈优先自动曝光（AV）是以光圈值为基准来决定曝光的拍摄模式。拍摄者手动选择光圈系数，数字相机依据设定好的感光度和测光系统测得的主体亮度，自动设置合适的快门速度，以得到准确曝光。设有曝光模式转盘的数字相机，通常都会在转盘上刻上“AV”或“A”字母来代表光圈优先模式。光圈优先模式适合于重视景深效果的摄影。

2. 快门优先自动曝光

快门优先自动曝光（TV）是以快门值为基准来决定曝光的拍摄模式。拍摄者手动设置快门速度，数字相机依据设定好的感光度和测光系统测得的主体亮度，自动选择准确曝光所需要的光圈系数。较高的快门速度可以凝固动作或移动主体。较低的快门速度可以产生模糊的效果，给人以动感。设有曝光模式转盘的数字相机，通常都会在转盘上刻上“TV”或“S”字母来代表快门优先模式。

3. 程序式自动曝光

程序式自动曝光（P）属于“傻瓜”摄影模式，和AUTO全自动摄影模式有些相似，照相机能根据测光系统所测得的被摄画面的曝光值，按照厂家生产时所设定的快门及光圈曝光组合，自动设定快门速度和光圈值，拍摄者所要做的只是对好焦点，按下快门释放按钮就行了，但是程序式自动模式可以手动调整ISO感光度、白平衡、图像锐度等诸多参数。它的优点是不必人为设定光圈系数和快门速度，可以让拍摄者专注于拍摄对象，特别适合于突发事件的拍摄。设有曝光模式转盘的数字相机，通常都会在转盘上刻上“P”字母来代表程序式自动曝光模式。

4. 手动曝光

手动曝光（M）模式是由摄影师完全控制光圈大小和快门速度的曝光模式。在操作上比各种自动曝光模式要复杂一些，但它却可以更加自由地实现对光圈、快门的组合，适合在光线较为复杂的场景下的摄影的个性化表现。

在光线复杂、光比大、强逆光的情况下，用其他曝光模式达不到摄影师的拍摄意图，如高调画面，如果用其他模式，可能出现的画面是发灰的，摄影师需要人为干涉，用更大的曝光量，画面才能达到高调效果；夜景如果不用手动曝光，画面可能会亮堂堂的；逆光拍摄时，如果不用手动曝光，不一定会达到预期的剪影效果。

5. 自动包围曝光

自动包围曝光是一种通过对同一对象拍摄曝光量不同的多张照片“包围”在一起，以获得准确曝光照片的方法。在该模式下，按自动曝光所确定的曝光量拍摄第一张影像，其余各张影像以此曝光量为基准，按级差为 1/3EV、0.5EV、1EV 等曝光量来调节，自动增加和减少曝光量各拍摄一张，从而得到一系列内容相同但影调不同的相似影像，使人们能够从中选取一张曝光最为准确的影像。选择自动包围曝光模式时，必须同时设定包围式曝光的数量、梯度和顺序。

自动包围曝光一般适用于在光线情况比较复杂的场景环境中的拍摄。由于自动测光有时难免会出现偏差，所以在一些需要及时进行拍摄的情况下，采用自动包围曝光的方法，可以提高拍摄的成功率。

复习思考题

1. 影响曝光量调节的因素有哪些？
2. 什么是摄影曝光？如何理解摄影曝光的艺术性？

第七章 摄影实践

艺术技巧主要在于创作，根据独特的内容，采用新的艺术技巧来完成。缺乏技巧的作品是没有力量的。只有在创作实践中掌握精湛的艺术技巧，才是最重要、最可靠、最有效的办法。

摄影创作通过接触社会、体验生活，通过对拍摄对象的观察、认识，形成直接形象和直接感受。从中领悟到要创造生活美和艺术美的视觉艺术表现，除具备客观现实生活和主观精神世界这个创造美的条件还不够，还要不断地、顽强地进行艺术实践，树立感受美、捕捉美、表现美的拍摄技巧和审美表现。也就是由瞬间的机械动作演变成富有形象思维的视觉探索，以达到“艺”的创作基础和“术”的表现手段。

一幅成功的摄影作品也就是一帧富有独特表现技巧、独特造型语言的艺术品。

第一节 风光摄影

一、日出日落摄影

日出、日落是大自然最为壮美的景色之一，无论在环境上，还是在气氛上，或是在色彩上都是妙不可言的。古今众多文人墨客把它作为抒情的对象，吟诗作文将这一美景变成永恒。摄影师们也无一例外地按下快门，无数次地拍摄出动人心弦的瞬间美景。著名摄影家袁毅平的名作《东方红》拍的是天安门广场日出时的一幕，大气磅礴、气势恢宏，在具有纯粹的形式美的同时，还蕴含着深厚的意蕴。以下为日出日落的拍摄技巧和注意事项。

1. 时机的把握

从季节方面来看，拍摄日出（晨曦）和日落（晚霞）的最佳季节是春、秋两季。相对而言，这两个季节比夏季的日出晚、日落早，而便于拍摄，更主要的是春秋两季在日出、日落时分的云霞绚丽，层次更为丰富，且变化万千，能使画面给人以更多的美感。例如，当太阳处于云朵边缘位置时，便会出现醒目的亮边，耀人眼目；而当云彩遮住太阳时，阳光又会从云彩的间隙迸发出散射的光芒，夺人心弦……不管是哪幅画面的出现，其持续的时间都是十分短暂的，为了抓住这个瞬间，首先要早做准备，最好在日出、日落前半小时到达拍摄现场，从容地选好拍摄地点和角度，做好拍摄的一切准备工作。其次要学会等待，如夕阳西下前的 10min，固然是拍摄夕阳晚霞的最佳时机，但是日落后的 30min 内，由于回光返照，此时的霞光灿烂辉煌、光彩夺目，亦是拍摄晚霞美景的黄金时段，所以一定要耐心等待，不能一看到夕阳西沉，就收拾器材。最后也是最重要的，在遇到理想画面时，要当机立断，把握时机，按快门一定要快速敏捷。

2. 拍摄地点的选择

要想拍出理想的晨曦（日出）、晚霞（日落），应选择视野比较开阔的地域，如海边、湖边、郊野等，如果身处大城市或山峦起伏的山区，应选择一个地势比较高的“制高点”，站在高山或高楼上，减少取景时近处和地面多余的物体遮挡太阳，重峦叠嶂在大逆光下产生一种层次丰富的效果，得到理想的晨曦、晚霞照片。

3. 用光与曝光

在风光摄影中，通常采用逆光来取得特殊的拍摄效果，逆光即景物背面受光，正面则处于阴影之中，虽然正面的层次往往难以看清，但景物的轮廓非常鲜明、突出。用逆光拍摄山景时，远处的山会比近处的亮，表现出影调的透视效果，给人以空间深度感；用逆光拍摄水面时，水面上会出现明亮的耀斑，使画面颇有生气；用逆光拍摄人物、建筑物、树木等时，可以获得剪影般的效果。因此，拍摄日出与日落用逆光较好。有时候也用侧逆光，因为侧逆光能产生强烈的明暗反差，景物层次丰富、立体感强，并且能区分远景与近景，增强空间深度，有纵深感，画面生动。

日出与日落时的光线变化很大且迅速，一分钟前后的曝光就会大不一样，尤其是日出，因此要做到精确曝光有时较为困难，很容易出现错误。所以，准确的曝光控制应该以太阳周围的天空亮度和其他主要被摄景物的中间亮度值为标准。在现场测光时，注意不要将太阳放在相机取景框的正中位置。否则，拍出的太阳以外的其他景物将会曝光不足。正确的测光方法应该是采用平均测光法，根据需要增减 EV，也可考虑采用包围曝光，以保证画面上下景物亮度和谐。

4. 白平衡设定

日出日落的时候，色温会变化非常快。高色温的时候，可以表现出悲凉、高冷的感觉。低色温的时候，可以给人温暖的感觉。很多人拍摄日出日落总是选用自动白平衡，将日出或日落场景中的橘黄色光线统统“吞掉”，从而导致整个画面显得很苍白。为了在画面上表现出人眼在生活中对太阳的视觉印象，在调整白平衡时可以根据手动和预设白平衡的调整来改变整个画面的主色调，将白平衡设置为自然光预设之一，如日光、多云或阴影；也可直接选择手动调整白平衡，把色温适当调高一些，使画面看起来偏暖，夸张橙红色调，让太阳本身的颜色呈现为橙红色或金黄色。

5. 前景的运用

在拍摄日出日落的时候，前景所占的分量、比例、轻重、疏密及影调的浓淡等，均与主体形象、背景有着呼应的均衡关系。比如，为避免天空无云过于单调，利用一些周围的前景作为衬托，用稀疏的树叶、枝干置于画面上方，弥补画面不足之处；有时画面下方压不住，上重下轻的时候，可用山石、建筑做前景，利用深色调的景物压住画面，达到稳定、均衡的作用。同时，也可将前景作为拍摄的主体，背后的夕阳、朝阳景色作为拍摄的背景，充分利用主体与背景受光的差异，提前选好拍摄位置和角度，依据背景进行曝光测定，遵循“宁少勿多”的曝光原则，将前景处理成强烈的剪影效果。

二、雪景摄影

冬天到了，雪使这个世界变得如童话般美丽，在冬季降雪频繁的地方，到处可见“雪压冬云白絮飞”“山舞银蛇，原驰蜡象”的景致。雪景以其独特的视觉震撼力让每个摄影人都有按下快门的冲动，怎样拍摄好雪景，也需要一定的拍摄技巧。

1. 选题

雪景的选题比较广泛，有以雪为主题的风景，如冰天雪地、林海雪原、冰冻的江河、雪夜的农村、灯光下的雪城等；有以用冰雪为主题的造型，如雪地上的水柱、树挂、雪人、冰灯、冰雏、冰花等；还有冰雪背景下的各种活动，如雪地中的猎人、驼队、赶车人、羊群、鹿群等。不同选题的雪景，会产生不同的意境，不同的选题也要采用不同的取景方式。

2. 光线的运用

光在摄影中起着非常关键的作用，很多情况下无法改变自然光线，因此只有等待光线的变化或者采用不同的角度合理地利用光线。

拍摄积雪的时间最好选择在白天的一早一晚，即上午九点以前或者下午四点以后进行拍摄。这主要是考虑到阳光的强度和入射角度。在高角度光线的照射下，积雪对阳光的反射率非常高，冰雪的细节容易淹没在强烈的反光中，使画面上白茫茫一片。当阳光低角度照射时，光线在雪面的反射角度较小，画面会更加柔和。另外，由于雪是一种洁白的晶体，其反光度较高，如果以正面光或顶光进行拍摄，不但不能使雪白微细的晶体物产生明暗层次和质感，而且会使景物失去立体感，所以为了表现出雪景的明暗层次及雪粒的透明质感，运用逆光或侧逆光拍摄雪景最为适宜。然而，逆光或侧逆光照射在白色面积较大的雪景上，没有被雪所覆盖的其他色调的景物必然会因此而容易变成黑色，所以为了使雪景中的白雪和其他色调的景物都能够有层次感，拍雪景就必须选择柔和的太阳光线。

除了白雪外，房屋上，以及溪流、瀑布中的冰凌也是非常值得注意的焦点。要表现冰凌晶莹剔透的质感，侧逆光是最佳选择，透射的阳光能够很好地突出它的质感和光泽，让冰雪显得晶莹剔透，如果配合暗色背景，质感则更为突出。

3. 正确曝光

正确曝光是拍摄雪景成败的关键。在大面积雪景中，使用相机本身的测光系统拍摄，一般都会曝光不足。这是因为雪景反光极强，亮度极高，拍摄大面积的雪景时，相机的自动测光系统会误认为环境非常亮，而自动降低曝光量。在这种情况下，可使用曝光补偿，酌情增加 0.5～2 档曝光量。也可将相机对准中间色调的物体，如人的皮肤，局部近距离测光，并按照测得的数据，使用手动模式拍摄。需要注意的是，拍摄雪景并不是所有的情况都要曝光补偿，只是雪在画面中占大面积时才需要设定曝光补偿。

4. 其他技巧

如果需要拍摄一张漫天雪花飞舞的照片，那么应该选择较暗的背景，这样可以避免环境的干扰。同时快门的速度也不能太快，一般在 1/30s 左右，这样飞舞的雪花可以形成一道道线条，表现出雪花的动感。

在雪景中拍摄人物，需要适当地加辅助光。由于将雪作为背景会显得很亮，所以加辅助光可以达到突出主体人物的作用。同时相机还要加上遮光罩避免其他光线的干扰。偏振镜在雪景的拍摄中也有很大的作用，可以将白雪反射的偏振光降低亮度，使蓝天白云更突出，提高色彩的饱和度。

5. 器材的保护

雪景摄影中最重要的事情就是保护好相机。由于冬天气温低，空气也很潮湿，所以这样的环境很有可能影响数字相机的使用。因此，进行简单的防寒、防潮处理是必要的，如简单地用塑料袋包裹一下就可以起到很好的效果。在不拍摄的时候把相机放在摄影包或衣服中，可以起到保温的作用。同时还需要注意电池的保温，电池在低温下消耗很快，保温能延长其使用时间，当然多准备两块电池也是很有必要的。最后要注意个人的防寒保暖，衣帽、手套这些都要准备好，方便操作相机。

三、雨景摄影

拍摄雨景是一件考验摄影者技艺的事情，因为在这样的特定条件下，摄影者既要保证相机的安全，同时还要根据下雨时的气候特点，将雨中特有的气氛表现出来。一般要表现雨景的特点，主要可以作如下方面的考虑。

1. 保护好相机，避免相机进水

雨天进行拍摄，摄影者首要的工作是保护好相机，防水是雨天保护相机的关键。首先，数字相机属于精密的机械设备，务必采用相机防水套包裹住机身，将镜头露出能拍摄即可。同时，数字相机在雨中或潮湿的地方拍摄，镜头上容易凝结雾气，要注意观察，发现有问题要将相机电源关闭，一般相机冷却十余分钟就会恢复正常。有必要时，在镜头前面配上一块 UV 镜或使用遮光罩来保护镜头，减少镜头沾水的情况。

2. 雨天照片的影调构成

要想在雨天拍出好的照片，熟悉雨天的影调构成是很有必要的。在雨天，由于没有阳光的直射，被摄体仅接受天光照明，因而在这种以散射光为主的光照条件下，远处景物的明暗对比会弱一些，而且由于富含水汽的空气阻隔，景物看上去会有些沉闷。但近处的景物就不同了，虽然缺少较明显的反差，但由于天气潮湿，被摄体自身反光又较多，色彩显得较浓郁，往往会形成葱茏翠亮、晶莹闪耀的独特色彩效果。

3. 曝光控制宁少勿多

雨天的光线变化很复杂，有时乌云密布、倾盆大雨，亮度又很低，光的方向感不明确；有时雨景亮度又很高，两者之间的曝光量可以相差很多倍。因此，在拍摄时，最好使用测光表测光。

雨天拍摄，常常会出现曝光过度的情况，而曝光过度对表现雨景是极为不利的。因为雨天景物反差小，曝光过度会使反差更小，照片看起来灰蒙蒙一片。所以，一般多采取减少曝光的方法，即按准确曝光量减少一档至一档半，这样有助于提高画面的反差，使透明的水珠、水滴、水迹在深色环境中更好地突出“水”的质感。

4. 雨天拍摄时采用比较低的快门速度

拍摄雨景时的快门速度不可太高，一般以 1/30～1/60s 为宜，这时可以将雨点拍成雨丝，强调雨水降落时的动感，展现雨的异样美。当然在具体拍摄时也要注意画面中雨的级别，那些很小的毛毛细雨，就难以反映出来，如果是夏季遇到比较大的雨，特别是太阳雨、雷雨等，得到的效果会特别好。一般而言，1/20s 能获得较长的雨条；1/60s 能拍到还没落地的雨条；1/100s 拍摄到的雨条较短；1/1000s 以上的快门能获得水滴在空中凝固的状态。

5. 利用反衬法选择比较暗的背景来将雨点反衬出来

雨是透明的，具有反射光线的特点，所以要表现雨点最好选择暗背景，因为只有在暗背景的烘托下，反光的雨点才有可能被衬托出来。如果在比较亮的背景或是浅色调背景中，雨点就会和背景“靠”在一起，根本无法看到它的存在。一般可以选择像黑色的屋顶、黑色的柏油马路等，从相对较高的位置往下俯拍，可以将雨点衬托在深色调的背景中。

6. 适当选择前景，尽量少带天空

在雨天拍摄的画面中最好包含一些稍暗的前景，以增加影调效果，增强纵深感。可以用来做前景的有花草、树叶、窗户等。尽量少用亮调景物做背景，尤其在拍摄雨丝时，要选择暗调景物做衬托，而且要让雨丝保持一定的倾斜角度，这样拍出来的效果更有动感。除此之外，在拍摄雨天的风景画面时，由于拍摄距离对影像清晰度、色彩饱和度的再现有很大的影响，加之雨天水汽多，拍摄出的天空经常是白泛泛、灰蒙蒙的，所以应尽量减少天空占据画面的面积。

雨景的拍摄手法还有很多，我们除了运用以上技巧去直接地表现雨，还可以采取更多的间接手段来表现，如将相机直接对水面上的涟漪进行拍摄，通过水的流动特性来强化和扩大“雨”的主题。或是利用雨中城市街道上积水反光的特性，特别是拍摄大城市中具有霓虹灯等反光的道路，不但亮度很高，而且色彩斑斓，具有流光溢彩的氛围，使夜间的雨景别有韵味。还可以通过拍摄一些与“雨”这个主题相关的小品，如拍摄雨中小草采用微距摄影模式，将细小的水珠表现得清晰入微，同样表达了雨的主题。

四、雾景摄影

雾是悬浮在大气中的许多细小水珠，无论在都市之中还是身处郊外，雾都是常见的自然景观。雾生万象，雾变百态，它如轻纱一般挂在树上，绕在屋脊，漫在山路上，藏在草丛中，轻盈飘逸，极富韵律感。单纯里隐藏着丰富，又能化平凡为奇美。它不但给人带来神秘感觉，而且还营造出一种超凡脱俗的意境。因此，雾景是风光摄影中重要的拍摄题材。

1. 拍摄雾景的时机

生活中表现的雾气有不同的形式，有些雾气就是俗称的“大雾弥漫”，好比整个世界笼罩了一层白纱一样，这样的雾景相对单调，半个小时甚至一个小时也没有任何变化，拍摄时可比较从容，城市中的雾气常常为这样的表现形式，而山区中的雾气却不同，它被称为“云雾”。云雾的特点是在不同条件下会呈现不同变化，而且变化相当丰富。最理想的云雾是在山间随着风向变化而升腾飘移，分分秒秒都会呈现变化，因此要抓紧时机抢拍，及时启动快门。在变幻莫测的光线和云雾中抓取美妙的瞬间。

2. 雾景的典型特征

雾气是强调气氛和空气透视的绝佳工具，它为我们提供了许多飘逸神秘的美妙画面。雾景的特点是可以制造朦胧的景色，在自然光的照射下色调异常柔和曼妙，层次比较丰富，明暗光比自然。在阳光中采用逆光拍摄雾景效果更为突出。拍摄薄雾笼罩下的景物，能明显地从色调上区分出前景、中景、远景，给人以别具一格的空间纵深感。同时，薄雾还能掩盖杂乱无章的背景，简练地勾勒出画面中的主体，提高画面表现力。

3. 注意曝光

在大雾中，整个世界都是白茫茫一片。相机的自动测光系统很容易被环境所干扰。拍摄雾景时，曝光准确性是一个至关重要的问题，雾景的画面一般主要以浅灰和白色调为主，只有较少的内容是深色调，所以拍摄雾景的曝光量应根据拍摄具体情况适度增减，通常0.5～1EV比较适宜，如果按照正常测光往往会出现曝光不足的情形。如果需要把画面处理成高调效果，可以增加1～2EV曝光补偿，但注意不要让高光部分过曝，这种手法适合表达淡雅柔和的意境；如果减少曝光补偿，则适宜表达厚重深沉的效果。同时，在曝光设置上，还可以尝试用长时间快门捕捉到雾气流动的动感。有时雾的流动速度较快，可以通过收小光圈或加灰镜的方式，刻意延长曝光时间，使雾景富有流动感，这也是一种很好的艺术方式，往往能得到让人惊叹的效果。

4. 留心光线

雾中的景物若隐若现，近景清晰，中景朦胧，远景模糊，有丰富的层次感和朦胧美，能调动起人们的好奇心。雾色之中，拍摄雾景也要注意光线的方向，因为雾天不是阴天，尽管和阴天同样都是散射光，但只要认真观察，就会发现光线照射方向有逆顺之分，一般来说，欲获得明显透视感，可取逆光或侧逆光拍摄，逆光拍摄雾景时近浓远淡的特征可明显增加画面透视效果，使远山等更具层次感，可在山脉中看到不同的灰度，包括建筑、树木等组成的前、中、远景，其体现的色调由深及浅，变化丰富。顺光拍摄雾气的特点是色彩比较好，适合以彩色形式来表现，但画面的透视空间关系容易流于平淡，没有侧光或逆光的立体感，因此在实践中要根据表现对象的特点而灵活用光。

5. 注意利用前景

表现雾景最忌缺乏足够反差，提高反差的重要手段就是运用前景，所以表现雾景通常结合前景来取景构图，没有前景的雾景往往显得过于轻淡，没有足够力度，而借助前景可有效改变画面反差，增加照片厚度。因为前景中的深色调或较鲜艳的色彩，能有效丰富画面，提升反差，营造视觉对比。有时仅有中远景浅色调而没有前景深色调的烘托，往往还容易给人曝光过度的错觉。

因此，建议在取景时选择前景、中景、远景三者关系比较鲜明的内容，将不同景别一起纳入，有利于表现雾景特有的透视关系，也较容易获得丰富层次。一般在前景中最好摄取一定轮廓，与背景色调有明暗对比的对象，中景最好占据较大面积，远景则是烘托前景和中景的基础，通过前、中、远景的不同影调对比，画面层次就显得比较丰富。自然界可利用的前景很多，如轮廓漂亮的大树、有一定线条感的建筑、河边的芦苇，甚至一定比例的人物都可成为有效的前景，雾气距离越远影调越浅，通过前景的烘托，不但能有效改善反差，还能增加空间感。

6. 认识留白在雾景拍摄中的意义

摄影在许多场合需要做合理的减法，而留白技术的运用是减法的具体体现之一，这在雾景拍摄中尤为明显。雾能天然留白，产生空间感，产生中国传统水墨画的意境和效果。让人们展开无限的空间想象。留白，即摄影画面上除了看得见的实体对象之外的一些空白部分，它们由单一色调的背景所组成，形成实体对象之间的空隙。人们常说："画留三分空，生气随之发。"空白留取得当，会使画面生动活泼，空灵俊秀。空白处，常常洋溢着作者的感情、观众的思绪，作品的境界也能得到升华。进行风景摄影，通常景色好看，但要拍好，拍出新意来却不容易，如果有雾这一上天赐予的"尤物"的加入，就更加需要耐心经营。无论是云蒸霞蔚的大场面，还是移步易景的小品，都需要拍摄者用独到的眼光去捕捉，用独特的创意去表现。

五、夜景摄影

夜幕降临，华灯点缀下的城市绚丽多姿，美丽夜景展现出与白天不同的风情与魅力。不少摄影师都喜欢以夜景拍摄来挑战自己的摄影水平。在这里，我们就来介绍几个夜景拍摄技巧。

1. 器材的选择

夜晚，无论是拍摄城市的夜景、流光溢彩的街道，还是璀璨绚丽的烟花，都需要进行长时间的曝光，因此一个稳定的脚架是必不可少的。此外，为了稳定相机，专业的摄影师还常常会使用快门线来遥控相机进行拍摄，从而将相机的震动减至最小。

镜头方面要注意滤镜的使用。例如，常用的防止紫外线干扰的 UV 滤镜等，在有强光射入的情况下，容易引起滤镜与其他镜片之间的光线反射，造成鬼影、眩光等问题。因此，在拍摄时请尽量摘除滤镜。同时，为了减少周边光线的干扰，最好使用遮光罩进行拍摄。

2. 时机的选择

理想的夜景摄影画面总是和肉眼实际看到的画面相去甚远。拍摄夜景的要点就在于拍摄时间的选择。一般在日落后，天还没有完全黑，留有少许天光的傍晚，通常称为“蓝色时间”。在这个时间段，天空和地面物体的轮廓还没有完全消失在夜色里，而且那种蓝白色的光使天空的色调看上去就像在梦幻中一样。如果等天完全黑了再进行拍摄，照片上发光的就只有点光源，看上去并不漂亮。所以，推荐在傍晚到达拍摄现场，趁天色还明亮时观察周围环境状况、调整相机拍摄角度、确定画面水平，在拍摄夜景的理想时机到来之前做好一切准备。

3. 白平衡

夜晚璀璨鲜艳的灯光正是夜景摄影最大的魅力所在，但是复杂的光源环境也使相机的白平衡较难获得理想的效果。一般来说应尽量避免使用自动白平衡，它会使灯光的色调偏离原有的颜色，不利于表现拍摄现场原有的意境氛围。目前市面上很多数字相机都有多种白平衡模式供用户选择，如白炽灯、荧光灯等，您可以根据拍摄现场灯光的性质选择合适的白平衡模式。但是很多情况下，拍摄现场会出现多种类型的照明灯光，这时候想要正确地还原现场灯光就变得更为困难了。在这种情况下，不妨多尝试几种白平衡模式进行拍摄，后期再从中进行选择。还有一种行之有效的办法是拍摄 RAW 格式的图片。所谓 RAW 格式，是指不经过相机内部的图像处理系统，而是将感光元件获得的数据原封不动地保存下来的图片格式。采用 RAW 格式拍摄的图片尺寸要比 JPEG 格式大，但它却具有比 JPEG 图片更丰富的色调。此外，还可以利用图像编辑软件，在后期通过电脑随意调整拍摄时的白平衡、色彩模式、锐度、曝光补偿等多项设定。因此，在实际拍摄时，您大可不必费心考虑该采用哪一种白平衡设定，只要在后期选择不同的白平衡，就可以很方便地获得多种色调效果。

4. 感光度的设定

所谓感光度是指数字相机感光元件对光线的敏感程度，用 ISO 值来表示。感光度越高，感光元件对光线就越敏感，获得同样曝光所需的曝光时间就越短。在夜晚拍摄时，虽然可以通过提高感光度来提高快门速度，但是要注意的是，较高的感光度设置容易使画面产生颗粒状的噪点，降低影像画质。因此，有经验的摄影师还是会选择以较低的感光度设定来进行拍摄。值得一提的是，随着现代摄影技术的不断发展，相机所能提供的感光度越来越高，而对于高感光度设置下的噪点控制能力也越来越强。例如，尼康新推出的 D3 数字单反相机，其常用的感光度范围为ISO200～ISO6400，并且还可扩展到ISO100～ISO25 600。经过测试，即使是在 ISO6400 等以往难以想象的高感光度设置下，画质依旧出色细腻。

5. 合适的曝光

夜晚各类灯光之间的明暗差异较大，对于曝光量的把握比较困难，处理不当就会造成曝光不足或曝光过度。好在目前的数字相机大多具有比较准确的自动曝光控制，你完全可以使用相机的自动功能来获得合适的曝光。但是一般来说，增加一档到两档的曝光，可以加强画面中建筑物、街道等物体的明亮度，更有利于表现夜晚美丽的灯光氛围。有一种简单有效的方法是利用相机的曝光补偿功能，逐次改变曝光值，拍摄几张照片，再从中选取最理想的进行保存。

6. 多重曝光与影像合成

夜晚特殊的拍摄环境，尤其适合运用多重曝光、影像合成等特殊的拍摄手法。这两种拍摄手法的最终目的都是要将多个影像合成在同一幅画面中，区别只是采用的方式不同。多重曝光早在胶片相机时代就已诞生，通过使感光介质重复曝光，获得特殊的视觉效果。目前市场上主流的数字相机，也有很多型号支持多重曝光功能，只是根据品牌或相机型号不同，所能实现的重复曝光的次数可能有所不同。例如，尼康的大部分数字单反相机都可实现 2～10 次的重复曝光。使用多重曝光功能往往需要事先精心的构思和取景，而且在拍摄过程中也会受到很多限制。例如，多重曝光必须事先在相机上设定重复曝光的次数，而且只有连续拍摄的一系列照片才能合成为一张影像。拍摄完成后，相机会保存最终的合成影像，不会单独记录每一次曝光。随着数字相机时代的来临，各种图像处理软件也应运而生，人们可以很方便地在后期进行影像的合成，制作各类艺术图片。尼康独创的影像合成功能正是采用了相同的原理，通过相机内部的处理，将任意两张 RAW 格式的影像合并为一张。合成后的图像仍以 RAW 格式保存，并可继续与其他图片合并，因此实际上影像合成的次数不受限制。由于是后期的处理，所以完全可以将两张不同时间、不同场合拍摄的影像进行合并，而且不会影响到原有的图片。因此，影像合成使用起来比多重曝光更为自由。

7. 对焦

相机的自动对焦感应器在低亮度、低反差的情况下较难完成对焦。为了解决这一问题，大部分相机上都装配了自动对焦辅助照明灯。当拍摄环境较暗时，相机会自动启动该照明灯，帮助照亮拍摄物体，实现自动对焦。如果拍摄物体距离相机较远，自动对焦辅助照明灯可能起不到什么作用，这时应尽量将焦点对准比较明亮的物体，当对焦完成后，再锁定焦点重新构图。如果这样还是不能进行对焦，那就只有手动对焦了。

8. 闪光灯的运用

很多摄影师都以为夜晚光线比较暗，拍摄时肯定会需要使用闪光灯，其实这是一种错误的观念。闪光灯固然可以照亮主体，但是使用不当，反而会适得其反。我们常常发现，在拍摄夜晚的人像时，只有前方的人物是明亮的，而后面的背景一片漆黑。这是因为闪光灯都有一定的照射范围，对于距离较远的物体起不了什么作用，而开启闪光灯，相机就会提高快门速度，结果导致背景部分得不到充足的曝光，使画面明暗不均。要解决这一问题，可以选择关闭闪光灯，或者也可以选择慢速同步闪光模式进行拍摄。在这一模式下，相机在开启闪光灯的同时，还可以保持较低的快门速度，使背景部分也得到正确的曝光，从而获得主体与背景都明亮的影像。

采用慢速同步闪光模式时，要注意以下两点：①由于闪光灯的照射范围有一定局限，所以拍摄时，人物与相机的距离不宜过远；②采用这种同步闪光模式时，快门速度相对较慢，因此要尽量防止人物在拍摄过程中晃动，使影像模糊。

第二节　人像摄影

所谓人像摄影，就是以人物为主要创作对象的摄影形式。很早以前，人们就以各种需要、各种方法描绘自己的形象。人像画面最早出现在绘画中，尤其到 19 世纪早期，当时的油画肖像已经非常时髦，创作上也日臻成熟，产生了不少优秀的肖像绘画作品。不久，当摄影术发明之后，人像开始进入摄影领域。当然，由于受到当时技术条件的局限，人像的拍摄还仅仅停留在初始阶段。随着摄影科技的不断进步和人们艺术观念的发展，人像摄影在今天已经有了很大的变化。如今，电子闪光装置、高速自动聚焦镜头的诞生和许多配套的人像专用镜头的运用，大大丰富了摄影师的创作可能性。

一、人像摄影的特点

一幅优秀的人像摄影作品，是许多成功因素的总和——神情、姿态、构图、照明、曝光、制作均要达到较高的境界，它们是一个总体的组成部分。

人像摄影与一般的人物摄影不同，人像摄影以刻画与表现被摄者的具体相貌和神态为首要创作任务，虽然有些人像摄影作品也包含一定的情节，但它仍以表现被摄者的相貌为主，而且相当一部分人像摄影作品只交待被摄者的形象，并没有具体的情节。而人物摄影是以表现被摄者参与的事件与活动为主，它以表现具体的情节为主要任务，而不在于以鲜明的形象去表现被摄者的相貌和神态。这两者之间的重要区别在于是否具体描绘人物的相貌。不管是单人的或是多人的，不管是在现场中抓拍的还是在照相室里摆拍的，不管是否包含一定情节，只要是以表现被摄者具体的外貌和精神状态为主的照片，都属于人像摄影的范畴。那些主要表现人物的活动与情节、反映一定的生活主题、被摄者的相貌并不是很突出的摄影作品，不管它是近景也好，全身也好，只能属于人物摄影的范畴。当然，从广义上来说，人像摄影拍的是人，也属于人物摄影。

人像摄影的人物应相貌鲜明，它分为影棚人像、室内特定环境人像和户外人像三大类。人像摄影的要求是“形神兼备”。

二、人像摄影的用光方法

光线是摄影的基础，不同性质的光线在摄影中反映在被摄人物身上的光影效果也是不同的。掌握用光的技巧在拍摄人像时会有非常大的帮助。

1. 顺光光位

顺光又叫正面光，是从照相机方向投向主体人物的光线。顺光光位是表现人物的常用光源，人物面部显得明朗、真实、自然，被摄体大部分受光、阴影面积小、光效偏平，立体感靠被摄主体自身的结构表现出来，属平光范畴。顺光适合五官端正、脸型较标准的人像摄影用光，如男女青年或儿童。对于脸型较胖、脸型太瘦者均不适合。

2. 侧光光位

侧光是在被摄者的前侧或者侧面方向布光。在人物面部能产生较鲜明的明暗分界线，光效一半亮一半暗，立体感强，易于表现人物面部明暗的丰富层次和个性。较适合个性写真和表现立体感的人。

3. 侧逆光光位

侧逆光分为左侧逆光和右侧逆光，是从主体人物的后左侧和后右侧方向照射过来的光线。在布光上应做到："宁打一条线，不打一块面。"起到修饰人物轮廓和结构的作用。属逆光范畴。

4. 逆光光位

逆光是来自被摄主体正后方的光线，属修饰光范畴。逆光的光线能加大面部的反差，最能勾画出人物的轮廓和立体感，影调凝重，烘托主体人物，使人物与背景分离，增加画面的艺术感染力和人物与背景之间的空间感。这种光线有时需要依靠辅助光来把面部的层次完全再现出来。

三、人像摄影的构图

1. 剪裁人像的正确位置

对一张完整的人像照片进行裁切的时候，裁切到身体部分则不建议正好在关节位置进行裁切，如脖颈、前胸、肘关节、腰部、膝关节、踝关节等，因为关节部分为人体的活动部分，将人体的活动部位裁切会影响到人体的姿态，会感觉突兀而不自然，尤其是当人物处于动态时。当然，这里所说的"剪裁"包括拍摄时的构图和后期处理过程中的二次构图。在实际拍摄中由于每个人的比例、姿势、衣着都各有不同，我们应该尝试用拍摄的各种照片来进行对比练习。

2. 景别的选取

（1）全身

全身人像包括被摄者整个的身形和面貌，同时容纳一定的环境，使人物的形象与背景环境的特点互相结合，并都得到适当地表现。

拍摄全身人像，在构图上要特别注意人物和背景的结合，以及被摄者姿态的处理。

（2）半身

半身人像往往从被摄者的头部拍到腰部以下、膝盖以上，除以脸部面貌为主要表现对象以外，还常常包括人物典型的动作、姿态和手势。半身人像比近景或特写人像画面有更多的空间，因而可以表现更多的背景环境，使构图富有更多的变化，给画面的内容带来更多的表现。同时，画面由于包括被摄者的手部动作，能够更好地帮助展现被摄者的内心状态，使拍摄者有可能把被摄者拍得更生动一些。有经验的人像摄影师对被摄者的手的姿态和动作是十分注意的。

（3）近景

近景人像拍摄人物胸部以上的形象，表现重点是人物的神情态势，也就是人物内在的情感变化和进入画面的肩膀、胳膊、手和前胸部位。“近取其神”，通过被摄者神态的处理来刻画人物的性格，给观众留下较强烈的印象。同时，背景环境在画面中只占极少部分，仅作为人物的陪衬。这点背景往往可以起到交代环境、美化画面的作用。当然，拍摄近景最好还是使用中长焦距镜头，仔细选择拍摄角度、光线的投射方向、光线性质的软硬，仔细观察被摄者的神态，抓取适当的拍摄瞬间。

（4）特写

人像特写，指画面中人物脖颈以上的头部或面部的局部细节，以表现被摄者的面部特征为主要目的，通过一点窥视人的内心或物的本质。优秀的人物特写超乎空间之外，作用于我们的心灵，而不是作用于我们的眼睛，富有抒情意味。人物的面部形象占据整个画面，给观众的视觉印象格外强烈，对拍摄角度的选择、光线的运用、神态的掌握、质感的表现等的要求更为严格，摄影者尤其应仔细研究有关摄影造型的一切艺术手段。

利用短焦距镜头或者中长焦距镜头靠近拍摄，都能获得特写画面。然而，用短焦距镜头拍摄特写必须离被摄体很近，在较近的距离拍摄人像时，鼻子到照相机的距离比额头、下巴、耳朵到照相机的距离近，在照片上鼻子显得大，容易歪曲被摄者的面部形象。同时，如果被摄者稍微低头，会使额头显得大，下巴显得短；稍微仰头，就会使下巴显得长，额头显得小。因此，最好是用中长焦距镜头拍摄。那样，照相机到被摄者的距离就可以稍远一些，避免透视变形。

3. 拍摄方向

大家都有这样的生活经验：同是一个人，从不同的角度去观察，得到的视觉印象并不完全一样，有的角度显得更美，更有神韵。在拍摄人像的时候也是这样，我们要力求找准被摄者最美、最动人的角度。拍摄角度的少许变化，都能对被摄者形象的表现产生明显的影响。拍摄方向的选择，是照相机以被摄者为中心左右位置的变化。拍摄方向大体上分为正面人像、七分面人像、三分面人像、侧面人像。

（1）正面人像

正面人像是被摄者面部正对着照相机。在正面姿势中，可以看见两只耳朵，虽然是最简单、最常用的拍摄方法，但通常不是最好的，因为这种姿势生硬、不自然，给人以证件照的感觉，而且还会夸张被摄者脸上轻微的不平衡。因此，正面人像适合于那些五官端正、脸型匀称而漂亮的人。如果脸围太胖、太宽、太瘦，两侧不均，或者两眼大小不一，鼻子、嘴形不正的人，一般来说不宜从正面拍摄。

（2）七分面人像

七分面人像，指被摄者面部略微向一侧转动，但从照相机的方向仍能看到被摄者脸部正面的绝大部分。如果以被摄者面部正面和侧面所占的比例划分，七分面人像应是脸部的正面占大部分，而侧面只占小部分。这种七分面人像，不仅仍能表现出被摄者的正面相貌，而且显得灵活并富有变化，容易收到较好的效果。选择七分面拍摄，如果被摄者是宽脸，将脸稍微转离照相机，效果一般看起来都比较好，因为这样可以将被摄者的宽脸掩盖一部分。相反，对一位窄脸的被摄者，如果其脸更多地转向照相机，通常看起来效果也比较好，因为这样可以使被摄者的脸部更丰满。不过，对于颧骨太高的人，不太适合用七分面拍摄，因为它会使过高的颧骨更加显露。

（3）三分面人像

三分面人像，是指被摄者比七分面的拍摄角度更侧转一点。从照相机的方向虽然仍能看到被摄者脸部的正面，但正面所占的比例不如侧面大。与七分面人像相比，在三分面人像中，面部较窄的那面的轮廓线条更鲜明、更重要，而且鼻梁的高低更加明显，面部较宽的侧面的轮廓线条在视觉上就显得不那么突出了。因此，如果有的被摄者脸部两侧的轮廓线条不十分对称，我们在拍摄时便可以让其转向轮廓好看的一侧，使略有缺陷的一侧处在不太突出的部位。对于颧骨太高的人，不太适合用三分面拍摄，因为它与七分面一样，会使过高的颧骨更加显露。拍摄三分面人像时，被摄者的鼻尖不要接触或超出脸围的轮廓。鼻尖如果触及或超出脸围轮廓，基本上就算侧面人像了。

（4）侧面人像

侧面人像，是指被摄者面向照相机侧方，与照相机镜头光轴构成大约 90° 角拍摄的人像。从这个方向拍摄，其造型特点在于着重表现被摄者侧面的形象，尤其是从侧面观看被摄者面部的轮廓特征，包括额头、鼻子、嘴、下巴的侧面轮廓。当然，如果拍摄半身或全身人像，也包括身体的侧面轮廓。不过，从侧面拍摄，被摄者的身体不一定要与照相机镜头光轴构成 90° 角，而是脸部朝向侧面，身体却可以朝向斜侧面或正面。这样仍属于侧面人像。

由于被摄者的面部侧面轮廓在侧面人像中表现得十分鲜明，所以这种姿势应用于拍摄具有非常优秀特征的——不寻常的下巴和引人注目的鼻子——轮廓鲜明的脸部的被摄者。假如被摄者的额头太大或太低、鼻梁太高或太凹、下巴太尖或太短、嘴形不正等，都不适于从侧面拍摄。

4. 拍摄高度

人像摄影中，相机的高度有着重大的意义。这是因为相机从不同的高度拍摄，被摄者的形体和脸会有很大不同。如果照相机从较低的位置向上仰拍，能使被摄者的形象显得较为雄伟；如果仰拍被摄者的头像，会使下巴及腮部显得较大、较宽，人物显得较胖，额头变窄、变小。若照相机从高于被摄者视平线的位置向下俯拍，会使被摄者的身材显得较矮小；若俯拍头部肖像，会使额头显得夸张，下巴显得较窄、较短。

在通常情况下拍摄人像的时候，照相机的位置不可过高或过低，因为当照相机从较高或较低的角度拍摄时，光学镜头所产生的透视变形现象强烈，这是与人眼观察不一致的地方。所以，在拍摄人像的时候，高低角度要审慎地选择。在一般情况下，拍摄半身人像，照相机的机位最好平行于被摄者胸部的高度；拍摄全身人像，照相机的机位最好稍低于被摄者腰部的高度。这样，被摄者的形象表现得比较正常，使人看上去也更修长。特别要注意的是，当拍摄近景人像或头部肖像的时候，照相机一般适宜放置于被摄者眼睛的高度，这样拍出来的效果比较自然，没有明显的透视变形现象。当然，也可用稍仰或稍俯的拍摄角度，以达到不同的造型效果，不过要掌握适当的分寸，以免歪曲人物形象。

第三节　建筑摄影

建筑摄影通过摄影手段来展示建筑的用途、功能、品质、格调等，以表现它与人及环境的关系，达到记录、交流、宣传、推销的功能，以此促进建筑技术、建筑行业、建筑文化的发展。

一、建筑摄影的拍摄主题

建筑摄影的拍摄主题范围很广，可以是一栋建筑，也可以是建筑的群体或一个地区、一座城市；可以是建筑的整体，也可以是建筑的局部；可以是建筑外部，也可以是建筑内部。摄影师应善于根据照片的用途去发现富有代表性的拍摄主题，这类拍摄主题一般表现为反映城市特征的鸟瞰全景图或轮廓大景观，街景或广场公共空间，建筑群体和标志性建筑，富有个性的建筑和造型优美的建筑，历史性文物建筑和环境小品，等等。

二、建筑摄影照片的用途

了解建筑照片的用途有助于提高照片的拍摄质量。对于不同用途的照片，选择的拍摄主题、运用的摄影语言、使用的拍摄器材和拍摄的技巧都会有所差异。建筑照片的用途一般可以分为建筑专业使用的照片和摄影专业使用的照片。

拍摄建筑专业使用的照片，摄影师需要具备一点建筑学的基本知识，了解所拍摄的对象，从建筑师的视角来观察建筑，通过取景拍摄把建筑的设计精华传递给读者，得到建筑界的认可。建筑专业使用的照片，其构图十分讲究、调焦精细清晰、用光适度合理，特别是摄影中的“透视失真”都应予以避免或用器材校正，以便真实地把建筑的三维空间信息传递给读者。

摄影专业使用的照片，建筑摄影虽然是以建筑为拍摄对象的摄影，但就创作而言，摄影师既可用纪实的手法真实地记录建筑，也可在光影构图上标新立异、抽象地表现建筑；或通过特殊的技法，探索一种纯几何图形的表现手法；甚至还可用超广角镜头的透视变形来追求视觉的冲击，强调画面的戏剧性效果而不考虑原有建筑的空间比例，以达到通过拍摄建筑来传达摄影者自身某种信息的目的。

因此，建筑摄影是纪实性与艺术性的统一，建筑摄影照片必须是文化的传承物，既强调建筑摄影的纪实性，又体现建筑理念内涵和形式美的特征。在当今这个需要大碰撞、大交融的时代中，依靠建筑摄影的特殊技法及表现力在新的文化层面上创作出更加光彩照人优秀作品。

三、建筑摄影的魅力

1. 表现立体感

建筑外观一般都呈现出较为典型的立体几何形态。其中，立方体是建筑的主要形态，其他还有圆球体、圆柱体、圆锥体等立体几何形态。因此，建筑摄影中的光对表现这些立体几何形态的视觉效果作用巨大。建筑摄影一般应该避免在阴天进行，因为阴天拍摄的建筑缺乏立体感，容易显得平淡无奇。

在阳光下进行建筑摄影，应注意光位问题。建筑摄影用光要避免正顶光和正面光。如果是正顶光，建筑物的立面就没有光照，显得灰暗；如果是正面光，建筑物的正立面会显得较平，没有立体感。特别是在夏季正午的阳光下，应尽量避免拍摄建筑。通常情况下，10:30 以前和 15:00 以后的阳光比较适合拍摄建筑。如果是夏天，17:00 左右的光位最好，因为上午的光偏冷，天空比较平淡，照片的效果会显得差些。另外，日出和日落时的光照富有别样的魅力，容易拍出感染力超群的建筑照片。

2. 表现体积感

建筑物是立体的，这是无可否认的事实。然而，要想在照片中表现出建筑物所具有的雄大、深厚、沉重，也就是建筑的体积感，则非常难。在表现不同建筑物的体积感上，小建筑就拍出它的小巧，大建筑就拍出它的宏伟。小建筑同样具有小的魅力，不必使用特别的摄影方法故意将其拍成大建筑一样。在建筑体积感的表达上可以加入建筑物主体以外的陪体，如人物、汽车、树木、云彩等物体与建筑物形成体积上的对比来烘托其建筑物的质量大小。

3. 表现安定感

建筑物作为不动产，与土地不可分割，也就是说建筑物是扎根于地面上的，具有稳稳当当坐落于地面上的安定感。要想拍出这种安定感，必须首先考虑照片的构图。重要的是垂直地拍摄建筑物，如果建筑物拍摄得歪斜不正，就会造成不安定的感觉。

4. 表现质感

在建筑摄影中，影像的质感占着极为重要的地位，建筑摄影不但要表现建筑的空间形体，还要把建筑的材料质感丝毫毕露地呈现在读者眼前。

首先，表现质感的基础是把建筑拍摄得清晰细腻，因而要对被摄体进行精确聚焦，提高影像的清晰度是表现建筑质感的基础。

其次，正确用光是表现建筑材料质感的一个重要技术条件。正确用光就是正确控制光的方向、光的品质。当建筑物的质感为表面粗糙型时，如砖墙、毛石墙面等，要有足够强度的光线从侧面照射，凹凸不平的表面就会产生不同程度的受光面和阴影区，建筑材料的质感就会得到突出表现，特别是当建筑的色彩并不丰富时，斜侧光对表现建筑的质感就显得十分重要。拍摄外墙表面为光滑型的建筑时，对斜侧光的方向和强度就要求十分严格。从光的入射角等于反射角的原理来讲，当你在拍摄玻璃幕墙的大厦时一定要注意光照的角度、拍摄点的位置、光的强度、光的柔化程度，寻找最佳组合来表现其材料的质感。

最后，合理、准确的曝光将直接影响质感的表现。准确、合理的曝光是指根据建筑的体型、色彩、材料质感、受光面和背光面的亮度对比来采取相应的曝光值。这个曝光值对于被摄建筑的某一部分来说可能会曝光不足或曝光过度，但对于需要重点表现的那一部分一定是准确的曝光。由于数字相机宽容度的局限性，拍摄者无法做到让高反差的被摄体在各个部位都获得准确的曝光，因此在拍摄前一般应有一个构思，即对需要重点表现的部位做到曝光准确，但就整体而言追求的是合理曝光，只有合理曝光才能正确地表现你想要表现的那一部分的材料质感，而对不重要的部位曝光过度或曝光不足，有时反而会使作品更有个性。

5. 表现色彩感

在拍摄建筑物时，要了解建筑色彩的美学应用，选择合适的表现手法，利用手中的照相机把建筑物变成一个个跳动的音符。

我国古代建筑中的色彩应用，在某些程度上反映了强烈的民族特色。例如，皇家宫殿的黄琉璃瓦、汉白玉台阶、红色的廊柱和蓝色的天空对比，给人以鲜明、强烈、辉煌夺目的感觉，绚丽的彩画更使得整个建筑丰富多彩。而我国的民居则是以朴素自然淡雅的风格和自然色彩为主，如青灰瓦、白粉墙、棕色木柱和门窗，给人以非常明快开朗的感觉。不同功能要求的建筑物，亦强调不同的色彩，如医院、学校的色彩给人以清心宁静的感觉，会堂则应给人以端庄严肃的感觉等。近代的建筑更加注重运用色彩对比来丰富建筑造型，在色彩处理中，注重中间色的运用、色彩的调和和对比色的运用。

了解色彩在建筑学中的运用规律，利用合适的表现手法来拍摄出色彩和谐的建筑物，这些都是建筑摄影师所要掌握的。

6. 表现时代感

建筑是根据我们所生活的时代要求而产生的，具有魅力的建筑物其设计和性能都能反映出所处时代的历史特点。由于人们不断追求更新更好的建筑，所以设计新颖的建筑物层出不穷。为反映时代的需要而出现的高层建筑，是人类理想的实现。高层建筑最初出现于美国，设计形式的主流也都是美国方式，然而现在世界各地到处都能看到高层建筑，其设计形式反映了各国文化。

优秀的建筑摄影都应准确表现时代的特征，无论是旧建筑，还是现代建筑，都能向我们表明其所建造的时代，准确地表现它们的特征，向现代及未来的人们传达建筑文化与艺术，这是建筑摄影师的使命。

四、建筑摄影器材

建筑摄影所使用的器材与其他摄影所使用的器材有所区别，大画幅相机（4in×5 in或8 in×10 in）、中画幅照相机或135单反照相机都可以用来拍摄建筑，但照片不同的质量和用途要求决定着照相机的选择。完成一般的建筑资料拍摄，135单反照相机就能胜任，镜头使用最多的是广角镜头，有时还要用到移轴镜头。从事专业建筑摄影的摄影师通常会使用大画幅相机，因为大画幅照相机的皮腔部分可做大幅度调整，尤其是近拍高大的建筑物时，这种优势极为明显；再有就是较大的底片可以更好地记录影像更为细微的部分，这对于大型广告图片的制作非常重要。不过大画幅相机的操作比较复杂，移动调整和更换胶片均较烦琐，携带安装也并不便利，所以在对片幅没有刻意要求的情况下，一些中画幅照相机包括135单反照相机同样能够满足建筑摄影的基本要求，如机背取景的中画幅照相机禄莱X-Act2、哈苏ArcBody等。

此外，中画幅照相机和135单反照相机中均有一些移轴镜头可用于建筑摄影，移轴镜头可以在平视取景的前提下，把镜头的像平面中心相对焦平面中心向上或向下移位，从而在镜头的焦距范围内把建筑的顶部（地面拍摄）或底部（高处拍摄）移进取镜器内，而垂直线条在照片中仍保持垂直，移轴的效果能有效改善形变造成的扭曲，较为真实地还原肉眼所见。中画幅相机的移轴镜头有玛米亚75mm F4.5、禄莱75mm F4.5及哈苏可做偏移的1.4增倍镜等。135单反照相机用于建筑摄影时，可选择尼康推出的PC-E尼克尔24mm F3.5、PC-E微距尼克尔45mm F2.8及PC-E微距尼克尔85mm F2.8移轴镜头，佳能移轴镜头则有TS-E17mm F4、TS-E24mm F3.5L II、TS-E45mm F2.8及TS-E90mm F2.8。关于各类移轴镜头的具体使用情况，则应视拍摄的对象、照片的用途、创作者的习惯和经济能力而定。最后，稳固的三脚架、快门线和具有点测光功能的测光表都是建筑摄影所必需的辅助设备。三脚架上最好选用带有水平仪的云台，这样可以更精确地控制影像垂直。有些摄影爱好者手中只有普通的摄影器材，在用于建筑摄影时可以采用以下方式避免建筑透视失真：①站到被摄建筑对面高处平视拍摄；②平视取景，把被摄建筑安排在画面的上部，放大时再裁掉下面多余的部分。

五、建筑摄影的技术

1. 正确用光

建筑是依靠自身的三度空间来表现其立体的空间，用二维平面的照片形式来表现立体空间时，在一定程度上将有赖于光与影。正确用光的含义是指控制光的方向、强度和品质，既要表现出受光面材料的纹理质感，又要能显示出阴影凹处的深度而又不失凹处的细节。标准光是指与建筑物正面成45° 的前侧光，但在表现外墙装饰为玻璃材料等现代建筑时，光照的角度就要灵活掌握了，既应避开强烈的反射光，又应表现出材料反射的质感，还要使其表面所反射出来的周围景物不破坏主题。逆光虽无法表现建筑的细节，但却有利于表现建筑物优美的轮廓线，而顶光和顺光（即平光）会使建筑物影调平淡，缺乏立体空间感。有时还可利用晨曦、夕阳等特殊光线，给作品带来色彩绚丽的光影效果。

2. 利用空间透视规律构图

建筑物的立面由不同的线条和影调层次构成，在建筑摄影构图时，要充分运用线条和影调透视规律。线条一般有竖直线、横直线、斜线、曲线等。

竖直线能显示高大、雄伟、挺拔的视觉效果，在构图时一般被用作主线，表达建筑物的空间纵深感；横直线能显示建筑物的稳重、大方及对称性，在适当的拍摄角度下，在画面上可变成斜线，产生明显的形状透视变化，表现建筑物在横向空间上的宽大、舒展，从而扩大画面的容量；斜线、曲线是运动中的线条，可改变建筑物造型的单调平板，增加建筑物的韵律美。

在摄影时，离机位近的景物暗、色彩浓，在镜头上结像清晰；离机位远，景物亮，色彩减淡。距离越远，色彩和清晰度越趋浅淡和模糊。这种浓淡影调对比规律可丰富建筑摄影的画面层次，突出主体建筑物，增强主体建筑物的立体感和表面质感。

3. 选择最佳拍摄点

现代化的城市，高楼大厦鳞次栉比，由于建筑物具有不可移动性，选好拍摄点对取景构图尤为重要。拍摄点应有利于表现建筑的空间、层次和环境。空间是建筑的主体，层次表现空间的变化和深度，而环境则不仅仅是为了衬托建筑，创造一种气氛，其本身就是建筑的一个不可缺少的组成部分。优秀的建筑（或建筑群）必然具有优美的建筑环境。拍摄点的选择一般包括拍摄方向的选择、拍摄距离的选择、拍摄高度的选择等。

拍摄方向的选择对表现画面中建筑物的空间感是十分重要的。正面拍摄适合表现庄重、对称的建筑，会产生透视效果，但是这样也会有一些缺陷。比如，立体感会差一点，因为其缺少侧立面。拍摄的距离会直接影响到画面的构图，拍摄的距离就是拍摄点与被摄建筑的距离。要想取得好的拍摄效果就要不断调整拍摄的距离，从而找到更好的拍摄距离，达到好的拍摄效果。画面的远近不同，表达的内容并不相同，近距离的拍摄能够强调整体的气氛，远距离的拍摄能够表现景物的全貌。相机相对被摄建筑的水平高度也就是所谓的拍摄高度，不同的高度呈现的画面也会有不同的效果。相对于相机保持水平状态的建筑摄影而言，拍摄的视点可以分为高视点、中视点和低视点。高视点的拍摄有利于表现大场景的纵深感和空间层次感，能清楚地表现由近到远的建筑物群体和建筑环境。视点过低而以天空为背景，虽能避开建筑物后方杂乱的物体，显示建筑物的高大，但拍出的照片也易产生畸变；最好是平视取景，利用周围的建筑物，在其中选择适当高度的楼层作为拍摄点，采用对比的方式，确定好画面的各条边线，处理好主体建筑物同环境的关系，突出主体。这样拍出的照片既不变形，又能反映建筑物宏伟高大的气势及稳定感。

4. 保证影像清晰细腻

保证影像清晰细腻是建筑摄影的根本，最有效的方法就是精确对焦，并用小光圈来加大景深，另外还要使相机稳定，并正确用光，这样才能使建筑物的形体特征和材料质感一览无遗地表现在照片上。

第四节 新闻摄影

世界上可以考证的第一次新闻摄影活动是 1842 年 5 月 5 日德国汉堡一场大火烧了四天，比鸥乌和史特尔茨纳两人奔赴火场，拍下了许多废墟照片。目前仅存一幅，为《汉堡大火废墟》，其拍摄时间大约是 1842 年 5 月 10 日，这张照片成为世界上第一张新闻摄影照片。1876 年上海《申报》委托照相馆拍摄的上海至江湾镇铁路通车的照片是中国早期摄影采访的实例。170 多年过去了，摄影技术的飞速发展使新闻摄影的技法和观念发生了一次又一次的变化，新闻摄影的拍摄与传播已达到了很完善的地步。新闻摄影的发展，离不开芬顿、布莱迪、海因、里斯、纳达尔、萨乐蒙、布列松等新闻摄影先驱们的探索与实践。他们的新闻摄影实践，既创立了新闻摄影的拍摄技法与原则，也促进了新闻摄影理论的建立与发展。在新闻摄影理论方面，艾默生的“自然主义摄影”、布列松的“决定性瞬间理论”、里斯与海因的“关怀摄影理论”、沙飞的“武器论”、洛伦特的“现代新闻摄影准则”及“图片编辑原则”等，不仅有力地推动了新闻摄影的发展，也确立了新闻摄影在新闻传播领域及整个社会中的地位。

一、新闻摄影的定义

新闻摄影是使用照相机对新闻事实作现场纪实，以摄影图片的形式对正在发生的事件进行新闻报道。摄影图片是新闻摄影传播信息的主要手段，主要依靠抓拍完成，其宗旨是说明事件、传播消息、引发影响等。此外，新闻摄影一般都附有简短的文字说明，以介绍事件发生的背景和过程等。

因此，在对新闻摄影定义的认识上，可以从新闻形态上用如下语言来表述新闻摄影的定义：“新闻摄影主要是用摄影手段记录正在发生着的新闻事实，结合具有新闻信息的文字说明（包括标题）进行报道。”这个定义对新闻摄影作出了如下五个方面的规定。

1）新闻摄影的对象——新闻事实。

2）新闻摄影的手段和表现形式——照片和文字说明的结合。

3）新闻摄影的拍摄要求——正在发生着的新闻事实，或与该新闻相关联的前因后果。

4）新闻摄影的文字说明——要求具有新闻信息，并与照片内容相关联。

5）新闻摄影的基本职能——形象化地报道新闻。

二、新闻摄影的题材

新闻摄影的题材，也就是构成新闻摄影作品的材料，即新闻摄影作品中具体报道的事件或现象。研究新闻摄影的题材，不仅要力求与读者兴趣相结合以加强宣传的效果，而且应努力扩大报道面增强读者对客观世界认识的广度与深度。

1. 从新闻宣传与读者兴趣相结合的角度唱响时代主旋律

关于新闻摄影题材的划分，由于分类标准不一，有的根据社会活动的不同性质，分为政治、经济、军事、文化等题材；有的根据行业的分工，分为工业、农业、科技、教育、体育、外事等题材；有的从时效的角度，分为突发性新闻与非突发性新闻等，不胜枚举。就新闻摄影题材而言，无论属于何种性质，首先应考虑该题材是否有新闻价值和宣传价值，并且为读者所喜闻乐见，即新闻宣传与读者兴趣相结合。

众所周知，我国的新闻工作是党的宣传教育工作的重要组成部分。宣传有关党的方针、政策、中心工作等话题，无疑是我国新闻摄影最主要的题材，也是当前新闻摄影题材的主旋律。当媒体在一段时间内对时代的主旋律重复地加以宣传，不断地使用类同的画面、类同的内容时，就势必不再吸引读者。因此，新闻摄影宣传时代主旋律应力戒表面化、形式化、概念化。应尊重读者对新闻媒体摄影报道选择阅读的自由与主动权，致力于发掘读者感兴趣的主旋律题材是至关重要的。

2. 从扩大题材报道面的角度去吸引读者

新闻摄影的题材在唱响主旋律的同时，扩大题材报道面，则更能吸引读者，从而在新闻宣传上也就更能产生实效。新闻摄影的特点是抓住新闻的瞬间形象。人们对哪些新闻的瞬间形象感兴趣呢？研究结果表明，以下题材的新闻摄影报道，读者具有普遍兴趣。

1）灾难与不幸的题材——灾难与不幸，即坏消息。例如，战争、凶杀、暴力、重大事故、重大疾病、地震、火灾、水灾等。这些危害人类生存的题材，最能强烈地激发读者的情感与关注。

2）快乐与幸运的题材——快乐与幸运，即好消息。好消息令人兴奋与愉悦，如成功、胜利、荣誉、财富、幸运等方面的题材。对于这些好消息的题材，不仅人人皆追求与向往，而且人们都具有间接的胜利感，愿为别人的胜利、成功、荣誉、财富、幸运等而快乐，哪怕是轻松的一笑与善意的羡慕。值得注意的是，对于胜利、成功、财富、荣誉、幸运等关注程度的大小与读者兴趣的大小是成正比的。

3）批评性题材——批评性题材，大至社会问题，小至不良现象，都是广大读者关心的话题。公开批评是为了扶正压邪，是为了促使改正提高，是为了治病救人。用新闻摄影手段揭露和抨击落后的社会现象和歪风邪气，能使广大读者的正义感得到满足，能使读者对美好前景充满信心。

4）名人与胜地的题材——名人的动态新闻永远是读者感兴趣的话题。这也是新闻永恒的题材。名人，上至党和国家领导人，下至各条战线、各行各业的名人，尤其是体育、文艺界的名人。胜地包括已声名远播的和新开发、新发现的名胜古迹，公众对此也有普遍兴趣。

5）日常生活题材——日常生活题材指普通人日常生活中具有新闻性并适宜用图片形式报道的风土人情、风俗习惯、流行或前卫的生活情趣、幽默诙谐的奇闻趣事等。

6）自然界的题材——自然界是一个博大的天地，用新闻摄影手段展现大自然美妙与新奇的景象，展现珍奇动植物的风姿，能扩大人们的视觉境界，读者对这类题材也有普遍兴趣。

应该看到人们的兴趣既有永恒的一面，也有变动的一面，不是一成不变的。因此，对于新闻摄影题材的认识也应是动态的，不断变化与发展的。不断关注和研究读者兴趣倾向的变动，随着读者兴趣倾向的变化不断调整新闻摄影的题材，这是优秀摄影记者久享盛名的秘诀。伴随着人类对自身和外界认识的拓展，新闻摄影的题材势将层出不穷。

三、新闻摄影报道的体裁

体裁即表现形式。新闻摄影的报道形式，一言以蔽之，就是照片和文字说明的结合。在新闻摄影的表现形式中，照片与文字说明（包括标题）是相辅相成、相得益彰的，文字说明注释了照片的形象，照片形象又印证了文字说明的内容。

从细分化的角度来研究新闻摄影的体裁，又有单幅图片报道与成组图片报道的区别。成组图片指在一则新闻报道中使用两幅以上的图片。无论单幅还是成组图片，又都有配合文字稿、摄影新闻、摄影特写等区分。在成组图片报道中，又有专题性、综合性、系列性、对比性等区分。以下将对上述这些新闻摄影的体裁逐一加以点评。

1. 单幅图片的报道体裁

单幅图片的报道体裁有配合文字稿和独立报道两种。

1）配合文字稿。配合文字稿的新闻照片常用一幅，有时也用两幅以上。它不需要单独的照片标题，只需简要的文字说明，不必写出具体的新闻内容，因为配合文字稿的照片在整则报道中仅起配角作用，处于从属地位，具体的新闻内容由文字稿阐述。配合文字稿的新闻照片容易被误解为仅起美化版面的作用。事实上，有照片配合文字稿的报道，其效果总是胜于单纯的文字报道或单纯的图片报道，其主要原因并不是因为照片美化了版面，而是这种报道形式把文字和照片的长处集于一体。照片能提取新闻事实瞬间精华的感染力和吸引力是文字所达不到的；而文字能详尽描述新闻事实的能力又是照片所达不到的。对于这种集两者优势于一体的报道形式，值得重视和研究的是怎样使两者配合得当、融为一体。

2）独立报道新闻。采用单幅新闻照片独立报道新闻，具有简明扼要、一目了然的特点，犹如文字新闻中的短消息，较受读者欢迎。单幅照片独立报道新闻的文字说明应注意“新闻五要素”，即“何时、何事、何地、是谁、为什么”，注意具体、准确、简要。此外，一般应加标题，标题的写法要突出新闻内容的要点，忌抽象。

2. 成组图片的报道体裁

成组图片的报道体裁有专题性、综合性、系列性、对比性之分。

1）专题性成组图片报道。专题性成组图片报道是围绕同一新闻对象，采用两幅以上的图片反映其不同的侧面。拍摄专题性成组图片时应注意景别的变化，以使照片在版面上增添生动感。专题性成组图片报道的文字说明要求有标题、总说明和分说明。标题是整组图片所反映的新闻事实或主题思想的提炼；总说明用于交待新闻的主要内容、背景或其意义等；分说明，即每幅图片的说明，对相应画面起简要注释作用。标题、总说明、分说明三者之间既要互相联系、照应，又忌彼此重复。

2）综合性成组图片报道。综合性成组图片报道是围绕一个新闻主题，用若干不同新闻对象的图片，组合在一个版面上进行报道，也就是每幅照片都反映一个独立的新闻对象、新闻内容，但都是由一个相同的主题思想来统一贯穿的。这个中心思想或新闻主题通常就体现在标题上。除了标题外，综合性成组图片报道的总说明和分说明的写作，可视报道意图与目的采用不同的处理方法。常见的有两种形式，一是不写总说明，在标题统帅下，详写每幅照片的分说明；二是采用类似专题性成组图片报道的要求来写总说明和分说明。综合性成组图片报道在配合形势、政策、重大事件的宣传报道上能给人较深刻的印象。

3）系列性成组图片报道。系列性成组图片报道是单幅图片报道的延伸。它采用两幅以上的照片来反映同一新闻对象的连续瞬间。这种图片报道的体裁能使静止的画面变得栩栩如生，让读者产生联想，犹如身临其境。系列性成组图片报道也需要标题，每幅照片的文字说明通常较简练，是否需要总说明则应根据报道意图的需要而定。

4）对比性成组图片报道。新闻照片具有纪实性和文献性的特点，有些资料性照片经过若干年后，重新对其进行追踪和新旧对比。有比较才有鉴别，对比报道往往具有较强的感染力。除了这种“过去与现在”的纵向对比外，成组图片报道也可采用横向对比，如“好与差”“喜与忧”的对比等，对比性成组图片报道也应有标题和分说明。总说明是否需要则可视报道意图而定。

四、新闻摄影的特性

1. 时效性

时效性是新闻摄影的生命力之所在。具体地说，时效性体现一个“新”字，所谓“新”，就是指新鲜、新颖、新生。它所反映的必须是正在发生的、引人关注的新闻事实，如政治事件、经济消息、社会热点、国际关系及反映社会生活的纪实性报道等。新闻如果离开了“新”，便成为明日黄花，不能称为新闻，而只是旧闻了。新闻的这一特性决定了新闻要反应迅速，及时报道新近发生或发现的事物，向读者提供多方面新鲜的信息，如果反映不迅速，不讲求时效，更谈不上“新”，就失去应有的价值了。

2. 真实性

真实是新闻的生命，作为新闻属类的新闻摄影的生命也是真实性。新闻图片反映的是事物的全貌和本质，在拍摄过程中，摄影记者必须尊重新闻事实，做到具体事实准确、构成要素无误、不编造、不取舍、不凭空想象，在掌握全部事实的基础上，透过现象看本质，力求新闻摄影记者在深入采访的基础上，拍摄到具有新闻价值的、能够反映事物本质的“真实性瞬间”。力戒在新闻现场进行组织加工的摆拍和编造新闻事实等违背新闻摄影采访规律和新闻真实性原则的做法。

在新闻摄影的拍摄手法上，必须坚持“抓拍”，抓拍已经成为新闻摄影主要的一种拍摄方法，也是避免摄影新闻失真失实的重要手段，抓拍的影像无论是外部形式的表现还是内在信息的传达，都具有很强的优势。现场抓拍到的真实的画面，与摆拍、导演出来的照片存在很大区别，其真实感和感染力相差甚远。抓拍的照片是在自然状态下捕捉到的最真实的瞬间，所传达的浓郁的现场气氛，使人有身临其境之感及百看不厌的感觉。这也是评价一幅照片好坏的标准。在新闻照片的后期制作中，编辑和摄影记者在处理图片时，除一般性的技术调整，如色彩饱和度、亮度、反差等成像质量上的调整外，不得对新闻照片进行影响事实的电脑修改和加工，不得在画面上添加元素以改变画面的表现力，坚持照片瞬间成型，确保新闻信息的真实性、准确性、客观性，以及新闻图片的公信力。

3. 典型性

新闻摄影报道的典型性包含典型事件、典型形象、典型瞬间三方面。

典型事件是在新闻同类事件的比较、衡量与选择中，确认相对冒尖的、有思想价值的新闻事件作为新闻摄影报道的题材。典型事件更突出，更有形象特色，更先进，更有推广的价值，更能使人从中受到启发。典型事件是新闻摄影的基础，是新闻图片进入摄影传播领域的重要保障。

典型形象是存在于新闻现场那些相对强烈、相对个性、相对有精神意义的主要形象。无论是人类题材、社会题材，还是自然题材，典型形象都是新闻摄影记录的主要推出对象，吸引着观众的视线，震撼着观众的心灵。

摄影大师布勒松说过，“世界上没有任何事情没有决定性的一瞬间”。由此可见，决定性瞬间是摄影图片成败的关键所在。因此，观察新闻事件的发展状况，寻找最佳瞬间是摄影者的首要任务。这需要摄影记者拥有准确判断和捕捉典型瞬间的能力，需要我们在长期的实践中去磨炼。对于新闻摄影记者来说，仔细观察应建立在对事物做尽可能多的了解的基础上，最好事先对采访对象的信息和背景做尽可能多的调查，使自己不会在完全被动的情况下做盲目的观察，带着对事物的思考进行观察判断，才能极大地提高新闻敏感度，从而迅速有效地捕捉事物发生过程中的典型瞬间。

4. 现场感

现场感是相对作品而言的，强调新闻照片在记录一件事物本身时还应同时记录事物赖以存在的生活状态，从而给人以身临其境的真切感。新闻摄影的现场感必须以现场抓拍为前提，拍摄者必须深入生活亲临现场，在事物发生发展的现场，按自然环境、生活原貌进行拍摄。应正确记录事物客观存在和发展的“时间”“环境”和“相互关系”等印迹，而不应过分雕琢，进行因追求艺术效果而违背事实的报道。

5. 艺术性

在新闻摄影的策划、拍摄、编辑、赏析等传播环节中，拍摄环节始终是第一位的，拍摄者根植于生活深入创作，创作的意境就宽广，作品的原创性也就越大。新闻图片传播活动是一种动态的，由创作者、传播者和读图者交相催生的互动效应。在这三维的互动效应中有一种尺度起着牵一发而动全身的作用，这就是新闻摄影的艺术三态：现场的瞬间形态、主体的艺术情态、读者的审美状态。这三者值得摄影艺术家们认真地思考和借鉴。新闻摄影只有符合上述艺术三态，才会也将会更自由、更有深度、更符合时代的发展和审美的要求。高雅的艺术借助于摄影步入大众的平凡世界，满足了爱美人士的审美要求，从而创造出新的时代文化氛围，达到对美的更高的追求。

五、新闻摄影拍摄技巧

新闻摄影已经成为当代新闻传播最为活跃的因素，这就要求新闻摄影记者必须掌握一定的新闻摄影技巧以提高新闻摄影的新闻价值。那么，在具体工作实践中如何运用好新闻摄影技巧呢？

1. 充分利用现场光

一位熟练的新闻摄影记者，除了具备强烈的新闻敏感度和形象思维能力外，还要充分利用好现场光以达到摄影造型的目的。例如，世界上有许多重大新闻事件，里根和戈尔巴乔夫在华盛顿会谈、美国总统里根被刺客用枪击中等佳作，均出自“高手”之手，他们以娴熟的抓拍技巧，包括巧妙的用光，才让许多观者留下深深的印象。

现场抓拍照片，关键在于准确判断现场光的特点，充分利用好现场光，如散射光、灯光和一切可利用的光源。摄影记者每到一个新闻现场，都要善于在极短的时间里，找到有利于自己拍摄的角度，包括有利于表现主体形象的现场光的来源。1974 年意大利《时代周刊》记者洛蒂随意大利政府代表团来华访问，曾在会后极短时间里，利用会议厅门外窗户自然光作侧光（下午五点多），给周总理拍下了传世绝品肖像佳作——《伟人周恩来》。该幅作品以准确的用光和造型，被公认为典范之作。当时周总理已疾病缠身，但是照片的形象极佳，庄严中见雍容，目光炯炯有神，很好地反映了中国伟人的风采。

2. 选择独特的视角

每一次重大事件发生时，都会吸引数百名摄影师来到现场，要想让自己的照片在众多雷同的画面中脱颖而出，摄影师就需要在拍摄的视角上下点工夫。

1）平视拍摄。这个角度最符合人的视觉习惯和观察景物的视点。这样拍摄的画面的透视关系、结构形式、景物大小和我们眼睛看到的大致相同，使人在心理上有一种认同感和亲切感。这种角度最适宜表现人物间的感情交流和内心活动。

2）仰视角度。这个角度很适合表现高大垂直的景物，充分利用画面的深度来表现景物的高大。用这种方法去拍摄，可以深化事实主题，丰富画面内容，使主体地位得到强化，从而达到不凡的视觉效果。

3）俯视拍摄。这个角度非常有利于展现空间、规模和层次，可以使远处的景物和近处的景物在同一个平面上得到充分展示，有利于展现空间的透视感和自然之美，表现出景物的气势，全面介绍环境、地点、规模和数量，展示物与物之间的关系和物与物之间的方位感。

3. 抓拍典型的瞬间

新闻摄影中的“典型瞬间”又称为“决定性瞬间”，是指瞬间精华、精彩瞬间。典型瞬间寓于事物发展过程中，稍纵即逝。对不同事物、不同对象、不同内容会有所不同。有的可能是高潮到来前的瞬间，即“将到而未到顶点”的瞬间；有的可能是高潮到来时的瞬间；有的也可能是高潮过后的瞬间。这就要靠摄影者的认识能力、观察能力、判断能力及娴熟的摄影技术技巧进行抓拍。

抓拍既是新闻摄影的拍摄方法，又是新闻摄影的拍摄风格，也是新闻摄影美学的基础。抓拍不是自然主义的随意拍摄。它是在时间、现场、人物与内容的基础上，不干涉新闻对象的发生、发展与终结的前提下，以敏感的观察力、准确的判断力、娴熟的摄影技术技巧和敏捷的动作进行选择性拍摄。只有具备了这些扎实的抓拍基本功，才能提高抓取新闻对象典型瞬间的成功率。从实践的角度来说，抓住其典型瞬间，这就要求摄影者从不同角度、采用不同景别拍摄新闻全过程中一系列激动人心的画面。事后再进行精心选择，选出具有典型瞬间价值的画面进行报道。

抓拍不等于偷拍，不等于在任何情况下都不能与被摄对象进行任何沟通。由于新闻摄影题材、内容的多样性与广泛性，因此对于有些非动态性、非突发性新闻题材的拍摄，摄影者从技术、画面效果上考虑，事先要与被摄对象进行适度的沟通，给予被摄者适当的提示与引导，然后在被摄者自然状态下进行抓拍，这也是新闻摄影的抓拍方法之一。毫无疑问，这种沟通不是为导演摆布服务的，也不是为主观想象的画面服务的。这种提示、引导的沟通必须建立在新闻摄影纪实性的基础上，即真人、真事、真场景、真时间。

六、新闻摄影与奖项

1. 世界新闻摄影比赛

世界新闻摄影比赛（World Press Photo，WPP，统称“荷赛”），由总部设在荷兰的世界新闻摄影基金会主办。该基金会成立于1955年，自1957年举办第一届世界新闻摄影比赛以来，截至2015年，已经举办了58届。

荷赛奖分为突发新闻、一般新闻、新闻人物、体育动作、体育专题、当代热点、日常生活、肖像、艺术、自然共 10 类，基本覆盖了新闻摄影的各个方面。每类还分为单幅和组照（最多不超过 12 幅）两项。

该比赛是世界上规模最大、最有威望的新闻摄影比赛之一，它的宗旨是“促进信息的自由，不受限制地交流，鼓励高水平的专业新闻摄影”，对全世界新闻摄影事业的发展起了重大的推动作用。

2. 普利策奖

普利策奖（Pulitzer Prize）是美国一种多项的新闻、文化奖金，被视为美国新闻界最高奖项，由美国著名的报纸编辑和出版家约瑟夫·普利策出资设立。

普利策 1847 年 4 月 10 日出生于匈牙利布达佩斯一个犹太人家庭。1968 年开始从事新闻工作，他的一生对美国报纸的发展有较大的影响，被人们誉为创办现代美国报纸的先驱者和示范者。1903 年，普利策写下遗嘱，决定出资兴办哥伦比亚大学新闻学院，并建立普利策奖金，由哥伦比亚大学董事会掌管他遗赠的基金。1911 年 10 月 29 日，普利策逝世。根据他的遗嘱，1912 年成立了哥伦比亚大学新闻学院，1917 年起设立了普利策奖。

普利策奖包括新闻奖和艺术奖两大类，现设有 14 项新闻奖和 7 项文艺奖，其中新闻奖主要有：公共服务奖、报道奖、社论奖、漫画奖、批评评论奖、通讯奖、特写奖、新闻摄影奖等；文学艺术奖有小说奖、戏剧奖、诗歌奖、美国历史作品奖、自传或传记奖、非小说作品奖、音乐作曲奖。另外，还颁发 2 项特别奖。公共服务奖一般授予报社，奖品是一枚金质奖章。其他奖项的得主可获得 1 万美元奖金和证书。首届普利策摄影奖是 1942 年颁发的。此后，除 1946 年外，每年颁发一次。从 1968 年开始，摄影类增设了专题新闻摄影奖，获奖作品通常由一组照片组成。

3. 中国国际新闻摄影比赛

中国国际新闻摄影比赛（简称“华赛”2015）是由中国新闻摄影学会主办的国际性新闻摄影比赛。华赛是中国新闻摄影界一个里程碑式的创举，是中国新闻界向世界展示中国新闻业真实状况的开路先锋。华赛的主题和旗帜是“和平与发展”，旨在围绕维护世界和平事业、推动世界各地政治进步、经济繁荣的主题，表现全球政治、经济、文化、科技、生态、环境等诸多领域中存在的社会冲突、出现的问题及取得的成就，以视觉书写方式展现人们向往并争取和平与发展的努力，传递表现人类情感、意志、力量和命运的信息。迄今为止，华赛评选走过了峥嵘十二载，评选结果愈发体现出“世界水平，中国特点”，成为研究探索世界新闻摄影和中国新闻摄影异同的重要基地。在世界范围内产生了广泛影响和强大震撼。

4. 中国摄影金像奖

中国摄影金像奖是经中共中央宣传部批准，由中国文学艺术界联合会和中国摄影家协会主办的全国性摄影艺术最高奖项。金像奖与中国电影金鸡奖、电视金鹰奖、戏剧梅花奖等项并列，是中国文学艺术界 12 个艺术门类最高奖项之一，不仅在艺术界有着重要的地位，在社会上也有着广泛的影响。

设立中国摄影金像奖，旨在表彰和奖励在摄影艺术事业上取得突出成就，做出大贡献的摄影家和广大摄影工作者。该奖项自 1989 年首届评选以来，已历经 10 届，共有 313 人次在金像奖的舞台上脱颖而出，为中国摄影界凝聚和培养了一大批优秀人才。

第五节 静物摄影

静物摄影是整个摄影艺术中的一个重要门类。一幅优秀的静物摄影作品，抑或高雅，抑或古朴，抑或构图妙绝，抑或造型奇特，是光线与影调的成功组合，也是色彩与线条的有机构成，充满了动与静的对比，有时又表现了虚与实的效果，不仅能陶冶人们的性情，给人以美的享受，还能提升人们的审美格调和对生活的追求。一些实用性的静物摄影作品，除了具有艺术欣赏和美化环境的价值以外，还能直接为生产建设和经济发展服务。

静物摄影在选材方面有广阔的天地，在选择好素材之后，就可以随心所欲地处理这些对象，因为被摄体是无生命的，可以任凭摆布、多角度移动以达到创作意图。静物摄影具有两大优点：首先，它是进一步体会艺术视觉的深化过程，当一些很平常的物体被拍成引人入胜的照片时，实际上也就是深入学习观察这些物体的过程。其次，拍摄静物能获得更多的实际摄影知识。对摄影者来说，静物摄影的难处在于它的画面构成具有独到之处。当布置好被摄体之后，必须选择拍摄角度，在用光方面发挥创造性，进而把从静物摄影中学习到的实际摄影知识、基础原理应用到日常摄影中去。

一、静物摄影的基本原则

静物摄影作品的好坏决定了其艺术价值，好的静物摄影作品是艺术的表现，应遵循静物摄影的基本原则，将作品以艺术的形式展现出来。优秀的静物作品的主体必须明确，并具有审美价值，采用灵活的手法表达丰富的情感，画面构图应简洁有力，在视觉上达到吸引目光的效果。在静物摄影的实际拍摄中，应遵循以下原则，尽量表现作品的艺术性。

1）需保持相机平稳。在拍摄时，若相机摇晃或摆动，照片成像则会模糊有造影，对照片质感和表现力造成直接影响。应使用快门线或三脚架，避免相机在拍摄过程中出现晃动的情况。优秀的静物摄影作品，离不开三脚架，在实际摄影时，光线再充足，摄影条件再好，要求严格的摄影师也会采用三脚架摄影，以此保证作品质量。

2）确保相机像素足够。随着科技的不断发展，数字相机的像素也越来越高，在静物摄影时，可以将相机像素调至最高，提高照片成像质量，以便照片在后期处理和使用中更具灵活性。

3）确保光线充足。拍摄现场光线充足有利于拍摄参数的设置，若光线较低或光线不够，就得使用较高的 ISO 感光度，这会使拍出来的照片出现噪点或偏色等问题，影响照片的成像质量。静物摄影在实际拍摄过程中可选择在室内影棚拍摄，运用人工光源闪光灯组合布光，照片效果比较理想。天气晴朗时，也可在白天正午室外无阳光照射到的地方进行拍摄。

4）背景要简洁大方。静物拍摄的背景可分为几种色调，包括灰、浅、深和渐变色调，在实际拍摄时，应根据拍摄对象来选择拍摄背景，以突出摄影主题。拍摄静物背景应尽量避免选择一些有复杂图案或纹理的背景，如带有图案的桌布、纹理木地板等，以免与主题无关的东西扰乱观众视线。

二、静物摄影的技巧

1. 选择主题

静物摄影以无生命、人为可移动物体为表现对象，其题材众多，如生活用品、工艺品、历史文物、花卉等题材，在真实的基础上，经过组织安排，对构图、光线、影调、色彩等进行艺术处理，准确地体现被摄体的质感和立体感。静物可以是一个实物，也可以是一组实物，与其他摄影相比，它有着不受时间、光线条件的限制，而且可以随心所欲任凭摆布的优点。因此，摄影者可以充分发挥自己的艺术想象力以达到创作意图。

2. 正确使用背景

选择一个好的背景对于创作一件成功的作品起着非常重要的作用。选择的背景最好能够简单、漂亮，这样不会对你所拍摄的物体产生很大的影响。小件物品的背景选择范围非常广泛，如不同颜色的背景布、卡纸都可以作为背景，首饰或者工艺品可以借助棉、麻、丝、缎，甚至植物叶片等物体突出质感。如果是大件物品室内拍摄的话，那么白墙就是不错的选择。如果商品是浅色的，你应该将它放置在深色背景上拍摄，这样可以更好地突出主体，使之轮廓清晰，容易辨认。反之，就没有对比，不能引起大家的注意。

需要注意的是，当使用白色背景（色彩比被摄体更淡、更亮的背景）时，镜头测光受到白色影响，可能会使主体变得灰暗，此时，需要适当增加曝光量，以确保物体鲜明。当使用黑色背景（色彩比被摄体更沉、更暗的背景）时，则需要降低曝光量，防止物体过曝。简单一句就是“白加黑减”的曝光法。

3. 合理运用光线

静物的表面结构具有粗糙的表面、光滑的表面和透明体三种。

粗糙表面结构的物品，如皮毛、棉麻制品、雕刻等，为了表现它们的质感，在光线的使用上，应采用侧光照明，这样能表现出物品材质明暗起伏的结构变化，也能够很好地表现出拍摄对象的形态和立体感。

光滑表面结构的物品，如金银饰品、瓷器、漆器、电镀制品等，它们的表面结构光滑如镜，具有强烈单向反射能力，直射灯光聚射到这种物品表面，会产生耀眼的光斑。所以拍摄这类商品，一是要采用柔和的散射光线进行照明；二是可以采取间接照明的方法，即灯光作用在反光板或其他具有反光能力的平面上，用反射出来的光照明物品，也能够得到柔和的照明效果。

透明物品，如玻璃器皿、水晶、玉器等，一般都采用侧光或底部光进行照明，可以很好地表现出静物清澈透明的质感。要注意使用底部光时，应使用白色底衬或者直接放在玻璃上。

4. 拍摄角度的选择

拍摄角度主要依据能否最好地表现被摄体的造型。由于静物一般都比较小，拍摄角度上往往多用平视或稍俯的角度，这样有利于主题表现和光线处理。拍摄角度太俯会使物品变形，太仰不利于表现空间。

5. 静物画面的构图

静物摄影在构成方面要遵循摄影的一般构图要求，在简洁中求主体的突出；在均衡中求画面的变化；在稳定中求线条和影调的跳跃；在生动中求和谐统一；在完整中求内容与形成的相互联系。同时静物摄影不同于其他的摄影题材，构图要求更高、更细。在准备拍摄之前，要对被摄物品进行仔细的观察，通过拍摄者主观意图的摆设，构图要求更加完整、严谨，画面中各种因素关系的处理也要求更加合理。这其中包括主体的位置、陪体与主体关系、光线的运用、质感的表现、影调与色调的组织与协调、画面色彩的合理使用、背景对主体的衬托、画面气氛的营造等。拍摄历史文物，为求其平稳、庄重，一般都放在画面居中的位置；拍摄陶瓷奔马，就应该在主体的奔跑方向前留出一些空间；拍摄细长的静物，就可以将其放在画面中间略偏向一边的位置，用其投影来达到画面的平衡；拍摄大一些的物体，画面布局应当充实饱满，给人一种大的感觉；拍摄小的静物，画面上就可适当留些空间，让人感觉到被摄体的小；拍摄多个物体，就应考虑相互的陪衬和呼应关系。

复习思考题

1. 风光摄影中前景运用的技巧是什么？
2. 雪景、雨景摄影应注意什么问题？
3. 新闻摄影的特性是什么？
4. 夜景摄影应注意什么问题？
5. 建筑摄影中光与视点的运用技巧是什么？

参考文献

蔡林．2006．初级摄影教程[M]．成都：四川科学技术出版社．

顾铮．2012．世界摄影史[M]．杭州：浙江摄影出版社．

赫伯特・泽特尔．2003．实用媒体美学[M]．赵淼淼译．北京：北京广播学院出版社．

胡中节．2006．摄影教程[M]．南京：江苏美术出版社．

内奥米罗森布拉姆．2012．世界摄影史[M]．包甦，田彩霞，吴晓凌译．北京：中国摄影出版社．

任金州．2014．电视摄像[M]．北京：中国传媒大学出版社．

宋一苇．2008．摄影艺术[M]．北京：人民出版社．

王宏．2011．数码摄影技术[M]．武汉：华中科技大学出版社．

颜志刚．2000．摄影技艺教程[M]．上海：复旦大学出版社．

杨改学．2007．摄影教程[M]．北京：国防工业出版社．

杨改学．2009．现代视觉媒体美术[M]．北京：高等教育出版社．

曾途．2007．动画影视视听语言[M]．重庆：西南师范大学出版社．

曾途．2007．影视视听语言[M]．昆明：云南师范大学出版社．

张辉．2014．大学摄影教程[M]．北京：中国水利水电出版社．

郑国恩．2002．影视摄影构图学[M]．北京：中国传媒大学出版社．